Die Wurzeln der Persönlichkeit

ROBERT ORNSTEIN

Die Wurzeln der Persönlichkeit

Das Geheimnis der Individualität
und ihrer Entfaltung

Scherz

Einzig berechtigte Übersetzung aus dem
Englischen von Elke vom Scheidt.
Schutzumschlag von Adolf Bachmann.

Erste Auflage 1994
Die Originalausgabe erschien unter dem Titel
«The Roots of the Self» im Verlag Harper, San Francisco.
Copyright © 1993 by Robert Ornstein.
Deutschsprachige Rechte beim Scherz Verlag Bern, München, Wien.

Inhalt

ERSTER TEIL

Über die menschliche Natur

KAPITEL 1
Das Rätsel der Individualität

Es muß 1947 oder 1948 gewesen sein. Ich versuchte zu schlafen, aber meine Eltern hatten Besuch. Der Freund meines Vaters sprach über unterschiedliche Theorien im Zusammenhang
mit dem Wesen der Individualität, die im New York der
Nachkriegszeit diskutiert wurden. Er erklärte:

«Da ist Sid» (ich bin noch immer sicher, daß er das gesagt
hat), «da ist der Adler, und da ist der Super-Adler, und jeder
von ihnen kämpft um die Kontrolle.»

Ich kannte einen Sid, der mit meinem Vater befreundet
war, aber *dieser* Sid war eher wie der verrückte Typ Steve
Martin im «kleinen Horrorladen». Der Adler dagegen machte
alle Anstrengungen, um sein Leben zu organisieren, während
der Super-Adler, tja, der Super-Adler ... Nun, ich hatte das
wohl nicht so ganz begriffen, weil ich einfach viel zu aufgeregt war. Ich wußte auf der Stelle: Ein Super-Adler – das
wollte ich unbedingt sein. Ich konnte mir richtig vorstellen,
wie ich mich über alle anderen erhob. Und in meinem Kopf
hörte ich wieder und wieder den Schrei: «Ich bin der Super-
Adler!»

Dann kam unvermeidlich die Zeit, als ich entdeckte, daß ich
die Sache ganz falsch verstanden hatte, und auch die Wahrheit über den Weihnachtsmann herausfand.

Schon vor dieser Entdeckung hatte mein junger Verstand
es für gut und nützlich befunden, Menschen in drei Kategorien zu unterteilen. Sid war der Typ, der sich hektisch abrak-
kerte, der Adler kam im Leben vorwärts, und wenn Dinge

falsch liefen, schwebte der Super-Adler ein und rettete den Tag. Rückblickend betrachtet war dieses Konzept nicht schlechter als viele andere Standardeinteilungen der Persönlichkeit. Schließlich entstammen viele der ernst zu nehmenden und plausiblen Interpretationen des Selbst auch nur persönlichen Vorstellungen. Die Denker, deren Namen uns vertraut sind, können eine professionelle Ausbildung genossen haben oder nicht, sie können gut informiert sein oder nicht, und ihre Theorien können funktionell sein oder nicht.

Wir neigen dazu, Menschen in Gruppen zu unterteilen, wobei wir Begriffe verwenden wie ruhig, nervös, friedlich, aggressiv, hitzig, kühl, impulsiv, unordentlich oder beherrscht. Wissenschaftliche Systeme benutzen unterschiedliche Kategorien, um die Individualität zu erklären, ob diese Kategorien nun ein Über-Ich, ein «befehlendes Selbst» oder ein «Sternzeichen» kennen. Es muß Millionen von Systemen zur Typisierung der Persönlichkeit geben, basierend auf allem möglichen, von der Hautfarbe über die Augenfarbe bis zu universellen Archetypen, auf Zeitalter, Jahr oder Datum der Geburt, Körpertyp oder sogar Blutgruppe oder auch darauf, ob wir cholerisch, melancholisch, ein Wassermann-Typ, introvertiert, extravertiert oder sonst was sind.

Ideen zur Klassifizierung der Persönlichkeit wie Es, Ich und Über-Ich können den Erkenntnissen brillanter Wissenschaftler entstammen. Sie können von klinischer oder biologischer oder zufälliger Beobachtung abgeleitet sein. Diese Theorien setzen sich durch und werden Teil der Sprache, bis man weiß, was man von einem Löwen, einer antisozialen Persönlichkeit, einem Rotschopf, einem Athletiker oder jemandem zu erwarten hat, der im oralen Entwicklungsstadium steckengeblieben ist. Dabei sind diese Beobachtungen und Einteilungen häufig interessant und funktionell. Sie versorgen jeden, vom kleinen Kind bis zum klinischen Psychologen, mit einer Routine zum Einordnen von Leuten, die uns hilft, uns selbst und andere zu verstehen.

Mehr aber tun sie nicht, denn kein System stimmt mit dem

anderen überein, und so haben Menschen verschiedener Kulturen, Kulte, Zeitalter, Weltgegenden, Wissenschaften und Nicht-Wissenschaften im Verständnis des Selbst nur geringe Fortschritte gemacht. Gerade im Augenblick scheint das Konzept der Persönlichkeit einen «dreidimensionalen Raum» (im mathematischen Sinne) einzunehmen, und dieser Raum kann mit drei fast beliebigen, voneinander unabhängigen Annahmen ausgefüllt werden – je vager, desto besser. Persönliche Probleme können beispielsweise bedeuten, daß die Person von bösen Geistern besessen ist oder daß die Götter zürnen oder daß der Mond ungünstig steht. Im Grunde brauchen wir eine Erklärung, um durch den Tag zu kommen, und genau das liefern die meisten Systeme zur Einteilung der Persönlichkeitstypen.

Sein eigenes Selbst kann man nicht so kennen, wie man seine Haarfarbe oder seine Körpergröße oder sogar seinen Intelligenzquotienten kennt. Menschen haben, wie ich glaube, kein einheitliches, konstantes und «wahres Selbst», das sie entdecken können, indem sie ihren Geist oder ihre Erfahrungen erforschen. Jede Person ist vielmehr zusammengesetzt aus den verschiedenen Handlungen und Reaktionen, die in irgendeiner gegebenen Situation als angemessen *in das* oder *aus dem* Bewußtsein treten.

Man kann zwar wissen, was einem «auf der Seele» *liegt*, aber nicht, was diese eigentlich *enthält*, und daher wird die direkte Erforschung des Selbst kein treffendes Bild ergeben. Wir verfügen heute über eine Menge psychologischer Forschungsergebnisse, die zeigen, daß Kinder nicht mit dem unmittelbaren Wissen aufwachsen, daß sie denken. Statt dessen stellen sie, wie wir alle, Vermutungen an, teilweise durch Beobachtung dessen, was sie tun, teilweise durch Anhören dessen, was andere über sie sagen. Auch Erwachsene sind – selbst bei sorgfältiger Befragung – selten fähig zu berichten, was sich in ihrem Inneren abspielt. *Wir sind einfach nicht zur Selbsterkenntnis organisiert, so gern wir uns das auch einbilden.* Das geistig-seelische System ist auf Handeln ausgerichtet, und Selbstbeobachtung ist das Gegenteil – und sehr schwierig.

Traditionen wie der Sufismus und der christliche Mystizismus, die Wert auf rückhaltlose Selbstbeobachtung legen, haben vielleicht einen besseren Zugang zu dem Problem. Wenn Menschen sich selbst beobachten, stellen sie fest, daß ihre Reaktionen nicht ihren vorgefaßten Ansichten darüber entsprechen, wer sie sind. Sie betrachten sich vielleicht als beherrscht und gelassen, kommen aber nach Untersuchung ihrer Handlungen dahinter, daß sie in Wirklichkeit von Unruhe angetrieben werden, daß sie ein ständiges Bedürfnis nach Stimulation haben und daß ihre Emotionen die ganze Spanne von Freude bis Verzweiflung durchlaufen.

Es gibt zahllose Beispiele dafür, wie Vererbung und Umgebung bei der Entstehung jedes Individuums zusammenwirken. Daher kann keiner, und ich schon gar nicht, all diese Erfahrungen und Informationen zu einem «Selbst-Hilfebuch» zusammenstellen. Erwarten Sie also nicht, auf diesen Seiten eine Formel zur Selbstfindung zu entdecken. Bedenken Sie: Bei jeder Paarung können ein männliches und ein weibliches Wesen theoretisch 52 Billionen biologisch verschiedene Individuen zeugen. Zwar wären viele davon genetisch nicht lebensfähig, doch diese Kombinationsvarianten entstammen lediglich zwei Partnern. Nimmt man die Gesamtheit aller Menschen, die miteinander Nachkommen zeugen können, so ist die Summe aller möglichen Kombinationen nicht mehr in Ziffern darstellbar. Das bedeutet: Die menschliche Individualität ist genetisch zu komplex, als daß sie mit einem einzigen System erklärt werden könnte. Wir können jedoch einige grundlegende Dimensionen aufdecken, in denen Menschen sich unterscheiden, und versuchen, ein paar Hinweise darüber anzubieten, warum wir so verschieden voneinander sind.

In diesem Buch werde ich keine neuen oder aktualisierten Techniken der Selbstbeobachtung anbieten, und ich möchte auch keines der bekannten Systeme der Persönlichkeitstypisierung wiederbeleben. Statt dessen werde ich einen anderen Ansatz anbieten, der sich auf die konkreten Beobachtungen moderner Wissenschaft im Bereich der Kindesentwicklung, der

Persönlichkeitstests, der Hirnorganisation und der Genetik stützt. Die Forschung hat erstaunliche neue Beobachtungen darüber geliefert, wie Babys sich in Familien entwickeln; eine enorme Menge an Informationen ist durch Persönlichkeitstests und durch klinische Beobachtungen zusammengetragen worden; außerdem werfen Erkenntnisse in der Untersuchung von Gehirn und Genetik neues Licht darauf, wie menschliche Wesen funktionieren. All das liefert eine Fülle von Erklärungen dafür, warum wir so handeln, wie wir es tun, und bietet Einsichten in die Ursprünge des Selbst. Dieses Material kann uns durchaus eine bessere Möglichkeit liefern, unsere eigenen Handlungen zu betrachten und zu verstehen.

Weiter werde ich einen Blick darauf werfen, warum wir zu unserer eigenen Natur die Einstellung haben, die wir haben. Dann werde ich die Anfänge der Individualität erörtern – wie Babys sich voneinander unterscheiden. Wir finden Überraschungen auf jedem Gebiet: Blaue Augen beispielsweise können signifikanter sein als andere äußere Merkmale, besonders die Hautfarbe.

Der Hauptteil des Buches beinhaltet die Hypothese, daß es drei Hauptdimensionen individueller Unterschiede gibt. Ich habe versucht, meine Analyse auf drei wissenschaftliche Forschungsbereiche zu stützen: Es muß einen physiologischen Mechanismus geben, der individuelle Unterschiede erzeugt, und es muß ein verbindliches psychologisches Resultat der vielen Millionen Tests geben, die wir alle machen. Und schließlich muß es einen konsistenten klinischen und persönlichen Beweis für die jeweilige Dimension geben. Ich versuche also, Biologie, Psychologie und Psychiatrie miteinander zu verbinden.

Die *erste Dimension* möchte ich «Gewinn» nennen. Sie hat damit zu tun, ob wir die Welt als voll von Reizen erleben, oder ob Erregung uns eher fernliegt und selten vorkommt. Der Grad des Gewinns einer Person hängt ab von Hirnstammprozessen auf niedriger Ebene, die den Fluß von Informationen aus den Sinnen in den Zerebralkortex verstärken oder zum Schweigen bringen. Wo wir auf dem «Gewinn»-Kontinuum stehen, das hat einen starken Einfluß auf die meisten unserer Handlungen. Es bestimmt, ob wir unsere Umgebung gern ruhig oder lebhaft haben, ob wir uns «entspannen», indem wir Wildwasserfahrten im Kajak unternehmen oder aber in einer Hängematte liegen, und sogar, ob wir lieber gesalzene oder ungesalzene Butter essen.

Die *zweite Dimension* betrifft das Ausmaß an Planung oder Organisation, das wir auf unserem Lebensweg einsetzen. Teilen wir alles säuberlich ein, halten Gefühle aus unseren Entscheidungen heraus und planen jeden Tag mit kühlem Kopf und sehr sorgfältig? Oder sind wir eher locker, nehmen Dinge, wie sie kommen, und kümmern uns nicht um Zeit oder Planung? Ich bezeichne dies als «Bedächtigkeits-» bzw. «Lockerheits»-Dimension. Wo wir auf diesem Kontinuum stehen, hängt von den Aktivitäten der Frontallappen des Kortex und des limbischen Systems ab.

Die *dritte Dimension*, die ich als «Annäherungs-» bzw. «Rückzugs»-Kontinuum bezeichne, hat mit unserer grundlegenden emotionalen Einstellung zum Leben zu tun. Für einige Menschen ist die Welt rund um die Uhr hell und sonnig, und alles ist okay; für andere ist sie ein schwieriger, dunkler Ort, und man muß ständig achtgeben, worauf man sich einläßt. Die «Annäherer» scheinen, wie Forscher festgestellt haben, die linke Hirnhemisphäre mehr zu benutzen als die rechte, da die linke mehr mit den positiven Emotionen wie Freude und Lust zu tun hat, die uns Annäherung signalisieren. Die rechte Hemisphäre scheint Sitz der negativen Gefühle wie Vorsicht, Abneigung und Wut zu sein, die uns Rückzug empfehlen.

Die drei physiologischen Systeme, die ich erwähnt habe – der Hirnstamm, die Frontallappen und das limbische System sowie die Hemisphären –, umfassen natürlich nicht das ganze Gehirn, das Selbst oder die Persönlichkeit. Ich glaube aber, daß es heute genug wissenschaftliche Nachweise gibt, die dafür sprechen, uns auf sie zu konzentrieren, wenn wir mit einer Analyse beginnen wollen. Unter Verwendung der drei mit diesen Systemen verbundenen Dimensionen werden wir erörtern, ob psychische

Störungen nicht vielleicht ins Extreme ausgeweitete normale Tendenzen auf jedem Kontinuum sein könnten. Geht beispielsweise Gewissenhaftigkeit etwa in Zwanghaftigkeit über und entwickelt sich dann zu einer obsessiv-kompulsiven Störung? Geht Kreativität und das, was wir Zerfahrenheit nennen, in Schizophrenie über? Führen gelegentliche traurige Stimmungen ein Individuum in die Depression? Meine Schlußfolgerung fordert viele bestehende Theorien heraus: Ich glaube, daß dieselben grundlegenden Prozesse, die die normalen Variationen des Selbst hervorbringen, an ihren extremen Enden für Psychosen und Neurosen verantwortlich sind.

Nach der Erörterung dieser komplexen Frage betrachte ich dann einige der anderen mächtigen Faktoren in unserem Leben: Familie, Hautfarbe, Rechts- oder Linkshändigkeit, Geschlecht und die vielen verschiedenen geistig-seelischen «Talente», die wir erben. Eine der erstaunlichsten Erkenntnisse ist, daß Familien uns einander nicht ähnlich machen; tatsächlich neigen sie eher dazu, uns verschieden zu machen. So schreibt beispielsweise die auf Kinder spezialisierte Entwicklungspsychologin Sandra Scarr: «Brüder der oberen Mittelklasse, die dieselbe Schule besuchen und deren Eltern sie zu denselben Spielen, Sportereignissen, Musikstunden und Therapeuten mitnehmen und sie ähnlich erziehen, gleichen einander nach den Persönlichkeitsmeßwerten kaum mehr, als sie Jungen aus der Arbeiterklasse oder Bauernsöhnen gleichen, deren Leben vollkommen anders ist.» Hier geht es darum, daß es viele divergente, voneinander unabhängige Kräfte gibt, die zu dem beitragen, was wir sind, und ihre Wirkungsweise ist höchst unterschiedlich.

Zu diesen Informationen darüber, daß wir in unserem Sosein ziemlich fixiert sind, kommt noch eine weitere Überraschung: daß das Gehirn sich während des ganzen Lebens verändert und daß wir, indem wir anders handeln, uns selbst neu programmieren können. Innerhalb der Grenzen der grundlegenden menschlichen und unserer individuellen Natur bleibt genügend Raum für Veränderung.

Es gibt zuverlässige Wege, die Wurzeln des Individuums zu

begreifen, doch das Wissen, wie die Wurzeln sich unterscheiden, sagt uns noch nicht alles darüber, wie die reife Pflanze aussehen wird. In den letzten zwei Jahrzehnten haben Neurowissenschaftler, Psychologen und Psychiater große Fortschritte bei der Identifizierung verschiedener Hirnsysteme gemacht, die menschliche Handlungen bestimmen. Und sie haben eine Fülle von Nachweisen dafür gefunden, daß Individuen sich in der Art unterscheiden, wie sie diese verschiedenen Gebiete ihres Gehirns aktivieren. Fotos von Positronen-Emissions-Tomographien (PET), oft in Artikeln über Schizophrenie oder organische Hirnstörungen veröffentlicht, machen das anschaulich, denn die PET-Aufnahmen zeigen, wie verschiedene Bereiche des Gehirns heller oder dunkler werden, während Glukose verbraucht wird.

Verschiedene Hirnregionen reagieren auf die Aktivitäten des Individuums: Der Frontalkortex leuchtet beim Planen auf; die linke oder die rechte Hemisphäre leuchtet auf, wenn wir lesen oder malen; das retikulare Aktivierungssystem (RAS) des Hirnstammes leuchtet auf, wenn wir sensorische Eingaben empfangen (z. B. Geräusche oder Geschmack), und es schickt diese Signale an den Kortex. Individuelle Gehirne variieren in bezug darauf, welche Bereiche diese Aktivitäten erregen.*

Mehr darüber zu wissen, wie diese Hirnbereiche arbeiten, könnte uns durchaus eine sichere Grundlage dafür bieten, uns selbst und unsere Unterschiede zu verstehen. Tatsächlich wäre aufgrund der Entwicklungen der Gehirnwissenschaft der letzten fünfzig Jahre, der Persönlichkeitstests der letzten hundert Jahre und der nützlichen individuellen Einsichten der letzten tausend Jahre mehr über die menschliche Natur zu sagen, als sich in zweitausend Bänden zusammenfassen ließe. Doch ein großer Teil dieser Forschung hat die breite Öffentlichkeit nicht erreicht, und er ist weder aufeinander abgestimmt noch als Teil eines größeren Ganzen betrachtet worden.

* Ich will damit die PET-Aufzeichnungen nicht als «Fenster» zum Geist hinstellen, sondern verwende sie nur als Metapher.

Statt dessen wird die Welt überschwemmt von Rehabilitationsprogrammen, Persönlichkeitsanalysen, zwölfstufigen, zweistufigen und sonstigen Gewirren von Abhängigkeit sowie Methoden, um den inneren Sid oder das finanzielle Genie oder die Sexgöttin in uns allen zu befreien. All diesen Göttern und Göttinnen, dem «Kind in uns» und sonstigen Heilsprogrammen sage ich: Gute Reise! Sie bringen uns nicht weiter. Tatsache ist allerdings, daß es keine einfachen Formeln gibt. Menschliche Wesen sind biologisch so komplex und werden in so verschiedene Welten hineingeboren, daß kein einzelnes Buch sie «festlegen» kann. Auf der ganzen Welt, von Oxford bis Osaka, findet eine so ungeheure Menge von Forschungen statt, daß jeder töricht wäre, der behauptete, das letzte Wort zu haben. Doch wenn wir Persönlichkeit, Temperament und Hirnforschung sowohl aus einer amerikanischen als auch aus einer europäischen Perspektive betrachten, können wir vielfältige Quellen identifizieren, aus denen unsere Individualität erwächst, sich entwickelt, reift und blüht – mit anderen Worten, wir können anfangen, unsere Wurzeln zu entdecken.

Natürlich möchte nicht jedermann gern hören, er sei dadurch eingeschränkt, daß er Linkshänder ist, blaue Augen hat, zweitgeborenes Kind ist, aus einer Kleinfamilie stammt oder ein Scheidungskind ist. Thomas Hardys tragische Romanheldin Tess von D'Urbervilles rief aus:

Was nutzt es zu erfahren, daß ich nur eine aus einer langen Reihe bin – herauszufinden, daß es in irgendeinem alten Buch jemanden gibt, der genau wie ich ist, und zu wissen, daß ich nur ihre Rolle spielen werde? Das macht mich bloß traurig. Am besten erinnert man sich nicht daran, daß die eigene Natur und die früheren Taten genau die gleichen sind wie die von Tausenden und Tausenden zuvor und daß das kommende Leben und die kommenden Taten ebenfalls wie die von Tausenden und Tausenden zuvor sein werden.

Die Herausforderung ist noch größer, Tess. Wir mögen zwar

anfänglich von unserer ererbten Biologie angetrieben sein, doch dann formt die Welt jeden von uns zu einem einzigartigen Organismus. Unsere «Taten» sind niemals genau wie die von «Tausenden und Tausenden». Es gibt viele angeborene Eigenarten, die uns voneinander unterscheiden.

Betrachten Sie mit mir zwei Menschen, die ich gut kenne: Beide sind erfolgreich; keiner scheint sich je zu verändern. Der eine tut immer alles schnell und in festgesetzter Reihenfolge; sein Schreibtisch ist aufgeräumt, seine Aktenmappe hat besondere Fächer für Haus- und Büroschlüssel, Zugfahrpläne, Büroakten und persönliche Papiere. Seine Kleidung paßt gut zusammen und ist tadellos in Schuß. Der andere verliert dauernd seine Schlüssel; seine Kleidung, wenn auch teuer, paßt irgendwie nicht zusammen, und wie der Fernsehkommissar Columbo wirkt er immer etwas verlottert.

Wie bei diesen beiden Menschen ist das individuelle Maß an Organisation und Planung, das man benutzt, ein ziemlich festgelegter Bestandteil der Natur einer jeden Person. Doch menschliche Wesen sind ja unfertige Geschöpfe, ständiger Veränderung und Entwicklung unterworfen. In jedem beliebigen Augenblick können sich die Landkarten unserer Gehirne ändern, wenn wir neue Dinge lernen und die Welt sich verändert. Wenn wir eine neue Sprache erlernen, verändert sich auch die Organisation unseres Gehirns; wenn wir in eine neue Stadt ziehen oder heiraten oder uns scheiden lassen, ändert sich unsere Landkarte wieder. Wir passen uns an, wir «erschaffen uns neu» – aber nicht zu jeder Zeit und nicht in allem. Denn ob wir jetzt Französisch sprechen oder Chef der Firma geworden sind, wir kleiden uns noch immer penibel ordentlich oder lässig – wenn auch vielleicht mit der Lässigkeit von Armani.

Wir sind widersprüchlich, kein Zweifel; deshalb ist der Gedanke von Tess, daß unser Leben festgelegt ist, in einigen Bereichen zutreffend, während die schöne Selbsthilfe-Idee, daß «jeder alles kann», auf anderen Gebieten ebenfalls eine gewisse Gültigkeit hat. Der Trick besteht darin herauszufinden, wo das eine oder andere gilt, und dann aufzuhören, Dinge verändern zu wollen, die nicht zu ändern sind, und das zu ändern, was wir ändern können. Mit anderen Worten: *Wir müssen lernen, anders von uns selbst zu denken.*

Es geht nicht bloß darum, daß wir ein spezifisches genetisches Erbe haben und in einer bestimmten Kultur aufwachsen, denn *wie* wir aufwachsen und uns entwickeln, wird wiederum von der Welt beeinflußt, in die wir hineinwachsen, wie auch ein Baum unterschiedlich wächst, je nachdem, ob er allein auf einem Feld steht oder in einer dichtbewachsenen Schlucht. Menschliche Wesen werden in verschiedene Kulturen, Familienstrukturen, Stellungen innerhalb der Familie und in soziale Welten hineingeboren, und jedes dieser Elemente hat einen tiefen Einfluß auf unsere Entwicklung. Die Möglichkeiten sind buchstäblich zahllos.

Stellen wir uns das Individuum als Garten vor. Ganz am Anfang (wenn der Mensch zur Welt kommt) kann der Garten eine große Vielfalt von Pflanzen beherbergen. Aufgrund der speziellen Zusammensetzung des Bodens (Genetik) werden in dem Garten einige Pflanzen wahrscheinlich erfolgreicher gedeihen als andere. Dann beginnt die «Lebenserfahrung» des Gartens (etwa das Wetter betreffend, dem er ausgesetzt ist, und das Ausmaß an Pflege, das er erhält) recht schnell zu selektieren, welche Pflanzen Wurzel fassen, welche kultiviert und welche ignoriert werden. Mit der Zeit wird der Garten ein bestimmtes Muster annehmen. Schließlich wird es immer schwieriger werden, neue Pflanzen einzuführen, weil die es schwerhaben, mit den bereits etablierten zu konkurrieren.

Doch für gewisse Veränderungen ist immer Raum, vielleicht durch das Düngen oder die Pflege einer Blume, die vorher nicht begünstigt war. Wenn ein Teil der Gartenanlage beschädigt wird – etwa durch das Wetter (im Gehirn könnte das ein Schlaganfall oder eine Verletzung sein) –, so kann die Wachstumsfunktion nach einer Weile wiederhergestellt werden. Die meisten Pflanzen werden sich erholen, wenn auch unterschiedlich schnell. Die Wurzeln der anderen können aus dem geschädigten Bereich in einen anderen Teil des Gartens verpflanzt werden, um dort neu zu gedeihen.

Wenn, wie beim Garten, die Lebenserfahrungen eine tiefe Auswirkung auf die Kultivierung des Selbst haben, wie kann man dann sein Leben so einrichten, daß die eigene Entwicklung begünstigt wird oder zumindest erhalten bleibt? Zuerst müssen wir etwas mehr darüber wissen, wie Gehirne sich durch Erfahrung verändern. Neurologen unserer Zeit beginnen gerade, eine Vorstellung von den komplexen Zusammenhängen zwischen Gehirn, Verhalten und Persönlichkeit zu gewinnen. Die Wechselwirkung beginnt schon vor der Geburt, und das Überraschendste ist vielleicht, daß sie das ganze Leben lang anhält.

Alle Tiere entwickeln sich verschieden, je nach dem Habitat, in dem sie leben; alle werden unvollendet geboren. Jeder kann beobachten, daß Tiere sich in Temperament, Aggressivität, Bedürfnis nach Zuwendung und dergleichen unterscheiden, aber der Mensch ist das erstaunlichste und wandelbarste Lebewesen auf der Erde. Menschliches Leben unterscheidet sich entwicklungsmäßig in zwei Hinsichten von dem anderer Lebewesen. Wir werden in einem viel früheren Stadium des Leibesfrucht-Wachstums in die Welt gesetzt als andere Tiere – selbst unsere Gehirne sind bei der Geburt weniger entwickelt –, und wir werden in eine viel größere Vielfalt von Umgebungen hineingeboren als andere Tiere. Mit anderen Worten, damit wir uns an ein Leben im Gebirge oder in der Wüste, in einem Land mit reichlicher Nahrung oder in einer kargen Gegend anpassen, wählt unsere Entwicklung aus unserem Erbe jene Aspekte des Selbst aus, die in unserer speziellen Welt nützlich sein werden.

Es gibt eine Art von «Ko-Entwicklung», die dann auf der Basis der Wechselwirkung zwischen biologischem Erbe und Lebensumwelt erfolgt. Dieses Buch erörtert jeden der verschiedenen Aspekte der Individualität im Lichte dieser Ko-Entwicklung. Das wird uns gestatten, von neuem die uralte Frage zu betrachten, was uns mehr beeinflußt – Erbe oder Umwelt. Die Umgebung, die so unterschiedlich sein kann wie etwa Kalkutta und Chicago, Norwegen und Nigeria, sorgt für eine Selektion aus der Erbmasse jeder Person und paßt das Individuum der Welt seiner Geburt an. Betrachten Sie die Art und Weise, wie ein Kind sich während der Säuglingszeit entwickelt. Wenn es blind zur Welt kommt, weil die Netzhaut beider Augen durch opake Linsen blockiert ist, kann das Licht zwar noch in die Retina eindringen, aber die Bilder werden nie scharf sein. Was passiert nun, wenn man dem Kind eine Linse transplantiert, die den optischen Defekt des Auges korrigiert?

Als diese Operation an Kindern vorgenommen wurde, die blind geboren und während der ersten zehn Lebensjahre blind geblieben waren, erwartete man, die Kinder würden normal sehen können, denn jetzt waren nicht nur Netzhaut und Gehirn intakt, sondern auch die Linsen funktionierten normal.

Geschehen ist aber folgendes: Die neuen optischen Eindrücke, jetzt auf der Retina klar fokussiert, störten die Kinder; sie nahmen sie als schmerzhaft und verwirrend wahr. Keines der Kinder konnte die neue visuelle Information benutzen. Sie konnten nicht lernen, «normal» zu sehen, Muster zu verarbeiten oder etwas zu erkennen. Statt ihnen neues Leben zu geben, brachte die Operation sie beinahe um. Alle wurden depressiv, und einige begingen Selbstmord.

Das Gehirn ist nicht voll funktionsfähig, wenn es nicht von Anfang an das allgemeine Spektrum der Signale aus der Umgebung bekommt. Warum ist das so? Warum hat Gott das Gehirn nicht einfach so verdrahtet, daß es mit jeder Umgebung fertig werden kann? Vielleicht liegt das an der breiten Vielfalt von Welten, in der menschliche Wesen leben, und an der Art, wie wir uns entwickeln. Während der Entwicklung müssen sich beispielsweise die visuellen Systeme, die sich beim Wachstum unterschiedlichen Kopfgrößen anzupassen haben, einer ständigen Neueinschätzung und Veränderung unterziehen, damit die Stabilität von der Geburt bis zur Reife aufrechterhalten bleibt. Es würde niemals funktionieren, wenn das visuelle System auf *eine* Spezifizierung fixiert wäre.

Der Gesang von Spatzen entwickelt sich mit der Erfahrung.

Man weiß, daß Spatzen lernen, in ihrem lokalen Dialekt zu zwitschern. Spatzen aus verschiedenen Breiten bringen also unterschiedliche Töne hervor. Wie aber erwerben sie diese Gesangsmuster? Sind sie angeboren? Müssen die Spatzen sie von ihren Eltern lernen?

Der junge Spatz kann nicht bloß dadurch lernen, daß er die Geräusche der erwachsenen Spatzen hört, und er kann auch nicht lernen, wenn er überhaupt keine Laute hört. Er kann nur dann lernen, wenn er zur richtigen Lebenszeit einem lokalen Dialekt ausgesetzt ist. Ist das der Fall, so reproduziert er diesen Dialekt ohne weitere Veränderung für immer. Es scheint, daß alle Lebewesen, einschließlich des Menschen, eine grundlegende Fähigkeit erben, aus einem gewissen Spektrum von Erfahrungen zu lernen, und wenn es zu diesen Erfahrungen kommt, entwickelt sich das Gehirn normal.

Eine ähnlich kritische Periode gibt es für die Sprache beim Menschen. Menschen, die vor dem Alter von sechs Jahren die Sprache wechseln, scheinen in der Lage zu sein, die neue Sprache perfekt zu sprechen, während Menschen, die nach dem Alter von sechs Jahren eine andere Sprache lernen, ihren ursprünglichen Akzent behalten. Henry Kissinger war fünfzehn Jahre alt, als er und seine Familie aus Deutschland flohen. Kissinger spricht Englisch mit einem unverkennbar deutschen Akzent, während seine jüngeren Brüder akzentfreies Englisch sprechen. Das hat nichts mit Intelligenz zu tun, sondern ist eine Frage des Lernzeitpunkts. Kinder, die einen größeren Schaden der linken Hirnhälfte erleiden, solange sie noch jung sind, können sich anpassen; die Sprache wechselt auf die rechte Hirnhälfte über. Mit zwölf oder dreizehn Jahren jedoch nimmt diese Flexibilität ab.

Zu verstehen, wie beeinflußbar Entwicklung ist, gibt uns größte Hoffnungen für die Zukunft, denn es zeigt, wie wir uns verändern können, und diese Aussicht ist revolutionär.

Das unfertige Gehirn, das sich nach der Geburt weiterentwickelt, wird in verschiedenen Welten unterschiedlich verdrahtet, und das ist der Grund, warum Individuen verschiedener

Kulturen solche Schwierigkeiten haben, einander zu verstehen. Selbst ihre visuellen Systeme sind nicht genau gleich. Menschen, die in Wäldern aufwachsen, haben nicht die gleiche Wahrnehmungstiefe wie wir anderen; jene, die nicht in der «zurechtgetischlerten» modernen Welt exakt gerader Ecken und Linien aufwachsen, sehen Dinge anders als andere.

Schauen Sie sich folgende Resultate an: Eine Gruppe von Ratten wurde «normal» aufgezogen, konnte andere kämpfen, Schmerz austeilen und empfangen sehen. In einer zweiten Gruppe wurden die Ratten isoliert voneinander gehalten. Im erwachsenen Alter war keines dieser Tiere schmerzempfindlich; ihr Nervensystem war nicht so organisiert worden, daß es Schmerz erleben konnte.

Die Welt hat tiefgreifende Auswirkungen auf unsere Entwicklung, und diese Tatsache gestattet uns, uns durch bewußte Wahl selbst zu ändern, sogar im Erwachsenenalter. Unserer angeborenen Natur oder unserer Wurzeln können wir uns allerdings nie entledigen.

KAPITEL 2

Wie das Selbstverständnis heranwächst: Die Vorstellungen von Galton, Boas und Mead

Es ist eine der ewigen Fragen:

Seit der Zeit der alten ägyptischen Zivilisation und vermutlich schon vorher haben Menschen sich gefragt, ob sie völlig von ihrer angeborenen Biologie bestimmt sind oder ob ihre Umgebung darüber entscheidet, wie sie sein werden. Wenn unsere Eltern heißblütig sind, werden wir es dann auch? Wenn sie hochintellektuell sind, haben wir dann eine Chance, den Nobelpreis zu erhalten? Werden die sportlichen Fähigkeiten einer Mutter auf ihren Sohn übertragen? Andererseits fragen wir uns, wie weit unsere Gesellschaft uns programmiert. Wenn ich Italiener bin, werde ich dann automatisch das Leben genießen? Wird aus der Tatsache, daß ich Finne bin, folgen, daß ich zum Selbstmord neige? Können wir uns von der Kultur befreien? Können wir uns von der Biologie befreien? Können wir uns durch kulturelle Veränderung verbessern? Und falls das so ist, ist die Biologie dann unbedeutend?

Ich habe mir die Geschichte der wissenschaftlichen Bemühungen um die Erkenntnis angesehen, ob die Individualität von der Kultur oder von der Biologie bestimmt ist, und dabei hat mich sehr überrascht, wie einfältig die Kontroverse «Natur gegen Umwelt» ist. Die wissenschaftlichen Ansätze pendelten hin und her zwischen einem radikalen Umweltprogramm und einem Programm zur genetischen Verbesserung. Wenn wir uns den Zickzackkurs unserer Vorgänger ansehen, gewinnen wir vielleicht einen gewissen Abstand von den alten Entweder-Oder-Ideen. In Wirklichkeit sind sie untrennbar wie das Sonnenlicht vom Garten.

Wenn wir anderswo lebten . . .

Die Frage nach der menschlichen Natur wurde im letzten Jahrhundert immer drängender gestellt. Die Debatte ähnelte einer Reihe heftiger Konflikte, von denen wir einen hier verfolgen wollen. Die meisten von uns sind in der Ära des Optimismus nach dem Zweiten Weltkrieg aufgewachsen, als neue Rechte und Freiheiten auch den zuvor Unterprivilegierten gewährt wurden. Gegenwärtig steht im Mittelpunkt sozialen Fortschritts die Auffassung, daß die Umwelt oder Umgebung von größter Bedeutung ist, um den Menschen ein besseres Leben zu verschaffen, und darum unterstützen wir die aufstiegfördernde Ausbildung der Benachteiligten. Gewiß sind alle derartigen kompensatorischen Programme wichtig. Doch die unausgesprochene Annahme dabei lautet, daß die Biologie nicht so bedeutsam ist und daß jeder, der anders denkt, irgendwie gegen soziale Gerechtigkeit und Fortschritt ist, bewußt oder unbewußt. Wir werden sehen, daß das nicht stimmt.

Amerikaner werden zu dem Glauben erzogen, alle Menschen seien gleich geschaffen; wir nehmen an, daß die Unterschiede zwischen uns kulturbedingt sind. Darum hat die Wissenschaft vom Beginn unseres Jahrhunderts an den Eigenheiten der verschiedenen Kulturen und ihren unterschiedlichen Erfahrungen große Aufmerksamkeit gewidmet. Psychologen, Anthropologen, Erzieher und Psychoanalytiker haben das Ungewöhnliche und Exotische erkundet, um den ungeheuren Einfluß der Kultur nachzuweisen.

Anthropologen beispielsweise interessieren sich für kulturelle Riten wie das jährliche Fest der Wodabe, bei dem die Männer ihre Haut verzieren, um «zusätzliche Frauen» anzuziehen, weil solche Rituale zeigen, wie formbar die sexuellen Reaktionen menschlicher Wesen sind. Kulturen wie die der Wodabe oder der Kung San, beide von modernen Einflüssen unberührt, lassen deutlich erkennen, wie entschieden anders unser Leben wäre, wenn wir anderswo lebten. Doch diese Beschäftigung mit dem Exotischen ignoriert weitgehend, wie vieles alle Menschen gemeinsam haben.

Diese Auffassung von unendlicher Einzigartigkeit bildete sich schon im 17. Jahrhundert heraus. John Locke, David Hume und John Stuart Mill, die großen Einfluß auf die wissenschaftliche Betrachtung des Geistes hatten, glaubten, alles Wissen sei eine Folge von Erfahrung. Die Schlüsselannahme ist die, daß der Geist keine Ideen oder angeborenen Tendenzen hat außer denen, die der Welt entstammen, in der eine Person lebt. Diese Auffassung hat eine lange Geschichte, und sie kommt gewissen politischen Strömungen zupaß (sie ist nämlich ein brauchbares Argument zugunsten von Sozialprogrammen, die Gleichheit zu verwirklichen suchen), aber sie muß dennoch den Wahrheitsbeweis antreten, und das gelingt ihr nicht.

Diese Denkweise war zwar sehr einflußreich, sollte aber keinen Bestand haben. Den ersten Schlag führte Charles Darwin, der ab Mitte des vorigen Jahrhunderts zeigte, daß die Menschen sich wie alles andere Leben auf der Erde entwickelt hatten und doch von einem gemeinsamen Vorfahren abstammten. Darwin schlug die Theorie der natürlichen Auslese vor, und diese Theorie, kombiniert mit moderner Genetik, bildet die Basis der modernen Evolutionstheorie, der akzeptierten Erklärung dafür, wie Organismen sich mit der Zeit verändern. Konsequenz dieses evolutionären Denkens war die Vorstellung, daß menschliche Wesen wie andere Tiere in ihren Fähigkeiten keineswegs unbegrenzt, sondern biologisch ihrer Umgebung angepaßt sind. Darum sind viele Reaktionen auf die Welt schon bei der Geburt vorhanden, und der Geist ist kein unbeschriebenes Blatt.

Francis Galton und die Geburt der Eugenik

Darwins Vetter Francis Galton nahm den Ball auf, lief damit weiter und bereitete so den Boden für das moderne Zeitalter des genetischen Determinismus. Als Mitglied der britischen Royal Society und Ehrengeneralsekretär der Royal Geographical Society interessierte sich Galton für die «menschliche Seite der Geographie». Als er *Über die Entstehung der Arten* las, übernahm er diese Gedanken sofort und sah Darwins Werk mit den gleichen Augen an, mit denen «von der Barbarei Bekehrte den Lehrer betrachten, der sie als erster von der unerträglichen Bürde ihres Aberglaubens befreit hat».

Wenn Organismen sich aufgrund willkürlicher «natürlicher» Auslese entwickeln, meinte Galton, dann könnten wir Menschen doch eingreifen und unsere eigene Spezies willentlich selektieren, um unsere geistigen und physischen Eigenschaften zu verbessern. Schließlich werden auf diese Weise durch sorgfältige Tierzucht seit langem neue Spezies hervorgebracht. Eine ähnliche Vorgehensweise würde auch die Menschheit enorm weiterbringen.

So entstand das weite Feld der Eugenik – nach dem griechischen Wort für «gute Geburt» benannt. Heute wirkt das brutal, doch Galtons Eugenik hatte das Ziel, die Gesellschaft im Kern zu verbessern, indem man ihre Zusammensetzung änderte. Man nannte das «Erbverbesserung», ein Programm, durch das sich, wie Galton hoffte, «eine vollkommene Begeisterung für die Verbesserung der Rasse unter den gebildeten Klassen entwickeln könnte», die es als ihre «vordringliche Pflicht» ansehen würden, «den langsamen und störrischen Prozeß der natürlichen Auslese vorwegzunehmen durch das Ausmerzen schwacher Konstitutionen und niedriger und unwürdiger Instinkte und durch das Züchten solcher, die kraftvoll und edel und sozial sind».

Für manche sollte dieses Programm recht angenehm werden, denn die Eugeniker glaubten, eine vermehrte Fortpflanzung der bereits Gebildeten würde «die Art verbessern», indem sie

die Anzahl genetisch überlegener, fleißiger Schlaumeier er-
höhte. Hört sich das archaisch an? Genau das jedoch spielt sich
heute in Singapur ab, wo eine etwas paternalistische, aber ziel-
strebige Regierung arbeitssüchtigen, der Fortpflanzung abge-
neigten Yuppies exklusive romantische Kreuzfahrten und Ehe-
vermittlungsagenturen anbietet, um den Trend umzukehren,
daß mit zunehmender Bildung immer weniger Kinder in die
Welt gesetzt werden. Im Grunde heißt das: «Lehnt euch zurück
und denkt daran, das Land zu verbessern.» Nach Galtons Plan
mußten natürlich die niedrigeren Klassen irgendwie entmutigt
werden, sich gierig und animalisch zu paaren, damit sie nicht zu
zahlreich würden.

Auftrieb bekam Galtons Anliegen um 1900 mit dem zuneh-
menden Interesse an Genetik. Von da an wurde die Verwirkli-
chung einer eugenischen Revolution für ihn, wie er selbst sagte,
zu einem «Kreuzzug». Darwin selbst, dessen Werk ja der Aus-
gangspunkt für Galtons Modell von der «Verbesserung der
Rasse» gewesen war, unterstützte die Idee nicht (obwohl er
Galtons Buch *Genie und Vererbung* «interessant und originell»
fand). Darwin war zwar der Auffassung, daß die natürliche
Auslese in der Geschichte der Menschheit von entscheidender
Bedeutung war, doch er leugnete den Beitrag kultureller Faktoren zur menschlichen Natur auch nicht rundweg. Er schließt
sein Buch *Die Abstammung des Menschen* mit der Bemerkung,
daß moralische Qualitäten durch Lernen entwickelt werden
und nicht einfach ererbt sind.

Die Universität London nahm die Eugenik im Jahre 1905
formell zur Kenntnis, und um ihr Credo schneller zu verbrei-
ten, wurde 1907 die Eugenics Education Society gegründet.
Sowohl in England als auch in den Vereinigten Staaten wurde
die Eugenik zunehmend populärer. Der bedeutende amerikanische Biologe David Starr Jordan wurde Vorsitzender des
American Breeders Association Committee on Eugenics, dessen
Ziel es war, die menschliche Vererbung zu erforschen und «den
Wert überlegenen Blutes und die Bedrohung der Gesellschaft
durch minderwertiges Blut zu betonen». Der Enthusiasmus für

die Zuchtwahl erweckte allerdings auch übertriebene und bizarre Vorstellungen. So schrieb im Jahre 1910 der Harvard-Anthropologe Charles B. Davenport in *Eugenics: The Science of Human Improvement by Better Breeding* über die Notwendigkeit, «die entsetzliche Schlange hoffnungslos verdorbenen Protoplasmas zu vernichten».

In Galtons Denken waren die beobachteten Unterschiede zwischen Individuen in verschiedenen Gesellschaften eine Folge ihrer unterschiedlichen genetischen Erbmasse. Diese Denkweise führte zu einem wissenschaftlichen Rassismus, der «zivilisierte» und «unzivilisierte» Gesellschaften als von unterschiedlichen Ausmaßen genetischer Fitneß, angeborener Charaktermerkmale und intellektueller Fähigkeiten gekennzeichnet ansah. Weiße Amerikaner, «der ruhelosesten und kämpferischsten Klasse Europas entstammend», waren daher genetisch dazu bestimmt, «unternehmend» und «ungeduldig» zu sein, aber auch «wütend», «Gewalt billigend» und dergleichen. Schwarze kamen wesentlich schlechter weg. Wie die Engländer dazu standen, können Sie sich ausmalen.

Franz Boas und die Revolte der Anthropologen

Ihre Blütezeit hatte die Eugenik unmittelbar vor dem Ersten Weltkrieg. Die moderne Biologie schien der Menschheit die Möglichkeit zu eröffnen, ihre Zusammensetzung und ihr Schicksal zu kontrollieren. Berauschende Ideen! Diese Betonung von Natur gegen Umwelt sollte bis zur Revolte der Anthropologen andauern. Der aus Deutschland stammende amerikanische Ethnologe Franz Boas gehörte zu denen, die sich den extremistischen Ansichten Galtons widersetzten. Der «genetische Determinismus» veranlaßte Boas, in den Jahren von 1910 bis 1920 den konkurrierenden «kulturellen Determinismus» zu formulieren. In den folgenden beiden Jahrzehnten wurde der freimütige Boas berühmt mit seiner Behauptung, die Gesetze der Biologie spielten in der Geschichte der menschlichen Natur *überhaupt keine* Rolle. Seiner Auffassung nach waren soziale Prozesse völlig unabhängig von organischen, und zwischen den beiden gab es keine «Brücke».

Die Eugenikbewegung blieb ein machtvoller Gegner, und 1918 wurde in den Vereinigten Staaten die Galton Society gegründet. Die Debatte wurde hitziger, als die Behavioristen, also die Erben Lockes und der Empiriker, die den Einfluß des «Instinkts» verneinten, auf die Seite Boas' traten. Da Wissen nur auf Erfahrung beruht, so argumentierten sie, können Menschen sich bessern, indem sie ihre Umgebung verändern. Auch Philosophen, Soziologen und Sozialpsychologen schlossen sich Boas an. Statt die Natur zu kontrollieren, sollte das Ziel darin bestehen, die Umgebung zu beherrschen, um die Rasse zu verbessern. B. F. Skinners *Walden 2* (1948; dt. *Futurum Zwei*, 1970) beispielsweise schlug eine Gesellschaft vor, die von einem Belohnungssystem reguliert wird. Die Verfechter der «Umwelt»-Annahme widersetzten sich dem der Eugenik innewohnenden Rassismus. Und im Rückblick bereitet uns diese Kontroverse – vor Hitler und Milošević – Genugtuung.*

Ich bin sicher, daß diese unterschiedlichen Meinungen noch angeheizt werden von der obstinaten Starrköpfigkeit, die sich oft in der akademischen Welt ausbreitet. Man lehrt uns, daß die Wissenschaft durch das Testen gegensätzlicher Ansichten voranschreitet und daß ein entscheidendes Experiment alle anderen Sichtweisen zunichte machen kann. Eine Partei sagt, etwas sei ganz weiß, die andere sagt, es sei ganz schwarz, und dann sammeln sie Nachweise, die ihre Auffassung stützen. Sie zeigen die schwarzen Flecken auf einem bestimmten Stein und behaupten, sie repräsentierten das Ganze – um dann von den an-

---

* Die von den Eugenikern benutzten Begriffe haben viele noch im Hinterkopf. Während der Niederschrift dieses Buches fand ich in der Zeitschrift *PC* vom 9. Februar 1993 von einem meiner Lieblingskolumnisten die Besprechung einer Produktbewertung, in der es hieß: «Wenn man darüber nachdenkt, müßte man bei dem Konzept und dem Begriff *Bester seiner Art* eigentlich zusammenzucken . . . Wenn ich nämlich an die Besten einer Art denke, dann fallen mir Hunde ein – oder Nazis!»

deren «widerlegt» zu werden, die mit demselben Argument auf die weißen Flecken verweisen.

Die Ablehnung des «Instinkts» durch die Behavioristen spiegelte sich zu Beginn des 20. Jahrhunderts bei den Hirnforschern wider, die das Gehirn als nahezu leer bezeichneten. Vielleicht aufgrund der Schwierigkeiten bei der Erforschung des menschlichen Gehirns sahen sich diese Wissenschaftler in ihrer Ignoranz und ideologischen Voreingenommenheit veranlaßt, das Gehirn als unspezialisiert und undifferenziert zu betrachten, als eine Masse, vielleicht ein rötliches Gelee, aus dem man durch Lernen alles mögliche machen konnte.

Das war natürlich vor der Entdeckung des einzelnen Neurons, die eine Zwischenposition entstehen ließ: Es *gibt* zwar verschiedene Bestandteile im Gehirn, doch die Masse *als Ganzes* ist ein leeres Blatt. Zunehmendes Verständnis für die Struktur des Gehirns macht diese Auffassung so schmackhaft wie ein Gelee mit ein paar Stückchen Fruchtcocktail darin.

Das Konzept des Gehirns als leeres Blatt unterstützte den hoffnungsvollen Ansatz der amerikanischen Erziehung. Die sozialen Ziele von Chancengleichheit sind natürlich durchaus löblich, doch der Gedanke der Gleichheit der Fähigkeiten war ein Irrtum, wie wir in diesem Buch sehen werden. Der Streit zwischen ganz schwarz und ganz weiß, reiner sozialer Dynamik oder reiner angeborener Biologie war wissenschaftlich nichts wert, denn für keine der beiden Auffassungen gab es Beweise.

Margaret Mead, Sex und Temperament in der Südsee

Mitten in dieser Kontroverse trat eine Frau auf, die die Auffassung der Gesellschaft von der menschlichen Individualität für den größten Teil des 20. Jahrhunderts verändern sollte. Margaret Meads Forschungsarbeiten in Samoa und ihr 1929 erschienenes Buch *Kindheit und Jugend in Samoa* gaben für die nächsten fünfzig Jahre den Ton an. Boas war frustriert von der

Notwendigkeit, den Einfluß unterschiedlicher kultureller Praktiken auf Individuen zu demonstrieren. Eine Art, seine Auffassung zu beweisen, war, eine «Tatsache des Lebens» in Amerika zu betrachten und zu zeigen, daß diese in anderen Kulturen kein Faktor war. In Amerika war die Adoleszenz mit Stürmen und Streß, sexueller Unterdrückung und Verirrung befrachtet. Wenn man einen Stamm finden könnte, bei dem diese Probleme nicht bestanden, dann müßte der Grund dafür die Erziehung und nicht die menschliche Natur sein!

In Margaret Mead fand Boas die begabte junge Doktorandin, die er brauchte, um seine Untersuchung durchzuführen, und er trug ihr eine Feldforschung über heranwachsende Mädchen in einer nichtwestlichen Gesellschaft auf. Ursprünglich hatte er für diese Studie einen amerikanischen Indianerstamm vorgesehen, doch Mead, deren Interesse sich bereits auf Polynesien konzentrierte, wollte in die Südsee. Sie einigten sich auf Samoa.

Von 1925 bis 1926 verbrachte Mead neun Monate mit der Untersuchung der weiblichen Adoleszenz auf Ta'u, einer kleinen Insel im Manua-Archipel, die 21 Jahre lang unter amerikanischer Kontrolle stand. Die Manuaner lebten seit etwa achtzig Jahren als bekehrte Protestanten. Mead wohnte im Haus einer amerikanischen Familie. In *Kindheit und Jugend in Samoa* stellte sie das Leben dort als durch vollkommene Entspannung gekennzeichnet dar.

Samoa ist ein Land, in dem niemand um sehr hohe Einsätze spielt, keiner sehr hohe Preise bezahlt, niemand für seine Überzeugungen leidet oder für bestimmte Ziele bis in den Tod kämpft. Meinungsunterschiede zwischen Eltern und Kind werden beigelegt, indem das Kind auf die andere Straßenseite zieht, zwischen einem Mann und seinem Dorf, indem der Mann in das nächste Dorf zieht, zwischen einem Ehemann und dem Verführer seiner Frau durch ein paar feine Matten.

Das Buch behandelt die stürmische Zeit von Pubertät und Adoleszenz. Für Amerikaner ist sie stürmisch. Nicht jedoch in Samoa! Mead zufolge war die Adoleszenz dort eine verträumte und unkomplizierte Zeit, weil die Samoaner in einer Gesellschaft mit «wenigen Konfliktsituationen» großgezogen wurden, wo das Familienleben keine problematischen Bindungen oder das Einflößen von Schuldgefühlen beinhaltete und wo sexueller Kontakt der «Zeitvertreib par excellence» war. Noch Jahrzehnte später, als ich aufs College ging, war das Buch eine aufregende Lektüre, denn damals rebellierten alle gegen die Strenge der amerikanischen Erziehung; in den dreißiger Jahren muß es daher doppelt aufregend gewesen sein. Meads Formulierung «Zeitvertreib par excellence» bot in dieser Periode meines Lebens eine sehr attraktive Möglichkeit, gewisse Aktivitäten zu diskutieren.

Mead porträtierte eine in den sexuellen Beziehungen extrem permissive Kultur; vorehelicher Sex wurde nicht verhindert, und heranwachsende Mädchen schoben die Ehe um «möglichst viele Jahre zwanglosen Geschlechtsverkehrs» auf. Sie schrieb, die Liebe zwischen den Geschlechtern sei ein leichter, angenehmer Tanz. Es gab spezifische Initiationsriten und anerkannte Traditionen von Stelldicheins in ihrem sexuellen Südseeparadies, in dem das Heranwachsen so anders war als in unserer Gesellschaft. Die «Umgebung» bestimmte also dieses grundlegende menschliche Verhalten. Damit gerieten Fragen einer «Grundnatur» in den Hintergrund, denn die Kultur war einflußreicher als die Natur: Niemand hatte eine feste Prädestination; was wir werden, hängt von unserer Kultur ab.

Derek Freeman aber, auf dessen Bericht über Mead, Boas und Galton ich diese Diskussion stütze, besuchte Samoa eine Generation später, in den sechziger und siebziger Jahren, und fand ein ganz anderes Bild. Mead hatte geschrieben, Ehebruch werde nicht als sehr ernste Angelegenheit betrachtet, und hinzugefügt, Eifersucht – ein in der übrigen Welt so verbreitetes Phänomen – sei in Samoa ganz selten. Freeman indessen fand heraus, daß auch zu Meads Zeit der Ehebruch in den *Regula-*

tions and Orders for the Government of American Samoa unter
Strafe gestellt war. In den lokalen Polizeiberichten gab es viele
Fälle von Gewalttaten, die Folge der sexuellen Eifersucht so-
wohl von Männern als auch von Frauen waren.

Mead hatte die männliche Sexualität auf Samoa als im Vergleich zur westlichen unaggressiv geschildert und geschrieben,
der Gedanke einer Vergewaltigung oder irgendeines Sexualak-
tes ohne den freien Willen beider Beteiligter sei für Samoaner
völlig unvorstellbar. Freeman jedoch ermittelte, daß Samoa mit
die höchsten Vergewaltigungsraten der Welt hatte. Zum Teil
hat das mit der kulturellen Vorliebe samoanischer Männer zu
tun, einer Frau ihre Jungfräulichkeit zu stehlen, die ich in den
Anmerkungen am Ende dieses Buches diskutiere.

Die auffallend hohe Vergewaltigungsrate wurde von Missio-
naren schon 1845 vermerkt, und noch heute wird sie von der
Polizei Westsamoas bestätigt. Zu der Zeit, als Margaret Mead
ihre Forschungsarbeiten durchführte, war Vergewaltigung
nach Raub und Diebstahl sogar das dritthäufigste Verbrechen
in Samoa.

Mead beschrieb die Adoleszenz in Samoa als Periode größter Freiheit, angeblich nicht den Prüfungen und Kümmernissen
unterworfen, die «junge Leute in komplexeren – und oft auch
in primitiveren – Gesellschaften plagen».

Bei seinen Untersuchungen in Samoa in den sechziger Jahren
erhielt Freeman von männlichen und weiblichen Heranwachsenden sowie von gebildeten Erwachsenen Berichte über ihre
Erfahrungen in der Adoleszenz. *Alle* schilderten streßreiche
Beziehungen zu ihren Eltern, die ständige Drohung mit Gewalt
und die große Wut auf Autoritätspersonen. Zu den rebellisch-
sten Handlungen kam es im Alter von vierzehn bis sechzehn
Jahren, vor allem bei Jungen. Ähnlich gestatteten sich heranwachsende Mädchen besonders häufig Aggressionen, wenn
auch zumeist nur verbale, vermutlich infolge von Konflikten
mit Gleichaltrigen.

Wie sollen wir nun diese beiden widersprüchlichen Berichte
miteinander in Einklang bringen? Die Wahrheit ist, daß Boas

ein überzeugendes Beispiel dafür brauchte, wie die Kultur die menschliche Natur vollkommen verändern kann. Er bekam es und gab es an uns weiter, und wir lesen es Generation um Generation immer wieder. Es ging in die Literatur ein, weil Boas in seinem Bestreben, die Argumente der Eugeniker zu widerlegen, nicht der üblichen wissenschaftlichen Vorgehensweise folgte und Meads Ergebnisse übereilt in die Fachliteratur einführte; Mead hingegen hatte nur gesehen, was zu sehen sie ausgesandt worden war.

In den mehr als fünfzig Jahren, die vergangen sind, seit Mead ihre Schlußfolgerungen veröffentlichte, hat es ein Zurückpendeln zur Anerkennung der Rolle der Biologie in unserer Individualität gegeben. Daß der Mensch sich aus Tieren entwickelt hat und mit den «Samen» für eine Reihe von besonderen Fähigkeiten zur Welt kommt, von der Farbwahrnehmung über die Emotionen bis zur Sprache, ist heute von der Wissenschaft anerkannt.

Der «absolute kulturelle Determinismus», vertreten von Boas und Mead, konnte dem Einfluß nicht standhalten, den das zunehmende wissenschaftliche Verständnis der Evolution und der Hirnfunktionen, die Entdeckung der DNS und die Beweise für die Rolle der Genetik im Verhalten ausübten. Aufgrund besserer Kenntnis unseres neuralen Apparats und der grundlegenden «Programme», mit denen wir ausgestattet sind, wenn wir auf die Welt kommen, sehen die meisten von uns die Umgebung heute als eine Art Selektionssystem, das eher wie ein umsichtiger Gärtner arbeitet und nicht wie eine aussondernde Kraft.

Andererseits räumen Biologen heute auch der Kultur größeren Spielraum ein. Es ist Franz Boas und seinen Nachfolgern mit einiger Mühe gelungen, die wissenschaftliche Welt dazu zu bringen, die Implikationen und die Dynamik kultureller Einflüsse ernst zu nehmen.

Die Beilegung dieses langen Streites vereint also Kultur und Biologie; die Welt entwickelt zwar das Individuum, aber sie kann nur entwickeln, was bereits da ist. Wir alle sprechen zwar eine Sprache, doch welche das ist und mit welchem Akzent, hängt von der Region ab, in der wir leben. Unsere Umgebung gibt uns den «letzten Schliff». Individuen brauchen die Welt, damit sie ihnen ihre Individualität gibt, aber die Welt kann nur entwickeln, was wir ererbt haben.

KAPITEL 3
Von der Zelle zum Selbst

Wir sind das Geschenk unserer Eltern an die menschliche Evolution. Wir erkennen in unserem Aussehen und Verhalten viel von ihnen. Das gemeinsame menschliche Erbe ist vielfältig. Wir alle entwickeln ein großes Gehirn, den aufrechten Gang und die Fähigkeit, Farben zu sehen. Doch jedes menschliche Wesen ist auch einzigartig – gleich wie alle anderen und doch anders als jeder Mensch, der jemals gelebt hat.

Einige der ererbten Eigenschaften des Individuums sind offenkundig. Besondere physische Merkmale wie Geschlecht und Augenfarbe werden bei der Empfängnis festgelegt und vom normalen Spektrum der Lebenserfahrung fast überhaupt nicht berührt. Es gibt jedoch noch ein subtileres Erbe, das aus Dispositionen zu Körpergröße oder zu Diabetes, zu Schizophrenie und sogar zu gewissen Interessen und Einstellungen besteht. Und es gibt eine Vererbung von Merkmalen des Temperaments, etwa unseres Lebenstempos, unserer emotionalen Gestimmtheit und unserer Art, unser Gehirn zu benutzen.

Die einzelne Zelle, die zur menschlichen Form reift, tut das auf eine präzise Weise, bestimmt von Mustern, die das genetische Erbe durch Jahrtausende festgelegt hat. Das Gehirn, einst ein undifferenzierter Teil dieser einzelnen Zelle, taucht als so komplexes Organ auf, daß kein Computer, wie groß auch immer, seine Funktionen nachahmen kann.

Die Zelle enthält auch die Spezifikationen für die Anlage und Konstruktion des Nervensystems und der Sinne, Sensoren (und Zensoren), die so kompliziert sind, daß sie nur ein Billionstel der sie erreichenden Informationen auswählen, nämlich so viel, wie für das Überleben relevant ist. Das neurale Netzwerk analysiert diese äußeren Signale und gibt sie an die höheren Hirnfunktionen weiter. Dieser ganze Prozeß ist ein Teil unserer genetischen Ausstattung.

In diesem Kapitel werden wir die Fragen über unsere Evolution erörtern. Wieviel wird eigentlich durch den genetischen Code spezifiziert? Der größte Teil unseres Verhaltens ist das Produkt von Genen plus Erfahrung, genau wie bei einem Baum, der teilweise aufgrund seiner Natur wächst, teilweise aber auch durch den Regen und den Ort, an dem er steht. Einige menschliche Verhaltensweisen sind vielleicht mehr von der Natur bestimmt, andere von der Umgebung, aber alle werden durch unterschiedliche Kombinationen aus beiden geformt.

Diese Tatsache gestattet dem Streit um Natur oder Umgebung, in einer neuen Form weiterzubestehen. Die meisten von uns akzeptieren heute zwar, daß es eine gewisse biologische Basis für verschiedene Verhaltensweisen gibt, doch man debattiert heftig darüber, wieviel davon in den Genen spezifiziert ist und wie weit bewußter Einfluß uns von unserem Erbe entfernen kann.

Jede Person besitzt bei der Geburt eine komplexe genetische Ausstattung, eine Reihe biologischer Instruktionen für die Herstellung eines menschlichen Körpers und Gehirns. Das Gen, das die Grundkomponente der Vererbung bei allen Lebewesen ist, besteht aus DNS (Desoxyribonukleinsäure). DNS ist im Kern jeder lebenden Zelle enthalten. Das DNS-Molekül sieht aus wie eine verdrehte Leiter. Die Sprossen enthalten vier chemische Basen – Adenin, Thymin, Guanin und Cytosin.

Alle Blaupausen des Lebens für Wachstum und Entwicklung kommen aus diesen Basen. Was zwischen den Organismen unterschiedlich ist, auch zwischen Ihnen und einer Amöbe, ist nur die Anordnung der vier Basen auf der Doppelhelix des DNS-Moleküls. Im gewöhnlichen Leben übertreiben wir unsere Unterschiede. Wie anders, glauben Sie, wäre jemand, dessen Gene sich nur um sechs Prozent von den Ihren unterscheiden? Wäre er ein Indianer? Nein, ein Unterschied von sechs Prozent in

Ihrer genetischen Anordnung, und das Ergebnis wäre ein Rhesusäffchen. Schimpansen unterscheiden sich nur um etwa zwei Prozent von uns. Der durchschnittliche, nicht mit uns verwandte Fremde ist annähernd um ein zehntel Prozent anders als wir.

Ein Gen ist ein Segment der DNS, das ein spezifisches Merkmal codiert. Jedes menschliche Wesen hat 23 Chromosomenpaare, die zusammen etwa 50 000 Gene enthalten und die angeordnet sind wie Perlen auf einer Schnur. Jeweils ein Chromosom jedes Chromosomenpaars kommt von jedem Elternteil. Jeder Elternteil hat ein Genpaar für die Augenfarbe. Wenn das Ei der Mutter oder das Sperma des Vaters gebildet wird, wird das Genpaar geteilt. Dann kann sich ein neues Paar bilden, wenn bei der Zeugung eines Kindes Ei und Sperma zusammenkommen.

Die Chromosomen des dreiundzwanzigsten Paars bestimmen das Geschlecht eines Individuums. Die Geschlechtschromosomen haben zwei verschiedene Formen. Eines sieht aus wie ein X, das andere wie ein Y. Eine Frau hat zwei X-Chromosomen im Paar 23, ein Mann ein X- und ein Y-Chromosom. Daher wird, weil er beide Arten von Chromosomen beitragen kann, das Geschlecht des Kindes immer vom Sperma des Vaters bestimmt. Wenn er das X-Chromosom beiträgt, wird das Kind ein Mädchen, wenn er das Y-Chromosom beiträgt, wird das Kind ein Junge.

Und sogar im Mutterschoß gibt es Geschlechtsunterschiede. Man könnte annehmen, daß die Chancen, einen Jungen oder ein Mädchen zu zeugen, fünfzig zu fünfzig stehen; dem ist aber nicht so. Auf 100 Mädchen kommen bei der Empfängnis 140 Jungen. Vielleicht sind die Spermien, die Y-Chromosomen tragen, mobiler als die mit X-Chromosomen und erreichen das Ei daher zuerst. Interessanterweise scheinen Jungen «entbehrlicher» zu sein. Sie sind auch empfindlicher: Von 140 gezeugten Jungen werden nur 105 geboren. Die XY-Einheit (männlich) ist im Schoß verletzlicher als die XX-Einheit. Diese Verletzlichkeit bleibt bestehen. In jeder Altersgruppe während der Säuglingzeit, Kindheit und dem Erwachsenenalter ist die Sterblichkeitsrate männlicher Personen höher als die weiblicher – bis nur noch so wenige Männer übrig sind, daß die Todesrate bei Frauen höher ist. Daher leben Frauen im Normalfall länger als Männer, und es gibt mehr Frauen als Männer.

Die einzige Ausnahme von der Regel genetischer Einzigartigkeit sind eineiige Zwillinge. Eineiige Zwillinge sind monozygotisch – sie entwickeln sich aus demselben befruchteten Ei. Zweieiige Zwillinge entstehen, wenn die Mutter zwei Eier freisetzt und diese von verschiedenen Spermien befruchtet werden. Sie ähneln sich nicht mehr als alle anderen Geschwister. Genetische Ähnlichkeit ist aufschlußreich bei der Verfolgung der Rolle genetischer Faktoren hinsichtlich der Individualität. Weil eineiige Zwillinge der einzig mögliche Fall von identischer Erbmasse sind, benutzt man sie gern für Studienzwecke, und viele der Untersuchungen, die wir erörtern werden, befassen sich mit ihnen.

Die nächstkleinere Ähnlichkeit in der genetischen Ausstattung haben Geschwister, die viele derselben Gene ihrer Eltern gemeinsam haben. Einen gewissen Grad von genetischer Ähnlichkeit gibt es zwischen allen Verwandten, Eltern, Tanten, Onkeln, Halbbrüdern und so weiter. Wenn wir von «Blutsverwandten» sprechen, meinen wir eigentlich Menschen mit einer genetischen Ähnlichkeit.

Studien zur Vererbung des einen oder anderen Merkmals vergleichen häufig eineiige und zweieiige Zwillinge. Wenn die Erbmasse bei der Entwicklung irgendwelcher besonderer Merkmale eine Bedeutung hat, von der Depression bis zur räumlichen Wahrnehmung oder Augenfarbe, dann müssen zweieiige Zwillinge verschiedener sein als eineiige Zwillinge; wenn das Erbelement unwichtig ist, dann müssen sich zweieiige Zwillinge genauso ähnlich sein wie eineiige.

Adoptierte Kinder werden häufig untersucht, um zu zeigen, wie weit die familiäre Umgebung und nicht die Erbmasse das eine oder andere Merkmal beeinflußt. Wenn ein Merkmal ererbt ist, sollte man erwarten, daß Geschwister, die von ver-

40

schiedenen Familien adoptiert wurden, sich ähnlicher sind als Kinder, die nicht miteinander verwandt, aber von derselben Familie adoptiert worden sind. Wenn die Erbmasse jedoch keine wirkliche Rolle bei der Entwicklung eines bestimmten Merkmals spielt, dann dürften Geschwister, die getrennt adoptiert wurden, sich in diesem Merkmal nicht ähneln, und nicht verwandte Kinder, die zusammen adoptiert wurden, sollten nicht verschiedener sein als tatsächliche Geschwister.

Manche ererbte Merkmale wie etwa die Myopie (Kurzsichtigkeit) treten vielleicht nicht gleich hervor. Die Augenfarbe wird von einem oder höchstens zwei Genen bestimmt, die meisten anderen menschlichen Merkmale aber von einer Kombination aus vielen Genen. Es ist möglich, daß ein Kind die Nüstern der Mutter und den Nasenrücken des Vaters hat. Manche Merkmale werden mit so großer Wahrscheinlichkeit vererbt, daß sie dann eine ganze Familie charakterisieren. So hatten beispielsweise die Mitglieder der Habsburger-Dynastie eine charakteristisch vorstehende Unterlippe. Andere ererbte Merkmale sind eher sprunghaft, etwa, ob man angewachsene oder freie Ohrläppchen hat, die Zunge zusammenrollen kann oder nicht oder ob die zweite Zehe länger ist als die große.

Mit Sicherheit kommen wir sozusagen mit bestimmten Karten zur Welt, aber wie wir diese Karten ausspielen, ist ebenfalls von Bedeutung. Die Gene mögen ein Individuum zu bestimmten Merkmalen prädisponieren, aber wie diese Prädisposition sich entwickelt, hängt von Erfahrungen und Einflüssen ab. Die Körpergröße beispielsweise kann von der Umgebung in Form von Ernährung beeinflußt werden. Eine genetische Disposition zu einer Krankheit mag zum Tragen kommen oder nicht, je nach so prägenden Einwirkungen wie Ernährung, Streß und Kultur.

Jeder Organismus, sogar die einfachste Bakterie, enthält mehr genetisches Potential, als «geäußert» werden kann, d. h. als im lebenden Organismus in Erscheinung tritt. Die «Äußerung» hängt von Umständen und Gelegenheit ab. So sind Kaukasier im allgemeinen größer als Orientalen, weil das genetische Potential für Körpergröße im kaukasischen Genpool größere Menschen hervorbringt. Durch veränderte Ernährung wiederum sind japanische Menschen, die in Nordamerika aufwuchsen, größer geworden als ihre Landsleute in Japan. Sie manifestieren das obere Spektrum ihres Größenpotentials. Heute werden auch die Menschen in Japan größer. Erinnern Sie sich noch an die Autos im Taschenformat, japanische Kleinwagen der sechziger Jahre? Sie waren vor allem deshalb so klein, weil japanische Menschen klein waren. Jetzt, da die Japaner größer werden, sind auch ihre Autos gewachsen. Der gegenwärtige Toyota Corolla ist zwanzig Prozent größer als das gleiche Modell in den sechziger Jahren.

Vergleich von Erbmasse und Umgebung

Bei einem physischen Merkmal wie der Größe ist es leicht, die jeweiligen Beiträge von Erbmasse und Umgebung zu analysieren. Die Wurzeln geistiger Fähigkeiten oder von Behinderungen sind wesentlich schwerer herauszufiltern.

Die Schizophrenie, die ungefähr ein Prozent der Bevölkerung betrifft, hat genetische und auch soziale Ursachen. Der genetische Beitrag wurde entdeckt, indem man die Familiengeschichten von Schizophrenen untersuchte und sie mit der von Nichtschizophrenen verglich. Diese Studie ergab, daß Schizophrenie innerhalb der Familien von Schizophrenen häufiger auftritt als in den Familien Nichtschizophrener.

Innerhalb der Familien von Schizophrenen tritt die Schizophrenie um so häufiger auf, je größer die genetische Ähnlichkeit ist. Der eineiige Zwilling eines Schizophrenen wird eher unter der Störung leiden als sein zweieiiger Zwilling. Ähnlich sind ein Bruder oder eine Schwester eines Schizophrenen anfälliger für die Störung als etwa ein Vetter, und beim Kind eines Schizophrenen ist die Wahrscheinlichkeit der Erkrankung um zwölf- bis dreizehnmal höher als der Durchschnitt. Doch das ist nur eine Prädisposition. In einer vorteilhaften und gesunden

Umgebung hat die schwere Störung der Schizophrenie geringere Chancen, manifest zu werden.

Die Ethologie – das Studium von Verhalten unter natürlichen Bedingungen – hat viele Untersuchungen angestellt, die den relativen Einfluß der Gene im Vergleich zu dem der Umgebung erhellen. So geschieht zum Beispiel etwas Bemerkenswertes, wenn ein frisch geschlüpftes Entenküken zwölf bis achtzehn Stunden alt ist. Wenn es etwas erkennt, das sich bewegt, und dieser Bewegung zehn Minuten lang folgt, dann ist dieses Objekt dem Entenküken «eingeprägt», und es wird fortfahren, ihm überallhin zu folgen.

In der Natur ist es selbstverständlich am wahrscheinlichsten, daß das Entenküken während seiner ersten Stunden seine Mutter sieht. Die beschriebene Reaktion hat sich offenbar entwickelt, um dem Tier beim Überleben zu helfen. Solche Reaktionen nennt man daher evolutionär stabile Strategien (ESS); sie zu befolgen, vergrößert die Chancen auf erfolgreiche Fortpflanzung. Wenn jedoch während dieser entscheidenden Stunden ein Wissenschaftler eingreift und dem Entenküken einen hölzernen Spielzeugvogel auf Rädern zeigt, so wird es statt dessen diesem Objekt folgen. Die dramatischste Demonstration dafür lieferte Konrad Lorenz, einer der einflußreichsten Etologen überhaupt, indem er selbst sich zur richtigen Zeit Gänseküken zeigte. Die kleinen Gänse folgten ihm, als sei er ihre Mutter, und jammerten, wenn er nicht in der Nähe war.

Das neurale Programm für die Prägung ist einfach. Alles, was erforderlich scheint, ist eine Instruktion, die etwa so lautet: «Folge allem, was sich binnen zwölf bis achtzehn Stunden nach deiner Geburt zeigt.» Viele Analysen erweisen, daß so komplexe Verhaltensweisen wie Partnerwerbung und die Tendenz, Inzest zu vermeiden, auf ähnliche Weise zustande kommen.

Viele evolutionär stabile Strategien treten bei der Kinderaufzucht zutage, denn diese Aktivität ist zu bedeutsam, um sie den Launen individueller Entscheidung zu überlassen. Was, wenn die Mutter das Kind nicht mag? Viele angeborene Reaktionen des Kindes wie etwa Verzweiflungsrufe (Weinen) stimulieren angeborene Reaktionen der Mutter (den Wunsch, das Baby zu füttern, zu säubern oder zu beruhigen). Diese Reaktionen treten immer auf, ob die Mutter ihr Kind mag oder nicht. Zusätzlich gibt es noch ein Netzwerk von Bindungen, die zwischen Müttern (oder anderen Pflegepersonen) und ihrer Nachkommenschaft bestehen.

Unser gemeinsames Erbe

Menschliche Wesen teilen ein gemeinsames Erbe und daneben viele physische, verhaltensmäßige und geistige Merkmale, die uns von anderen Lebewesen unterscheiden. So sind wir beispielsweise *bipedal* – das heißt, wir gehen auf zwei Füßen statt auf allen vieren. Und weil unsere vorderen Gliedmaßen frei sind von der Verantwortung, unser Gewicht zu tragen, können wir Werkzeuge benutzen.

Unsere aufrechte Haltung bewirkt auch, daß der Geburtsvorgang bei uns schwierig ist, und wir kommen in einem früheren Entwicklungsstadium auf die Welt als andere Tiere. Daher findet der größte Teil der Gehirnentwicklung außerhalb des Mutterleibes statt, ganz verschiedenen Umgebungen, Ereignissen und Menschen ausgesetzt und von diesen beeinflußt. Und weil die Umgebung für jede Person anders ist, unterscheiden sich auch die Fähigkeiten beträchtlich, die jeder von uns entwickelt.

Die Neugeborenen der meisten anderen Spezies können sich nach relativ kurzer Zeit selbst versorgen. Daher kann die Mutter fast sofort ihren Platz in der Gruppe wieder einnehmen und trotzdem ihren Jungen noch immer Nahrung und Schutz geben. Die Versorgung eines menschlichen Säuglings aber ist ein Vollzeitjob. Die Vater-Mutter-Kind-Einheit «verbindet» sich zu einer Familieneinheit, die für unsere Spezies typisch ist.

Wir haben aber noch mehr gemeinsam als das. Wir alle beginnen das Leben mit denselben Grundgefühlen, derselben Fähigkeit zur Farbsicht, derselben Zeitorientierung. Wir sind einander ähnlicher, als wir denken. Der Anthropologe Don Brown hat sehr detailliert die gemeinsamen Merkmale von Individuen in Gesellschaften auf der ganzen Welt beschrieben. Er bezeichnet diese Charakteristika als Merkmale der «Universal People» (UP) oder Universalen Völker.

Die UP haben ihr kulturelles Wissen in eine Sprache eingebettet, die eine Grammatik und ein einheitliches Lautsystem hat. Ihre einzelnen Phoneme werden durch Mund- und Nasenhöhlen hervorgebracht und kanalisiert. Ihre Sprache erlaubt ihnen, in Abstraktionen zu denken und zu reden. Sie können auch lügen und besitzen symbolische Ausdrücke. Außerdem gelingt es ihnen, durch nicht-verbale Gesten, die sich auf der ganzen Welt ähnlich sind, wesentlich mehr auszudrücken, als ihre Worte bezeichnen.

Die UP haben viele komplexe Begriffe für Verwandte und benutzen unterschiedliche Ausdrücke für verschiedene Verwandtschaftsverhältnisse. Verwandtschaft ist ihnen ein tiefes Anliegen. Außerdem besitzen die UP unterschiedliche Sprachformen für Alter und Status.

Sexuelle Aufmerksamkeit erregt die UP, stößt sie aber auch ab. Sie haben viele kunstvolle Rituale, um sexuelle Akte zu steuern. Es gibt Standards für genitale Scham. In fast allen Gesellschaften vollziehen die Menschen den Geschlechtsverkehr nicht in der Öffentlichkeit, und sie urinieren und defäkieren auch nicht öffentlich.

Die UP verleben einen Teil, wenn nicht ihr ganzes Leben in Gruppen. Ihre wichtigste, aber nicht ihre einzige Gruppe ist die biologische Familie. Es gibt ein organisiertes System für die Aufzucht von Kindern. Sie haben Kindheitsängste. Sie haben Bindungen. Sie erkennen Individuen am Gesicht. Sie haben Obdach. Sie wissen, wie man Feuer benutzt, selbst wenn sie nicht wissen, wie man Feuer macht.

Sie zeigen dieselben Grundemotionen und kommunizieren im wesentlichen durch Gesichtsausdrücke und Stimmlage. Sie stellen Werkzeuge her und benutzen sie kooperativ, und sie arbeiten, im Unterschied zu fast allen anderen Spezies, auch bei der Aufzucht der Familie, beim Sammeln und Zubereiten der Nahrung zusammen. Wenn ihre Kooperation zerbricht, gibt es bestimmte Regeln und Vorgehensweisen, um eine Konfliktlösung zu erzielen, von den Stammespalavern bei den Naturvölkern bis zu den Vereinten Nationen.

Sie haben Rituale für ein spirituelles Leben und eine Reihe von Glaubensinhalten, um das Mysteriöse zu erklären. Sie haben Mythen und eine Vorstellung von der Welt, in der sie leben. Sie haben unter Umständen eine Dichtung, und sie tanzen. Natürlich gibt es noch viel mehr. Die Bemühungen von vielen tausend Forschern waren notwendig, um diese Gemeinsamkeiten zu finden. Und doch ist jeder einzelne Mensch nicht «gleich geschaffen» wie andere, und das betrifft fast jede Facette, von der Körpergröße bis zum Gewicht, zur Haut- und Augenfarbe. Viele Denker sind bei dem Wunsch, das Los der Menschen durch Chancengleichheit zu verbessern, von der Hypothese ausgegangen, alle Menschen seien gleich. Einen Ausgleich für Mängel anzubieten, ist eine Sache, aber die Annahme, wir seien biologisch identisch, ist ein zerstörerischer Mythos.

Wir Menschen erben also eine Reihe von Fähigkeiten, die eine gemeinsame Grundlage darstellen. Dennoch ist das Erbe so komplex, daß es nicht bei zwei Menschen genau gleich ist. Also gibt es zwar universale Merkmale, doch jeder von uns hat eine etwas andere Mitgift. Bei der einen Person sind die Emotionen stark, die sprachlichen Fähigkeiten aber nicht; bei einer anderen ist die Bewegungsgeschicklichkeit stärker ausgeprägt als sprachliche Fertigkeiten; bei einer dritten ist die Ausdrucksfähigkeit vorherrschend. Dies sind die Wurzeln, aus denen wir emporwachsen, die Wurzeln unserer Individualität, die Wurzeln unseres Selbst.

ZWEITER TEIL

Das individuelle Temperament

KAPITEL 4
Frühe Unterschiede

Wir alle erben die Prädispositionen der Universalen Völker (UP), aber dieses Erbe ist nicht völlig gleich. Jeder von uns hat Fähigkeiten unterschiedlichen Grades. Obwohl wir alle über die Fähigkeit verfügen zu sprechen, Farben wahrzunehmen, zu schreiben und Musik zu machen, unterscheiden sich die Individuen natürlich darin, in welchem Maße sie diese Begabungen besitzen, und auch darin, wie sie sie nutzen.

Einige ererbte Elemente sind ziemlich spezifisch, und möglicherweise ist eine bestimmte Situation erforderlich, um sie zu entdecken.

Zwillingsmädchen wurden im Säuglingsalter getrennt von verschiedenen Adoptivfamilien aufgezogen. Bei diesen Mädchen handelte es sich um monozygotische, also eineiige Zwillinge . . . Jede war das genetische Duplikat der anderen. Als die Zwillinge zweieinhalb Jahre alt waren, wurden der Adoptivmutter des ersten Mädchens eine ganze Reihe von Fragen gestellt. Mit Shauna sei alles bestens, erwiderte die Mutter, bis auf ihre Eßgewohnheiten. «Die Kleine ist unmöglich. Rührt nichts an, was ich ihr gebe. Keinen Kartoffelbrei, keine Bananen, nichts ohne Zimt. Alles muß mit Zimt bestreut sein. Ich weiß wirklich nicht mehr, was ich da machen soll. Wir streiten bei jeder Mahlzeit. Sie will Zimt auf allem!»

Im Haus des anderen Zwillingsmädchens, getrennt von der Schwester, wurde von der Mutter keinerlei Eßproblem erwähnt. «Ellen ißt gut», sagte sie und fügte nach einem Augenblick hinzu: «Das heißt, sie ißt alles, solange ich Zimt auf ihr Essen streue.»

Peter und Alexander Neubauer, *Nature's Thumbprint*

Unsere Individualität, vom Allgemeinen – etwa, wie aktiv wir sind – bis zum Spezifischen – ob wir Zimt auf unseren Speisen verlangen, oder wie wir eine bestimmte Note singen –, hat ihren Ursprung genau im Augenblick unserer Zeugung. Hier, wie Aldous Huxley das in seinem *Fünften Philosophengesang* ausdrückte:

Eine Million, Million Spermatozoen,
Alle lebendig,
Nach der Sintflut nur ein armer Noah,
Durfte wagen, auf Überleben zu hoffen,
Und unter dieser Billion minus eins,
Hätten ein Shakespeare, ein neuer Newton,
ein neuer John Donne sein können,
Doch der Eine war ich.

In den neun Monaten, die auf den Anfangsmoment folgen, teilt sich die befruchtete Zelle wieder und wieder, bildet das Gehirn, alle inneren Organe, die Muskeln, die Haut und die Knochen eines menschlichen Wesens. Im Uterus gibt es drei deutlich voneinander unterschiedene Perioden, die germinale, die embryonale und die fetale. Die germinale Periode beginnt im Augenblick der Befruchtung und endet etwa eine Woche später, wenn das befruchtete Ei unter wiederholter Teilung durch den Eileiter gewandert ist und sich im Uterus festgesetzt hat. Die embryonale Periode dauert von der Festsetzung bis etwa zur achten Woche der Schwangerschaft. Dies ist das für die Entwicklung des Nervensystems kritische Stadium. Ungefähr in der neunten Woche beginnt die fetale Periode mit der ersten unabhängigen Reaktion des Babys auf die Welt: Der Fetus reagiert auf Störungen, indem er den Torso biegt und den Kopf ausstreckt.

Äußere Einflüsse können die fetale Entwicklung berühren und damit eine Auswirkung auf das Individuum haben, zu dem dieser Fetus werden wird. Manche Geschehnisse, wie etwa Streß oder Drogenkonsum der Mutter, können den Fetus schädigen. Die Ernährung im Uterus ist so wichtig, daß sie das ganze Leben des Individuums beeinflussen kann; ihre Auswirkungen können die Intelligenz, aber auch die Gesundheit und Langlebigkeit betreffen. Es ist ziemlich leicht zu sagen, ob ein Mann mittleren Alters Chancen hat, einen Herzanfall zu erleiden; man braucht nur herauszufinden, wieviel er bei der Geburt gewogen hat. Hier eine faszinierende Meldung aus Southampton, England:

Das Geburtsgewicht einer Person ist ein besserer Indikator ihrer Gefährdung durch koronare Herzerkrankungen als ihr Cholesterinspiegel. Wir sagen nicht, daß Rauchen und dergleichen irrelevant sind, aber das Geburtsgewicht scheint wichtiger zu sein, und je größer das Baby, desto geringer das Risiko.

Caroline Fall

In Hertfordshire und Preston in England gibt es komplette Geburtsregister, die bis in die zwanziger Jahre zurückgehen und die die Höhe der Säuglingssterblichkeit sowie das Gewicht bei der Geburt und, bei den überlebenden Babys, im Alter von einem Jahr verzeichnen. Niedriges Geburtsgewicht (low birth weight, LBW)* wurde mit dem Risiko eines Schlaganfalls im

* LBW ist definiert als weniger als 5,5 Pfund und bezieht sich sowohl auf Frühgeburten (Schwangerschaftsdauer 37 Wochen oder weniger) als auch auf Babys, die für ihr Geburtsdatum klein sind (small-for-date; SFD), die beiden Standardabweichungen nach unten. Wenn Babys für ihr Geburtsdatum klein sind, geht das gewöhnlich auf irgendeine intra-uterine Verzögerung zurück. 75 Prozent aller LBW-Babys sind dies aufgrund von Frühgeburt, 25 Prozent sind SFD. In den Vereinigten Staaten sind 7,6 Prozent aller Babys LBW, in Großbritannien 6,5 Prozent. Zu den Ursachen gehören eine familiäre Tendenz zu Frühgeburten, Mütter, die ungewöhnlich jung oder alt sind, sowie sozioökonomische Faktoren.

späteren Leben in Verbindung gebracht, niedriges Gewicht bis zu einem Jahr nach der Geburt mit der Neigung zu chronischer Bronchitis. Herzerkrankungen waren mit niedrigem Gewicht zu beiden Zeitpunkten korreliert. Niedriges Geburtsgewicht ist schon seit langem ein Indikator für Probleme beim Kind, aber bis vor kurzem hatte man es noch nicht mit Problemen beim Erwachsenen in Verbindung gebracht.

Im Norden Englands gibt es drei Städte, die in bezug auf Einkommen und Lebensstil etwa gleich sind; vor siebzig Jahren jedoch war eine dieser Städte als arm verrufen, eine andere lag im Durchschnitt, die dritte war wohlhabend. Die heutigen Sterbestatistiken spiegeln nicht nur die aktuelle Situation bezüglich der Todesursachen, sondern auch und vielmehr sogar die Bedingungen vor siebzig oder achtzig Jahren wider, als Armut dazu führte, daß Babys mit niedrigem Geburtsgewicht zur Welt kamen. Die früher arme Stadt mit einst hohen LBW-Raten hat heute eine höhere Todesrate durch Herzkrankheiten als die wohlhabenderen Städte mit mehr normalgewichtigen Babys.

Natürlich gibt es im Mutterleib auch günstige Einflüsse. Nach sechs Schwangerschaftsmonaten hört der Fetus gedämpft, wenn jemand spricht, und stellt sich auf Rhythmen und Melodien ein. In einer Studie summten werdende Mütter während der Schwangerschaft dreimal täglich «Mary had a little Lamb». Nach der Geburt war die Wahrscheinlichkeit, daß ihre weinenden Babys sich durch das Lied trösten ließen, größer als bei anderen Kindern. Wissenschaftler haben auch pränatale Reaktionen auf Berührung und Licht beobachtet.

Obwohl Babys hilflos sind, sind die Keime der Fähigkeiten Erwachsener von Anfang an vorhanden. Diese Keime beginnen zu wachsen und Früchte zu tragen. Ein hilfloses Baby erblüht zu einem Erwachsenen, der über ein außerordentliches Spektrum motorischer und geistiger Fähigkeiten verfügt. Das Neugeborene, das nur den Geruch und das Gesicht seiner Mutter erkennen und gerade erst einem sich bewegenden Licht folgen kann, wächst zu einem Erwachsenen heran, der Dinge erdenken und erfinden kann, von denen nie zuvor jemand träumte.

Diese Entwicklung ist folgerichtig; denn wenn Babys geboren werden, werden sie mit neuen Erfahrungen konfrontiert wie Geräuschen, Hitze und Kälte, Bewegungen und Schmerz. Aber sie sind vorbereitet! Ihre Aktionen mögen einem Erwachsenen vielleicht ein bißchen unkoordiniert vorkommen, aber Neugeborene sind organisiert. Sie haben nicht gleich die ganze Bandbreite der Fähigkeiten der Universalen Völker, aber sie brauchen ja auch in ihrem Alter noch nicht viel darüber zu wissen, wie man Stammesfehden beilegt. Was sie besitzen, ist die Gruppe von Fähigkeiten und Reaktionen des, wie man sagen könnte, Universalen Babys (UB). Schon zwei Stunden nach der Geburt beispielsweise vermögen Neugeborene einem langsam vor ihren Augen bewegten Licht mit dem Blick zu folgen. Wird ihnen eine Brustwarze oder ein Finger in den Mund gesteckt, so beginnen sie daran zu saugen. Dieser Saugreflex ist sehr stark, denn Saugen ist für sie die einzige Möglichkeit, Nahrung zu erhalten. Wenn man ihnen leicht die Wangen oder Mundwinkel auf einer Seite streichelt, drehen sie den Kopf in diese Richtung. Es ist die instinktive Regung, die Brustwarze der Mutter zu finden. Außerdem fühlen sich Babys von Geburt an zu Gesichtern hingezogen, was deshalb nützlich ist, weil die Nähe zu anderen Menschen für das Überleben des Babys entscheidend wichtig ist.

Viele angeborene Bewegungen von Säuglingen sind Bausteine so raffinierter Fertigkeiten wie Gehen und Sprechen. Die spontanen Lippenbewegungen des Neugeborenen sind die gleichen wie jene, die von Erwachsenen beim Sprechen geformt werden. In den ersten Lebensmonaten gibt ein Säugling die meisten Laute jeder bekannten Sprache von sich. Japanische Babys haben keine Probleme, *l* und *r* zu unterscheiden, aber später verlieren sie diese Fähigkeit. Eine englischsprachige Freundin von mir, die in Südafrika aufwuchs, erzählte mir, als ihr Kind klein war, habe sie sich einmal mit Bekannten unterhalten, die Xhosa sprachen, eine Bantu-Sprache, in der es deutliche Klickgeräusche gibt. Die Leute zogen meine Freundin mit ihrer Unfähigkeit auf, diese Laute zu bilden, und amüsierten sich damit, sie ihr immer wieder vorzusprechen. Sie konnte sie nicht nachahmen, doch plötzlich fing ihr Kind an, diese Töne von sich zu geben. Das Kind hatte die Fähigkeit der Produktion völlig neuer Laute offenbar noch nicht verloren.

Die Individualität von Babys

Neben allem, was sie gemeinsam haben, weisen Säuglinge auch einzigartige individuelle Merkmale auf. Einige sind aktiver als andere, manche sind geselliger, manche interessieren sich mehr für die sie umgebende Dingwelt. Säuglinge zeigen schon früh deutliche Unterschiede im Maße ihrer Freundlichkeit und ihrer Angst – beides Anzeichen erster Charaktereigenschaften. Es gibt interessante Unterschiede zwischen scheuen und ungehemmten Kindern. Zahlreiche zweijährige Kinder meiden Kontakt, sind extrem scheu gegen Fremde und schüchtern in nicht vertrauten Situationen. Andere wirken recht kontaktfreudig und spontan; sie gehen ohne Angst auf fremde Leute und Dinge zu.

Zum Erbe des UB gehört, daß Neugeborene bereits ein System von Annäherung und Rückzug besitzen. Sie wenden sich interessanten Geräuschen zu und von unangenehmen Ereignissen ab. Trotzdem sind die Tendenzen, an Ereignisse heranzugehen oder sich von ihnen zurückzuziehen, bei verschiedenen Babys sehr unterschiedlich. Manche reagieren stark auf äußere Geschehnisse, beschäftigen sich mehr mit sich selbst. Manche Kinder sind kontaktfreudig, weinen aber viel. Das Weinen eines Babys erregt die Aufmerksamkeit der Pflegeperson, gewöhnlich der Mutter, die das Kind zu trösten versucht, und so mag ein expressives Baby Nahrung und den Trost der Pflegepersonen leichter bekommen als ein stilleres. Babys zeigen also bereits charakteristische Emotionen. Es gibt solche, die zumeist mißgestimmt wirken, während andere oft lächeln. Natürlich tut jedes Baby all das, aber das relative Ausmaß von Lächeln oder Schmollen ist mit Sicherheit ein Charakteristikum des Kindes.

Das limbische System ist der Teil des Gehirns, der Emotionalität und andere Triebe erzeugt, und Kinder von verschiedenem Temperament weisen deutlich verschiedene physiologische Merkmale auf, die unterschiedliche angeborene Aktivitäten des limbischen Systems in bezug auf neue und herausfordernde Ereignisse anzeigen. Manche Kinder reagieren auf geringfügige Störungen mit Schrecken, andere ignorieren sogar größere. Sowohl scheue als auch kontaktfreudige Kinder scheinen von der Geburt bis mindestens zu ihrem achten Lebensjahr unverändert zu bleiben. Wahrscheinlich bleiben sie ihr ganzes Leben lang so, aber das wissen wir noch nicht mit Sicherheit, denn diese Forschungen, angeführt von Jerome Kagan an der Harvard-Universität, dauern ein Leben lang.

Das Ausmaß der «Verstärkung» (wie stark man ein gegebenes Geräusch oder Licht erlebt) äußerer Ereignisse im Nervensystem scheint ein grundlegendes Merkmal des Säuglings zu sein, und es bleibt lebenslänglich erhalten. Man stellte dies fest, indem man Babys Zitronensaft zu kosten gab – eine überraschend einfache Methode zur Bestimmung gewisser grundlegender Unterschiede in der Art, wie Menschen auf die Welt reagieren. Saure und bittere Aromen aktivieren den Herzschlag. Säuglinge, deren Herzschlag als Reaktion auf den Saft stark zunimmt, agieren wahrscheinlich auf gehemmte Weise, da sie in ihren Gehirnkreisen eine höhere Verstärkungsebene haben als Kinder, deren Herzschlag nicht wesentlich zunimmt. Ich werde dieses scheinbare Paradox – daß hohe Verstärkung zu Hemmung führt – gleich erklären und es dann eingehender in Kapitel 6 erörtern.

Wie jede Mutter weiß, zeigen Babys schon von früh an starke Unterschiede im Temperament, woraus hervorgeht, daß Individuen mit fundamental unterschiedlichen Reaktionsweisen geboren werden. Wieder bleiben Kinder mit schnellem Puls während dieser ganzen Periode ungewöhnlich gehemmt.

Ein hoher Pegel von Norepinephrin (Adrenalin), der oft mit der eben beschriebenen starken Erregung assoziiert wird, steht in einem Zusammenhang mit Schüchternheit, niedrigen sensorischen Schwellen – und blauen Augen. Jerome Kagan berichtet, daß blauäugige Kinder zwischen zwei und acht Jahren schüchterner sind als braunäugige. Warum sollte das so sein? Kagan nimmt an, daß die hohen Pegel von Norepinephrin bei gehemmten Kindern während des pränatalen und postnatalen Lebens verantwortlich sein könnten. Norepinephrin kann die Produktion von Melanin (dem Pigment, das die Augenfarbe erzeugt) in den Melanozyten hemmen, jenen Zellen, die das Pigment in der Iris erzeugen und erhalten.

Diese höheren Pegel von Norepinephrin nun könnten auf direkte genetische Einflüsse oder mit Streß verbundene Aktivitäten zurückzuführen sein. Dennoch ist es wahrscheinlicher, daß es ein noch unentdecktes genetisches Bindeglied zwischen hohem Adrenalinspiegel und blauen Augen gibt.

Wenn schüchterne Kinder bei Stimulierung mehr Norepinephrin produzieren, so bedeutet das, daß sie bei Stimulierung innerlich stärker mobilisiert werden als ungehemmte Kinder. Das erklärt, warum sie im wesentlichen still und scheu sind, obwohl diese Folgerung vielleicht nicht sofort einleuchtet. Norepinephrin senkt die Reaktionsschwelle in der Amygdala, dem grauen Mandelkern am Schläfenlappen. Dadurch haben Kinder mit höherem Norepinephrinspiegel eine größere sympathetische Reaktivität. Darum besteht vermutlich ein Zusammenhang mit dem Charakteristikum starker Erregbarkeit bei Introvertiertheit, das möglicherweise auch mit Schüchternheit verbunden ist.

Eine Untersuchung von Richard Davidson und Jerome Kagan zeigt, daß Säuglinge, die sich darin unterscheiden, ob sie auf die Welt zugehen oder vor ihr zurückschrecken, sich auch in der Art und Weise unterscheiden, wie sie ihre beiden Hirnhemisphären aktivieren. Das wurde schon sehr früh im Leben festgestellt. Wenn es bei der Geburt fundamentale Hirnunterschiede gibt, so tragen diese vielleicht zur Erklärung einiger Temperamentsunterschiede bei, die später im Leben auftreten. In den nächsten Kapiteln wird dazu mehr zu sagen sein.

Diese Keime früher Unterschiede tragen beim Erwachsenen

Früchte. Zwar ist sicher nicht unser ganzes Leben von unserem Temperament bestimmt, doch das Temperament entscheidet, wie wir Dinge tun – ob wir sie langsam und bedächtig oder hektisch in letzter Minute tun, ob wir rigide an unseren Vorurteilen festhalten oder offen sind für Meinungsänderungen, ob wir Alleinsein oder Gruppenkontakt, laute Musik oder Stille lieben, ob wir «von Natur» sonnig oder düster sind.

Am Anfang unterscheiden wir uns alle in fundamentaler Hinsicht, etwa in unseren charakteristischen Emotionen, dem Grad der Schüchternheit und dem Aktivitätsniveau. Ebenso ist von sehr früher Zeit an etwas Konstantes in der Art und Weise, wie wir handeln und reagieren in all dem Tumult, den Veränderungen und dem Wachstum des Lebens. Die nächsten Kapitel betrachten diese Dimensionen des Temperaments.

KAPITEL 5

Drei Dimensionen des Temperaments

Eineiige männliche Zwillinge, heute dreißig Jahre alt, wurden bei der Geburt getrennt und von ihren jeweiligen Adoptiveltern in verschiedenen Ländern aufgezogen. Beide führten ein ordentliches Leben – geradezu krankhaft ordentlich. Ihre Kleidung war makellos, Verabredungen wurden überpünktlich eingehalten, und sie wuschen sich regelmäßig so heftig die Hände, daß diese rot und wund waren. Als der eine Bruder gefragt wurde, warum er ein solches Sauberkeitsbedürfnis habe, war seine Antwort einfach: «Das kommt von meiner Mutter. Als ich heranwuchs, hielt sie das Haus immer perfekt in Ordnung. Sie bestand darauf, daß jeder kleine Gegenstand immer an seinen Platz gestellt wurde und daß die Uhren – wir hatten Dutzende von Uhren – immer pünktlich zu Mittag läuteten. Verstehen Sie, sie verlangte das. Ich habe das von ihr übernommen. Was hätte ich sonst tun sollen?»
Der Zwillingsbruder, im Umgang mit Wasser und Seife ebenso pedantisch, erklärte sein Verhalten so: «Der Grund ist ganz einfach. Ich reagiere auf meine Mutter, die eine totale Schlampe war.»

Peter und Alexander Neubauer, *Nature's Thumbprint*

Warum muß bei mir immer alles tadellos ordentlich sein? Warum gerate ich immer in Streit mit meinem Chef und meinen Kindern? Warum ist meine Schwester so ruhelos, während ich ganz zufrieden bin, wenn ich zu Hause sitze und lese? Stimmt etwas nicht mit ihr oder nicht mit mir? Warum bin ich immer so glücklich, während meine Frau oft traurig ist, selbst wenn wir in Urlaub sind? Mein Bruder arbeitet viel mehr als ich; wie kann ich es ihm gleichtun?

Beinahe jeder von uns stellt sich zumindest gelegentlich solche Fragen; andere konzentrieren sich fast ständig darauf und verbringen viel Zeit damit, eine Antwort zu finden. Es gibt zahlreiche Nachweise dafür, daß viel von unserem grundlegenden Temperament *angeboren* ist, ob wir es nun direkt ererbt haben oder nicht.* In der Praxis jedoch nehmen wir nicht viel Notiz von diesen angeborenen Eigenschaften. So werden beispielsweise Prüfungen in Schulen auf eine Weise durchgeführt, die dem Temperament des einen besser entsprechen als dem eines anderen. Trotzdem müssen alle die Prüfung auf die gleiche Weise ablegen. Es gibt einfache Methoden zur Bestimmung des Temperaments (durch gewisse Tests mit Papier und Bleistift oder durch die Messung der kardialen Reaktionen und der Speichelabsonderung, wenn jemand Zitronensaft kostet, wie im vorigen Kapitel erwähnt), aber man hört selten, daß ein Therapeut oder ein Lehrer diese Möglichkeiten bei seiner Arbeit berücksichtigt. Menschen von unterschiedlichem Temperament haben ein unterschiedliches Bedürfnis nach Beruhigungsmitteln, aber ich kenne keinen Anästhesisten, der diese Unterschiede berücksichtigt, ehe er einen Patienten für eine Operation narkotisiert.

Warum werden diese Unterschiede ignoriert? Manche fürchten, daß jede Art von biologischem Determinismus wie der von Galton propagierte als Vorwand für alle möglichen Diskriminierungen, Unterdrückungen oder Schlimmeres benutzt werden könnte. Mehr noch, Lehrer, Eltern und Entwicklungspsychologen erkennen zwar an, daß Kinder schon sehr früh deutliche Temperamentsunterschiede aufweisen, doch ihr persönliches oder wissenschaftliches Interesse richtet sich darauf, wie «Kinder im allgemeinen» vorankommen, lernen und sich

---

* Ich benutze das Wort *angeboren*, weil es besagt, daß eine Eigenschaft fundamentaler Bestandteil einer Person ist, ob wir nun der genauen Vererbungslinie folgen können oder nicht.

entwickeln. In Schulen ist es der *Durchschnitt*, der zählt, nicht die zahllosen Unterschiede. Das ist auch eine kommerzielle Frage, denn der größte Nutzen für die größte Anzahl ist oft am billigsten zu erreichen.

Psychologen – um eine wichtige Gruppe zu betrachten – sollten ihren Ansatz zum Verständnis von Psyche und Verhalten ernsthaft neu überdenken, da der Zuständigkeitsbereich dieser einst populären Wissenschaft praktisch vor den Augen derer, die sie ausüben, verschwindet. Einst konnten wir Werke über die menschliche Natur von vielen verschiedenen Autoren finden, vom Behavioristen B. F. Skinner über die Psychiater Sigmund Freud und Erik Erikson bis zum Psychobiologen Donald Hebb. Heute jedoch wird die Spannweite der Psychologie an einem Ende durch die kognitiven und Neurowissenschaften begrenzt, die einen großen Teil der Analyse der Psyche übernommen haben, und am anderen Ende durch den Tod des Behaviorismus, der einen großen Teil der praktischen Verhaltensanalyse beseitigt hat.

Während früher wichtige Werke allgemein diskutiert wurden, wird die ernsthafte Psychologie heute in den meisten Buchläden durch Selbsthilfe- und «Gesundheits»-Bücher ersetzt, die betonen, wie sehr wir alle Opfer unserer Familie sind. Was im Bereich der wissenschaftlichen Psychologie übrigbleibt, könnte durchaus die Erforschung, die Suche nach Erklärungen für solche Fragen sein wie: Warum können sich manche Leute nicht so gut an Gesichter erinnern, andere nicht an Orte? Warum sind manche immerzu auf Achse und entspannen sich am besten, indem sie Bobrennen fahren, während andere gern auf der Couch liegen und vor sich hin dösen? Warum sehen manche alles in positivem Licht, während andere alles Positive anzweifeln und abwerten? Vielleicht bestünde auch darin eine Chance, daß man erörtert, warum und wie unsere Individualität empfindliche Störungen verursachen kann. Diese Chance würde sehr viel größer, wenn Psychiater mehr über Psychologie wüßten und Psychologen mehr über Psychiatrie.

Eltern sind da klüger und wissen, daß ihre Kinder mit sehr

deutlich ausgeprägten Dispositionen geboren werden. «Er war immer ein ruhiger kleiner Junge», sagen sie, oder: «Sie ist immer auf Bäume geklettert und war auf Abenteuer versessen.»

Es gab immer die Überzeugung, äußere körperliche Merkmale und Individualität seien miteinander verbunden, und um das Jahr 1700 war diese Auffassung so verbreitet, daß Eltern nach diesem Gesichtspunkt Ammen auswählten. Frauen mit dunklem Teint und dunklem Haar wurden genommen, weil sie für unbekümmert und im Umgang unkompliziert gehalten wurden. Viele in Nordeuropa glaubten, anhand von Merkmalen des Haars, des Körperbaus und der Haut könne man das Verhalten von Menschen vorhersagen. Darum mußten dunkelhaarige, kräftigere, südländische Personen eine angeborene Disposition zur «Heißblütigkeit» haben, während der sture, schlanke, selbstmordgeneigte Schwede einen Teil seiner Introvertiertheit seinen Genen verdankte.

Nachdem Darwin *Die Entstehung der Arten* geschrieben hatte, fand man die Annahme vernünftig, daß Gruppen von Menschen, die in verschiedenen Teilen der Welt lebten, wie Vögel, die seit Jahrtausenden von verwandten Artgenossen getrennt waren, verschiedene körperliche Merkmale entwickelt hatten, um sich ihrem spezifischen Lebensraum anzupassen. Einige nahmen damals auch an, verschiedene Körpertypen bedingten unterschiedliche Anfälligkeit für Krankheiten, und Leute mit braunen Augen hätten Probleme mit der Gallenblase, während Erwachsene mit blauen Augen unter Anämie litten.

Wie wir in Kapitel 1 schon sagten, ist das Kategorisieren von Personen eine intuitiv reizvolle Idee, und Theorien über Typen und Temperamente lassen sich überall in der Geschichte finden. Oft basierten diese Theorien auf angenommenen biologischen Unterschieden. Die Griechen klassifizierten Menschen nach ihrem vorherrschenden «Humor» (wörtlich: Körpersaft). Von depressiven Menschen (Typ: Melancholiker) wurde behauptet, sie hätten zuviel «schwarze Galle», während ein Übermaß an gelber Galle die Menschen erregbar (cholerisch) mache. Zuviel Blut war eine Erklärung für emotionale Expressivität (sanguinischer Typ). Langsamkeit und Gleichgültigkeit (phlegmatischer Typ) galten als Ursache dafür, daß sich jemand nicht aus der Ruhe bringen ließ.

Die modernen Psychologen benutzen das Wort «Temperament», um die Prädisposition eines Menschen zu bezeichnen, auf bestimmte Ereignisse in einer bestimmten Weise zu reagieren; Temperament bezieht sich also eher auf den Stil als auf den Inhalt von Verhalten. Wir könnten sagen, daß Temperament das «Wie» des Verhaltens ist, nicht das «Was».

«Persönlichkeit» dagegen bezeichnet den ganzen ausgewachsenen Komplex von Reaktionen, die ein Individuum von anderen unterscheiden. Wir müßten Hunderte von Einzelheiten auflisten, um eine Person zu beschreiben, die wir gut kennen: Gerät nicht leicht in Wut, reagiert auf Provokation gelassen, liebt Reisen, Mozart, Madonna, liest die Sportseiten, ist großzügig, mag sich nicht binden. Doch nicht alle diese Merkmale finden sich in ein und derselben Person. Es spielen zu viele Faktoren mit, um eine wirkliche Analyse des «voll erblühten» Individuums zu ermöglichen, ungeachtet der vielen verfügbaren Bücher und Programme. Der Versuch, in aller Komplexität vorherzusagen, wie jemand handeln wird, ist ungefähr so, als wollte man das Wetter in einem beliebigen Monat an einem beliebigen Ort vorhersagen.

Temperament ist allgemeiner, grundlegender als die ganze komplexe Persönlichkeit; es bezieht sich auf die Frage, ob jemand alles schnell oder langsam tut, ob er Erregung sucht oder allein zu Hause sitzt, ob er seine Gefühle energisch ausdrückt oder gehemmt, fröhlich oder mürrisch ist. Temperament ist der eigentliche Wurzelstock der Individualität, unsere Grundform, die geeignet ist, durch andere Kräfte zu unterschiedlichen Charakteristika umgeformt zu werden. Man kann ein Musiker sein, der langsam oder schnell spielt, mit behutsamen oder mit ausgreifenden Handbewegungen; man kann an der Börse aggressiv sein, unabhängig davon, ob man ein stilles oder ein lebhaftes Temperament hat; man kann eine pflichtbewußte Mutter sein, ganz egal, ob man erregbar oder ruhig ist.

Prädispositionen des Temperaments sind einige der Hauptwurzeln vieler Fähigkeiten von Erwachsenen. Ein friedliches Baby entwickelt sich meist zu einem gelassenen Teenager. Wie wir bereits gesehen haben, unterscheiden sich scheue von kontaktfreudigen Kindern in ihren limbischen Systemen, die lebenslange Unterschiede in Hemmung und Erregung bewirken. Jeder von uns hat seine inneren Theorien über Individualität. Wir benutzen sie nicht nur, um andere Personen zu typisieren («Joe ist ein anständiger Mensch.»), sondern auch für Vorhersagen («Patricia ist großzügig, also werde ich sie fragen, ob sie mir einen Hunderter leiht.»). Der Glaube an die Wichtigkeit von Merkmalen und Typen beruht auf der Annahme, daß die Kenntnis der Merkmale einer Person uns etwas darüber verrät, wie diese Person sich verhalten wird.

Solche Typensysteme liefern probate Methoden, ein Individuum in absoluten Begriffen zu beschreiben: introvertiert oder extravertiert, stabil oder neurotisch. Ein Typus ist eine Anhäufung von verwandten Zügen – ein Superfaktor. Wie Charaktermerkmale bieten Typen eine Persönlichkeitsbeschreibung, die Vorhersagbarkeit impliziert. Das eben beschriebene griechische Klassifizierungsschema ist ein allgemeines System der Typologie, während das *Diagnostic and Statistical Manual of Mental Disorders* der American Psychiatric Association eine Methode bietet, Störungen zu typisieren.

Der Psychiater William Sheldon hat eine Persönlichkeitstheorie vorgetragen, die auf dem Körpertyp basiert. Er klassifizierte drei Grundtypen von menschlichen Individuen: Ektomorphe sind schlanke, zarte Menschen, die ruhig und zurückhaltend sind; Endomorphe sind drall und friedlich; Mesomorphe sind muskulös und kämpferisch. Dann nahm Sheldon die Maße Hunderter von Jungen, die er als jugendliche Straftäter kategorisierte, und kam zu dem Schluß, daß sie in der Regel mesomorph waren.

Es ist durchaus möglich, daß eine Person mit einem bestimmten Körperbau wie das entsprechende Stereotyp handeln wird, denn das wird von ihr erwartet. So wird der Ektomorphe

63

vielleicht eher ein ruhiger, intellektueller Typ, der Endomorphe anspruchslos, gesellig und häuslich, der Mesomorphe eher sportlich, und zwar ebenso aufgrund sozialer Konditionierung wie aufgrund von Vererbung.

Wir neigen dazu, das Verhalten einer Person zu betrachten und dann dieses Verhalten einem grundlegenden Persönlichkeitsmerkmal zuzuschreiben. Die meisten von uns nehmen an, daß diese Merkmale beständig das Verhalten anderer beeinflussen. Wir denken beispielsweise, daß jemand, der ehrlich ist, nie seine Freunde anlügt, nicht betrügt und nicht stiehlt. Aber wir irren uns häufig. Manche Psychologen bezweifeln, daß Leute in verschiedenen Situationen wirklich besonnen genug sind, um die Kenntnis von Merkmalen zur Vorhersage von Verhalten zu nutzen. Gerade diese Komplexität jedoch ist vermutlich das, was die meisten von uns veranlaßt, sich weiter füreinander zu interessieren, weil wir uns bemühen – und darüber rätseln –, ein zutreffendes Bild von einer anderen Person zusammenzusetzen.

Die drei grundlegenden Dimensionen von Individualität, über die ich in den folgenden Kapiteln einen Überblick gebe, sind allesamt Aspekte des Temperaments. Ich behaupte nicht, daß diese drei die einzigen sind, aber sie sind eine Kombination aus drei Quellen. Die erste Quelle ist der Nachweis großer Hirnsysteme, die Bewegungen kontrollieren und Handlungsabläufe organisieren. Die zweite ist das Beweismaterial zahlloser Millionen psychologischer Tests, und die dritte stammt aus klinischer Beobachtung. Jedes Individuum hat in jeder dieser drei grundlegenden Dimensionen einen «festen Punkt», eine bestimmte Einstellung wie bei einem Thermostat. Der Punkt, an dem man in dieser Dimension «steht», scheint für das jeweilige Individuum eine dauerhafte Position zu sein, und daraus kann man viele Schlüsse ziehen. Wenn wir z. B. begreifen, daß jemand ein Mensch ist, der viele neue Reize braucht, dann können wir erwarten, daß dieser Mensch kontaktfreudig und «empfänglich» ist und leicht Intimität herstellt. Wir möchten andererseits annehmen, daß diese Intimität im Kontakt mit uns möglicherweise nicht so lange anhält wie bei einem anderen Menschen.

Die Fundamente der Individualität werden, wie schon gesagt, früh gelegt, etwa, ob wir langsam oder schnell sind, leicht in Wut geraten oder nicht, heiter oder mürrisch, aktiv oder inaktiv sind. Die höheren Bereiche des Gehirns entwickeln sich bei verschiedenen Individuen unterschiedlich, je nach den Erfahrungen und nach Myriaden anderer Faktoren. Einfach ausgedrückt: Diese drei primitiven Systeme sind die originären Hauptwurzeln der Individualität, und jede Person steht an einem bestimmten Punkt im Rahmen dieser Systeme.

Das erste der drei Systeme hat die Aufgabe, den Kortex zu alarmieren, einen Strom von Erregungsbotschaften an die höheren Teile des Gehirns zu senden. Viele dieser Botschaften durchlaufen das limbische System im Mittelhirn, wo Emotionen kontrolliert werden. Das limbische System schickt seinen eigenen Strom von Botschaften aus, um die Person auf ein Ereignis vorzubereiten, etwa: «Großer Gegenstand nähert sich schnell!»

Das zweite System beinhaltet die Interaktion zwischen den alten, niedrigeren Gehirnzentren, die präzise vorprogrammierte Handlungspläne haben, und den entwicklungsmäßig jüngeren, höheren Hirnzentren, die versuchen, diese spontanen Aktionen zu regulieren und eigene Pläne zu machen.

Das dritte System beherrscht den gesamten Gefühlsbereich der Person – ob jemand nett oder griesgrämig, warm oder kalt ist, ob jemand typischerweise auf die Welt zugeht oder sich vor ihr zurückzieht.

Sehen wir uns jetzt jedes dieser Systeme näher an und schauen, wie sie die Grunddimensionen des Temperaments kontrollieren. Wir wollen mit dem Gewinn beginnen und dann zu Bedächtigkeit-Lockerheit und Gefühlen übergehen.

KAPITEL 6
Vom rechten Maß der «Verstärkung»

Gehen wir weit, weit zurück bis an den Beginn der Entstehung unseres Gehirns. Das Gehirn hat seine eigene Archäologie. So, wie es bei einer archäologischen Grabung Schichten gibt, gibt es auch «Schichten» des Gehirns – vier verschiedene Funktionsebenen, die sich im Laufe der Evolution des Gehirns entwickelt haben. Diese Strukturen scheinen übereinander zu liegen, und die separaten Teile des Gehirns haben gewissermaßen ihre eigene Psyche. Es gibt Prozesse zur Aufrechterhaltung der Wachheit, zum Empfinden von Gefühlen, zum Spüren von Gefahr, zum Vergleichen sensorischer Information, zur Vermeidung von Mangel und für viele andere Funktionen.

Die Ursysteme des menschlichen Gehirns bilden die Wurzeln unserer Individualität. Viele Wissenschaftler meinen, die Struktur und die Funktion des Gehirns hätten sich auf und über den neuralen Mechanismen unserer unmittelbaren Vorfahren, der Primaten, entwickelt, die wiederum von früheren Säugetieren und davor von primitiveren Wirbeltieren abstammten. Diese Wirbeltiere ihrerseits erbten ihre neurale Grundausrüstung von früheren und einfacheren mehrzelligen Geschöpfen.

Der Hirnstamm, der älteste Teil des Gehirns, entwickelte sich vor über 500 Millionen Jahren, vor der Evolution der Säugetiere. Der Hirnstamm liefert die grundlegende Lebensausstattung. Im Zentrum des Hirnstammes und über seine volle Länge verläuft ein Kern von neuralem Gewebe, der als retikulares Aktivierungssystem (RAS) bekannt ist. Wie eine Glocke macht das RAS den Kortex auf eintreffene Information aufmerksam, etwa: «Visueller Reiz unterwegs.» Wenn ein schlafender Hund mittels Elektroden im RAS stimuliert wird, erwacht er sofort und sucht die Umgebung ab. Das RAS kontrolliert auch das allgemeine Erregungsniveau – Wachzustand, Schlaf, Aufmerksamkeit, Erregung usw. Ein erregender oder Sorgen erzeugender Gedanke, ein lautes Geräusch oder ein alarmierender Anblick lösen eine Reaktion im RAS aus. Die meisten sensorischen Informationen aus der Außenwelt werden zunächst vom niedrigeren Hirnstamm aufgenommen. Der Thalamus des Hirnstammes klassifiziert dann die Information («Ist sie visuell oder auditorisch?») und gibt sie an den zuständigen Bereich des Kortex weiter.

Im Thalamus des Hirnstammes wird die hereinkommende Information verstärkt oder reduziert, während sie durchläuft, genau wie ein Audiosignal durch die Verstärkungs- oder »Gewinn«-Kontrolle eines Audioverstärkers läuft. Die Impulse laufen in beide Richtungen: Erregende und aufregende Botschaften werden nach oben an den Kortex geschickt, wo Gedanken, Erinnerung und Bilder auftreten, und hemmende Impulse kommen aus dem Kortex wieder zum Hirnstamm herunter, um das Ausmaß an Aktivität in den Eingabesystemen zu verringern.

Die durchschnittliche Einstellung des Eingabesystems im Hirnstamm ist bei jedem von uns anders, und das Ausmaß der Verstärkung beeinflußt alles, was wir tun. Einige, bei denen die Verstärkung im Nervensystem gering ist, hungern die ganze Zeit nach Stimulation; andere, mit sehr hoher Verstärkung, sind übersättigt. Der Rest von uns steht irgendwo in der Mitte.

Sind Sie je in eine Disco gegangen, wo vielfarbige Lichter blitzen, Leute tanzen und sich drehen, die Musik dröhnt? Oder in eine Kirche, in der es so still war, daß man eine Stecknadel fallen hören konnte? Oder haben Sie in einer klaren Nacht die Sterne betrachtet? Für einige Menschen, die ich als «hohe Gewinner» bezeichnen möchte, ist die Welt sehr laut; für andere, die «niedrigen Gewinner», ist sie gedämpft. Manche Menschen reagieren auf dieses niedrige Eingabeniveau, indem sie sehr aktiv werden und eine Menge Stimulation brauchen, während die hohen Gewinner oft immer ruhiger werden und immer weniger Anregungen suchen.

Deirdre und Harry sind seit 25 Jahren verheiratet. Obwohl sie sich wirklich sehr gern haben, würden beide übereinstimmend sagen, daß ihre Ehe nicht ohne Schwierigkeiten ist. Irgendwie sind sie miteinander ausgekommen, aber beider persönlicher Stil ist sehr unterschiedlich. Vor der Heirat träumte Deirdre davon, Schauspielerin zu werden. Sie ist eine aufgeschlossene und heitere Person; sie lacht gern und belebt jede Party. Sie interessiert sich für Menschen, Ereignisse und alles Theatralische. Schüchternheit ist ihr fremd. Sie redet mit jedem über beinahe alles.

Ihrem promovierten Ehemann hat ihre Bereitschaft, jedermann ständig zu unterhalten, nie recht behagt. Sie läßt ihn nur selten zu Wort kommen. Darauf legt er allerdings auch keinen großen Wert. Gesellschaftliche Kontakte irritieren ihn derart, daß keiner weiß, wie klug er ist und wie interessant er sein kann. Seine Frau war bisher der Meinung, daß er sich als «trokkener alter Langweiler» präsentiere; er empfand ihre gesellschaftliche Unbekümmertheit als «ordinär» und «peinlich».

Indem sie jedoch Kompromisse schlossen, was meist bedeutete, daß Deirdre ihre Extravertiertheit zügelte, kamen sie halbwegs miteinander aus – und das hätte für immer so weitergehen können, wenn Deirdre nicht eine schwere Krankheit bekommen hätte. Sie wurde eilig ins Krankenhaus gebracht, wo alle solchen Wind um sie machten, daß die Schauspielerin in ihr, die sie seit Jahren mehr oder weniger unter der Decke gehalten hatte, triumphierend wieder zum Vorschein kam. Sie war der Star der ganzen Station. Die Krankenschwestern beteten sie an. Die anderen Patienten fanden sie wundervoll. Das Unbehagen ihres introvertierten Ehemannes angesichts dieses Rollenspiels seiner Frau war so groß, daß man manchmal nicht erkennen konnte, was ihm mehr Sorgen bereitete, Deirdres Krankheit oder der Rückfall in ihre «alte Natur».

Der Unterschied zwischen Kontaktfreudigkeit und Impulsivität einerseits und Zurückgezogenheit und Scheu andererseits ist entscheidend für die Individualität. Niemand ist ausschließlich das eine oder das andere. So, wie Menschen sehr klein bis sehr groß sein können, wobei die meisten von uns irgendwo in der Mitte liegen, «stehen» wir auch alle irgendwo zwischen extrem hohem und extrem niedrigem Gewinn.

Man könnte aufgrund dieser Information annehmen, daß ein Mensch mit einem stark auf Erregung eingestellten Gehirn unablässig auf der Suche nach Action und Abenteuern ist. So aber funktioniert das nicht. Die ruhigen Typen sind von Natur aus *innerlich erregter* als die umtriebigen. Introvertierte tendieren deshalb zu einem ruhigen Leben, weil *in ihnen schon genug passiert, ohne daß sie nach äußeren Anlässen zur Erregung suchen müssen.*

Darin liegt das Paradox. Die «hohen Gewinner», die innerlich stark erregt sind, sind keine Leute, die um die Welt rasen und nach neuen Anreizen suchen. Sie sind diejenigen, die, bequem auf dem Sofa ausgestreckt, lesen. Sie sind nicht auf möglichst viele Freunde versessen. Sie mögen keine laute Musik; sie bevorzugen nicht einmal ungesalzene Butter. Menschen mit einem «Hochgewinn»-Nervensystem möchten nicht viel Lärm machen oder sich viel bewegen, deshalb ist ihre Aktivität beschaulicher.

Im Gegensatz dazu sind die kontaktfreudigen Partygänger-Typen, die laute Musik mögen, gern und zu jeder Tages- und Nachtzeit ausgehen, Spaß an schnellem Fahren oder Fallschirmspringen haben, oft in komplizierte Angelegenheiten oder persönliche Dramen verwickelt sind, diejenigen, die ein «Niedriggewinn»-Nervensystem haben. Sie brauchen diese ganze Erregung und Stimulation, um in Gang zu bleiben. Weil ihre innere Welt ziemlich ruhig ist, brauchen sie den Lärm; sie suchen ihn oder produzieren ihn selbst. Daher haben viele von ihnen mit dem Gesetz mehr Probleme als Introvertierte, sie haben auch mehr berufliche, geschäftliche und eheliche Schwierigkeiten, tun riskantere Dinge und gewinnen und verlieren schneller Freunde; sie lassen sich häufiger scheiden, wechseln öfter den Job, fallen leichter die soziale Stufenleiter hinunter usw.

Stark extravertierte Menschen berichten andererseits von einem befriedigenderen Sexualleben. Sie haben mehr Partner, sie tun es öfter, und sie haben dabei weniger Schuldgefühle. Sie sind auch besser in der Grundschule und leiden weniger unter Prüfungsangst, während Introvertierte anscheinend an der Universität bessere Ergebnisse erzielen. Introvertierte sind gewöhnlich erfolgreicher bei Aufgaben, die größte Aufmerksamkeit erfordern, wogegen Extravertierte in der Regel als Radaroffiziere am falschen Platz sind, weil ihre Aufmerksamkeit ständig vom Bildschirm abgelenkt wird.

Unterschiede zwischen Introvertierten und Extravertierten

Es gibt viele physiologische Untersuchungen, die diese Unterschiede beleuchten. Die Durchblutung des Gehirns hängt mit der Erregung des Kortex zusammen. In einer Studie füllte eine Gruppe von Leuten einen Fragebogen aus, dessen Auswertung zeigen sollte, ob sie niedrige oder hohe Gewinner waren. Der Experimentator maß dann die Durchblutung von Teilen ihres Gehirns und stellte fest, daß sie bei hohen Gewinnern stärker war als bei niedrigen Gewinnern.

Hohe Gewinner scheinen die Welt anders zu erleben als niedrige Gewinner; für hohe Gewinner ist die Welt «laut», also stellen sie sie gewissermaßen leiser. Eine Studie machte deutlich, wie das im Gehirn abläuft: Wenn ein plötzliches Geräusch oder Licht auftritt, haben wir eine charakteristische Kortexreaktion, «evozierte Reaktion» genannt. Bei dieser Studie wurden Gruppen von Extravertierten und Introvertierten* zunehmend

* Zwischen niedrigen Gewinnern und «Extravertierten» bzw. hohen Gewinnern und «Introvertierten» besteht, wie gesagt, eine starke Relation, doch die Begriffe sind nicht ganz synonym. Extravertierte sind zwar niedrige Gewinner und Introvertierte hohe, aber es gibt

intensiveren visuellen und akustischen Reizen ausgesetzt, und dabei wurden die evozierten Reaktionen ihrer Gehirnwellenmuster aufgezeichnet. Wenn der Reiz, entweder das Licht oder das Geräusch, einen hohen Pegel erreichte, neigten die Introvertierten dazu, die Intensität des Reizes zu verringern, den das Gehirn von außen empfing (man nennt das Reduktion). Extravertierte dagegen verstärkten ihre Reize (ein «Erhöhung» genannter Prozeß).

Wenn man einem Introvertierten und einem Extravertierten dieselbe Dosis eines Beruhigungsmittels verabreicht, was passiert dann? Extravertierte schlafen bei einer niedrigen Dosis bald ein, Introvertierte brauchen zur Beruhigung eine höhere Dosis. Das liegt daran, daß Extravertierte als niedrige Gewinner innerlich weniger erregt sind als Introvertierte. Da diese chronisch erregt sind, sind sie auch empfindlicher für Stimuli auf allen Ebenen.

Introvertierte sind ferner empfänglicher für sehr subtile, kaum wahrnehmbare Reize und haben eine niedrigere Schmerzschwelle als Extravertierte. Diese beiden Gruppen zeigen beim «Zitronensafttest» dieselben unterschiedlichen Reaktionen wie scheue und gesellige Kinder. Geben Sie für zwanzig Sekunden vier Tropfen Zitronensaft auf die Zunge eines erwachsenen Extravertierten, und er oder sie wird nur ein wenig Speichel absondern; bei extrem Introvertierten nimmt der Speichelfluß dagegen um etwa ein Gramm zu. Die hohen Gewinner mobilisieren ihr inneres System und produzieren eine Menge Speichel oder, wie die in Kapitel 4 geschilderten Kinder, einen schnelleren Herzschlag. Aufgrund der Ähnlichkeit dieser Befunde möchte ich annehmen, daß die «scheuen» und «gehemmten» kleinen Kinder, über die wir sprachen, im Temperament den Erwachsenen ähnlich sind, die wir als introvertiert klassifizieren. (Allerdings sind nicht mit beiden Gruppen die

auch Personen mit niedrigem Gewinn, die nicht extravertiert sind – etwa jemand, der seinen Hunger nach Stimulation durch Massage und laute Musik zu Hause stillt und weniger durch Umgang mit anderen Menschen und dergleichen.

gleichen Untersuchungen durchgeführt worden.) Die Reaktion auf äußere Stimuli kann durchaus auch erklären, warum Extravertierte unter Druck besser funktionieren, da das hohe Stimulationsniveau, das solcher Druck erzeugt – und das einen Introvertierten überwältigen würde – genau das ist, was Extravertierte brauchen, um ihre höchste Leistungsfähigkeit zu erreichen. Extravertierte haben von Natur aus ein niedriges Erregungsniveau, also suchen sie starke Stimulation von außen; daher ihr großes Interesse an Partys, Sex und gefährlichen Sportarten.

Was im Hirnstamm vor sich geht, ist, daß das RAS bei niedrigen und bei hohen Gewinnern unterschiedlich eingestellt ist. Bei Standardbedingungen äußerer Stimulation ist das RAS von Introvertierten höher eingestellt und macht ihre Erregung stärker. Da jeder im Alltagsleben ein optimales Erregungsniveau sucht, brauchen Introvertierte, da sie sowieso erregter sind, weniger Stimulation als Extravertierte. Der Kortex eines Introvertierten hemmt also die niedrigeren Hirnzentren mehr als der eines Extravertierten.

Extravertierte haben ein besseres Kurzzeitgedächtnis, vergessen Dinge aber auch schneller wieder, während Introvertierte Informationen länger behalten, aber Schwierigkeiten haben, sich unter Streß daran zu erinnern – wie etwa bei Prüfungen. Extravertierte sind rebellischer, weil sie weniger leicht konditionierte Reflexe bilden. Daher sind sie schwerer zu trainieren.

Extravertierte fühlen sich während des Tages häufiger wohl als Introvertierte. Zwei Psychologen machten mit Collegestudenten einen Extraversionstest nach dem Eysenck-Modell. Die Teilnehmer mußten außerdem sechs bis acht Wochen lang kontinuierlich Fragebogen über ihre Stimmungslage ausfüllen. Jeden Abend vor dem Schlafengehen trugen sie ihre Eindrücke in ein Formblatt ein, indem sie ihre gegenwärtige Stimmung mit verschiedenen Adjektiven bezeichneten, z. B. glücklich, fröhlich oder erfreut, unglücklich, deprimiert, frustriert, besorgt, ängstlich, wütend oder feindselig. Mehrheitlich positive Antworten waren stark mit Extravertiertheit assoziiert.

Warum fühlen Extravertierte positiver als Introvertierte? Ein

Grund dafür ist, daß Extravertierte weniger stark auf Strafe oder Tadel reagieren als Introvertierte. Introvertierte scheinen wesentlich länger bei den negativen Merkmalen kommunikativen Verhaltens zu verweilen; sie erinnern sich an weniger positive Informationen über sich selbst und bewerten andere in sozialen Situationen strenger, also weniger positiv; gleichzeitig sind sie empfindlicher gegenüber Strafe und negativer Beurteilung. Extravertierte setzen viel eher angesichts von Strafe und Frustration ihr Tun ruhig fort.

Betrachten Sie Präsident Clinton beim Präsidentschaftswahlkampf 1992: Er traf auf ein erstaunliches Maß an negativer Berichterstattung über seinen nicht geleisteten Militärdienst, seine eheliche Untreue und das Maß seiner Aufrichtigkeit. Trotzdem machte er weiter und lernte damit umzugehen. Allerdings sind nicht alle Extravertierten so lerneifrig wie Mr. Clinton. Weil die meisten von ihnen auf Kritik völlig gelassen reagieren, lernen sie in komplexen Situationen weniger. Im typischen Fall halten sie nach einem Tadel nicht inne, um aus ihren Fehlern zu lernen, sondern stürmen voran zur nächsten Herausforderung.

Das geschieht auch in anderen Situationen. Extravertierte scheuen keine Mühe, laute Popmusik zu hören und helle Lichter zu betrachten und so ihren eigenen Disco-Effekt zu erzeugen, während Introvertierte sich sehr anstrengen, dieser «Belästigung» aus dem Weg zu gehen. Extravertierte wählen in Lernsituationen höhere Geräuschpegel und weisen bei Lärm bessere Leistungen auf, während Introvertierte in einer stillen Umgebung leistungsfähiger sind.

Eine extreme Form der Extraversion ist die Sensationsgier. Sensationsgierige wollen mehr von allem; sie suchen eine größere Vielfalt sexueller Aktivitäten und eine höhere Zahl von Sexualpartnern; das gilt für heterosexuelle und homosexuelle Erwachsene männlichen und weiblichen Geschlechts. Sie neigen zum Konsum von Freizeitdrogen wie Marihuana und Amphetaminen. Sie rauchen mehr Zigaretten und bevorzugen intensivere Geschmackserlebnisse, also würzige, saure und knusprige Speisen. Sie gehen häufiger physisch riskanten Aktivitäten nach, wie Fallschirmspringen, Motorradfahren, Tiefseetauchen – oder sie melden sich zur freiwilligen Feuerwehr. Sie melden sich zur Teilnahme an ungewöhnlichen Experimenten – egal, ob es sich um Wahrnehmungsentzug, Hypnose oder Drogenwirkung handelt – und an spektakulären Aktivitäten wie Encounter-Gruppen, Alpha-Training und transzendentale Meditation. Sie sprechen gern Unbekannte an, reden überhaupt viel mehr als Introvertierte, und sie werden von anderen eher zu Anführern von Gruppen gewählt. Bei Dominanztests erreichen sie höhere Werte. Wie zu erwarten, ziehen sie komplexere künstlerische Formen einfachen vor, da diese mehr Stimulation bieten, und sie bevorzugen in der Regel die Farbe Blau. Selbstverständlich neigen sie zu Impulsivität. Bei heterosexueller Partnerwahl tendieren sie dazu, sich von solchen Personen angezogen zu fühlen, die ebenfalls sensationsgierig sind – und diese auch zu heiraten.

Zu den angesehensten Forschern, die in jüngerer Zeit diese Dimension untersucht haben, gehören in England Hans Eysenck und Gordon Claridge. Eysenck, der 1934 Deutschland aus politischen Gründen verlassen hatte, analysierte mit Hunderten von Mitarbeitern Tausende von Punkten auf verschiedenen Fragebogen und stellte fest, daß eine wesentliche Dimension, in der Menschen sich unterscheiden, im Gegensatz von Introversion und Extraversion besteht, eine Unterform dessen, was wir als Gewinn bezeichnet haben.

Eysenck war nicht der erste, der diese beiden Prägungen identifizierte. Im 2. Jahrhundert n. Chr. wurde diese Vorstellung von Galen, einem der berühmtesten Ärzte der Antike, formuliert, und Immanuel Kant sowie C. G. Jung haben diese Theorie aufgegriffen und erweitert. Einer der frühesten Ansätze war die auf Hippokrates, den Vater der Medizin, zurückgehende und im Mittelalter erweiterte Lehre von den vier Körpersäften mit der Einteilung der Menschen in Melancholiker, Sanguiniker, Choleriker und Phlegmatiker.

Wenn man nun introvertiert oder extravertiert ist, bleibt man dann für immer so? Kann man sich ändern? Bei den meisten

74

Menschen sind Introversion und Extraversion bemerkenswert beständig. Kontaktfreudige Kinder, die weniger erregt sind, tendieren dazu, so zu bleiben, genau wie scheue Kinder. Aaron Connolly analysierte Daten einer Langzeituntersuchung über fünfzig Jahre, bei der die Probanden sich in den Jahren 1935–1938, 1954–1955 und 1980–1981 selbst entsprechend eingestuft hatten, und er stellte fest, daß die Beständigkeit, mit der sie sich als extravertiert beurteilten, sehr groß war.

Ererbte Tendenzen

Es gibt überzeugende Nachweise dafür, daß die Art, wie man auf die Außenwelt reagiert, ererbt ist. So gleichen sich extravertierte eineiige Zwillinge im Ausmaß ihrer Geselligkeit mehr als zweieiige Zwillinge. Darüber hinaus ähneln sich eineiige Zwillinge auch stärker als andere Geschwister darin, ob sie Reize verstärken oder reduzieren, und ob es leicht oder schwer ist, sie mit Drogen zu betäuben. Einige Studien haben sogar angeborene unterschiedliche Gehirnwellenmuster Extravertierter und Introvertierter ergeben, und diese Strukturen scheinen ererbt zu sein.

Doch das, was man biologisch mitbringt, kann durch das geformt werden, was man erlebt. Das Temperament diktiert noch keine bestimmte Persönlichkeit, nur weil es ererbt ist. Was diese Dimension betrifft, so ist es wahrscheinlich, daß Kontaktfreudigkeit von Lehrern und Eltern gefördert wird, während Impulsivität eher gedämpft werden dürfte; man kann allerdings erwarten, daß diese Dämpfung weniger beständig ist als die ererbte Anlage.

Etwas so Primäres und Grundlegendes wie das Ausmaß, in dem unser Nervensystem gestärkt oder gedämpft wird, hat also sehr allgemeine und weitreichende Auswirkungen. Ein Mensch hungert vielleicht sein ganzes Leben lang nach Stimulation und sucht Gefahr in Sportarten, Beziehungen und Beruf. Doch diese Tendenz bestimmt nicht, *was* jemand tut – ob er nun Börsenmakler oder Tänzer wird, sondern *wie* er es tut.

Ich werde später mehr dazu sagen, doch man sollte festhalten, daß diese Prägung angeboren ist und das Maß an Unruhe und Stimulation bestimmt, das wir brauchen. Es bedeutet, daß Paare, die beispielsweise nicht dasselbe Gewinn-Niveau haben, diese Unterschiede kennen und wissen müßten bzw. akzeptieren sollten, daß das nichts «Persönliches» ist. So, wie wir akzeptieren müssen, daß das Bedürfnis nach Salz in der Nahrung unterschiedlich ist, müssen wir auch die Unterschiede im Bedürfnis nach Stimulation jeder Art akzeptieren.

KAPITEL 7
Bedächtigkeit-Lockerheit:
Das Organisieren von Handlungen
und Gedanken

Anfang Mai 1990 erhielt George Harrison, der ehemalige Beatle, eine Reihe von brieflichen Todesdrohungen. Die britische Polizei verhörte daraufhin einen «gealterten Hippie», dessen zwanghaftes Mitteilungsbedürfnis so groß war, daß er nicht nur die Drohbriefe geschickt, sondern sie auch mit seiner Absenderadresse (Battersea, London Süd) versehen hatte, wie im *Daily Telegraph* und in der *Daily Mail* zu lesen war.

Das zweite Kontinuum betrifft die Frage, wieviel ein Individuum über seine Aktionen nachdenkt und sie dadurch reguliert und wie offen es für die spontanen Erfahrungen des Augenblicks ist. Natürlich muß jedermann beides tun, um zu leben, denn selbst das Öffnen einer Konservendose erfordert Organisation, und die Reaktion auf Verkehrssituationen, speziell auf Leute, die unbedacht die Straßen überqueren, macht eine spontane Überarbeitung sämtlicher Pläne notwendig, die man vielleicht im Sinn hatte. Dennoch stehen verschiedene Individuen an unterschiedlichen Punkten der Skala, die angibt, wie gut und wie oft und wie detailliert sie über ihre täglichen Aktionen nachdenken und diese dann kontrollieren. Hier zwei Beispiele.

Meriel lebt in Schottland, und ihr Leben wirkt, von außen betrachtet, recht unkontrolliert, obwohl sie das nicht so sehen würde. Sie hat eine gute Ausbildung genossen und ist über-

77

durchschnittlich intelligent, doch die Impulsivität, die ihr Leben dominiert, hat dazu geführt, daß weder sie noch ihre Kinder eine sichere Basis besitzen.

Ihre Kinder sind von verschiedenen Ehemännern und zwischen zweiundzwanzig und zwei Jahren alt. Im Augenblick arbeitet sie als Wahrsagerin auf einem Jahrmarkt. Von Zeit zu Zeit läßt sie sich mit neuen Männern ein, geht auf neue «Trips» oder neue berufliche Wege. Sie bringt ihre Kinder bei verschiedenen Verwandten unter, aber bei den ersten Anzeichen von Problemen holt sie sie zurück und schickt sie anderswo hin.

Bei Menschen, die sie kennen, gilt sie schlimmstenfalls als unzuverlässig, bestenfalls als fehlgeleitet. Sie hat ein gutes Herz – aber sie ist ihren Launen vollkommen ausgeliefert. Sie sieht nie das Ganze, sondern jeweils nur einen sehr persönlichen Ausschnitt. Wie bei den Impulsen eines elektrischen Signals geht sie einer neuen Eingebung mit einer Welle von Energie nach, die nach kurzer Zeit verebbt; dann folgt eine Pause (um das angerichtete Durcheinander zu sortieren), ehe der nächste Impuls kommt. Diese nächste Inspiration läßt nie auf sich warten. Meriel könnte sich sogar umbringen – aus einem spontanen Einfall heraus.

Vergleichen wir sie mit Aurelus, der jeden Morgen gegen fünf Uhr aufsteht, um an einem seiner Romane zu schreiben, ehe er zu seiner Arbeit als Lektor geht. Er arbeitet jeden Morgen, von Viertel vor sechs bis Viertel nach sieben, anderthalb Stunden an seiner Schreiberei. Um Viertel nach sieben zieht er sich für seine Büroarbeit an.

Wie er sich ankleidet, ist auch wichtig. Sein Schrank enthält immer fünf sorgfältig gebügelte Anzüge bzw. Kombinationen. Es sind nicht nur teure Kleidungsstücke, sondern modisch genau durchdachte Outfits, für jeden Arbeitstag eins. Es gibt einen Anzug von Armani, einen von Valentino, ein braunes Jackett mit schwarzer Hose und zwei Kombinationen mit Blazern. Zu jeder Oberbekleidung gehören ein bestimmtes Hemd, eine bestimmte Krawatte und ein paar wichtige

Accessoires. Eine zweite komplette Kleiderausstattung hat er für Reisen. Wenn er etwas Neues kauft, ersetzt es eine der «Bürokombinationen», und diese wird dann in die Reiseausstattung übernommen. Und wenn er damit durch ist? Dann bekommt ein Verwandter sie. Was für ein System! Aber für ihn ist es genau das Richtige. Meriel würde nicht so viel Überlegung darauf verwenden, was sie anziehen soll.

Das Auflisten von Küchengegenständen, die regelmäßig gesäubert werden müssen, feste Regeln für das Verhalten im Alltag, die Trennung zwischen Gefühlen und rationalem Urteil – all das spricht für überlegte und bewußte Handlungsentscheidungen. Am anderen Ende der Skala steht die entspannte Spontaneität, die befreiend ist. Sie bewahrt vor Streß und läßt die intuitiven – manche würden sagen, die unbewußten – Gehirnprozesse in den Vordergrund treten. Ferien sind eine Zeit, in der wir uns auf diesem Kontinuum nach oben oder nach unten bewegen. Viele Berufstätige, die ein stark reguliertes Leben führen, suchen Erholung in einer unstrukturierten, sorgenfreien Umgebung, die ihnen das Planen erspart. Kaum jemand möchte seine Ferien damit verbringen, die Steuererklärung zu machen oder das Trennungsprogramm seines Personalcomputers zu überprüfen.

Ich habe, um dieses Kontinuum zu beschreiben, die Begriffe «Bedächtigkeit-Lockerheit» gewählt, weil sie zum einen zutreffend sind und sich zum anderen gut anhören. Bedächtigkeit beinhaltet eine gemächliche Regulierung des Handelns, eine vernünftige Planung, gewöhnlich eine Abfolge einzelner, separater Aktionen: «Zuerst reservieren wir vom dreiundzwanzigsten bis zum siebenundzwanzigsten auf dem Campingplatz die Position Nummer 201, dann gehen wir in den Campingladen, kaufen ein paar Zeltstangen und überprüfen die Größe, dann besorgen wir ein Zelt, das in unser Auto paßt, dann kaufen wir eine Straßenkarte und planen die beste Route . . .»

Den Begriff «Lockerheit» benutze ich für spontane Aktivität, Offenheit für neue Erfahrungen und fehlende Intervalle zwischen Handlungen oder Gedanken und Gefühlen, die alle eher gleichzeitig und «fließend» auftreten: «Laß uns doch in die Berge fahren, einfach mal losfahren.» Wir alle können leicht erkennen, wo jemand auf dem Kontinuum Bedächtigkeit-Lockerheit steht. In der Mitte – mit leichter Verschiebung in Richtung Lockerheit – befinden sich die, die wir «freie Geister» nennen, auf der anderen Seite der Mitte die Vorsichtigen, die jedes Wochenende und jeden Urlaub präzise planen. Das ausgeprägteste Erscheinungsbild der Lockerheit dürften jene repräsentieren, die in jeder Hinsicht kreativ sind, die sich frei fühlen, unkarierten Assoziationslinien zu folgen, und die ein «künstlerisches Temperament» haben. Als Musterbilder der Bedächtigkeit können Personen mit einer pedantischen «Buchführung» oder unumstößlichen Vorstellungen von Richtig und Falsch gelten, die alles folgerichtig, logisch und ordentlich planen und bei denen alles überprüft und ausgewogen ist. Wenn wir noch weiter gehen, kommen wir auf der einen Seite zu Impulsivität, auf der anderen zu Zwanghaftigkeit, und ganz am Ende stünden bei den einen das schizotypische Denken und die Schizophrenie selbst, bei den anderen die manifeste Zwangsneurose.

Die meisten von uns kombinieren für den größten Teil des Lebens sorgfältiges Planen und Flexibilität für den Augenblick, obwohl wir alle für unsere Aktivitäten unterschiedliche feste Punkte auf diesem Kontinuum haben. In allen Fällen sind die Beziehungen zwischen dem einzelnen und der Welt enger oder lockerer, geschlossener oder offener.

Die Frontallappen und das limbische System

Die Unterschiede innerhalb dieses Systems scheinen nicht vom retikularen Aktivierungssystem des Gehirns abzuhängen, sondern von der Beziehung zwischen den Kontrollzentren im Frontalkortex und den niedrigeren Hirnzentren. Das Gehirn ist so organisiert, daß die Frontallappen überlegte Entscheidungen treffen, während die niedrigeren Zentren die Impulse für spontane Aktionen liefern. Ehe es eine «zivilisierte» Welt gab, ehe es Sprache und dergleichen gab, entwickelten die Tiere eine Reihe von spontanen, automatischen Reaktionen, die ihnen durch den Tag halfen. Laute Geräusche – Weglaufen; bestimmte Tiere in Sicht – Angreifen oder Verstecken; Durst oder Trokkenheit – Trinken. Diese niedrigeren Gehirnprozesse arbeiten selbständig, spontan, ohne bewußte Kontrolle durch die höheren Teile des menschlichen Gehirns, aber sie kontrollieren die wichtigsten Überlebensreaktionen, etwa die Erhaltung der richtigen Bluttemperatur oder die Ausschüttung von Hormonen im ganzen Körper.

Bedächtigkeit-Lockerheit bei Menschen ist stark beeinflußt von den Kreisläufen zwischen Frontallappen und limbischem System. Die Frontallappen liegen an der Kreuzung der neuralen Pfade in Kortex, Hirnstamm und limbischem System, die Informationen über Beziehungen und Ereignisse in der Welt und Informationen aus dem limbischen System über den Zustand des eigenen Körpers transportieren. Die Frontallappen kontrollieren aber auch die Impulse aus dem limbischen Bereich.

Zwar ist es nicht möglich, im Gehirn einen spezifischen Ort für das Selbst auszumachen, doch die Funktionen dessen, was wir das Selbst nennen, scheinen von Entscheidungen abzuhängen, die in den Frontallappen getroffen werden. Jedenfalls üben sie eine gewisse Kontrolle über den Ausdruck von Gefühlen aus. Das Emotionsreservoir in den Frontallappen veranlaßt uns, verschiedene Informationen auszuwählen, uns unterschiedlich zu erinnern, unterschiedlich zu denken und zu bewerten. In tragischen Fällen bewirkt eine Schädigung der Frontallappen, daß jemand auf lange Sicht nicht mehr weiß, wer er ist.

Der Grad, in dem jemand sein Leben plant, könnte durchaus mit dem Nachdenken über seine Handlungen zusammenhängen. Die Frontallappen sind an Planung, Entscheidungen und zweckbestimmtem Verhalten beteiligt. Werden sie zerstört oder entfernt, so wird das Individuum unfähig, eine komplexe

Aktion oder die Ausführung einer Idee zu planen oder auch zu begreifen, was geschieht – und das bedeutet, man kann sich nicht an neue Situationen anpassen. Eine solche Person vermag sich nicht zu entscheiden, welche der möglichen Alternativen sie wählen soll. Diese Menschen sind unfähig, ihre Aufmerksamkeit zu konzentrieren; sie lassen sich von ganz unwichtigen Eindrücken irritieren. Ihre Sprache und ihr Bewußtsein sind in Ordnung, aber der Verlust der Fähigkeit zu Anpassung und Vorausplanung macht andere Fähigkeiten nutzlos.

Zwei neurochirurgische Patienten mit Schädigungen der Frontallappen, die der französische Neurologe F. Lhermitte untersucht hat, machen deutlich, inwiefern vernünftige regulatorische Funktionen intakte Frontallappen voraussetzen. Eine Patientin namens Marie, aus deren Frontalkortex ein Tumor entfernt worden war, saß mit ihrem Neurologen in dessen Sprechzimmer. Angesichts der medizinischen Instrumente auf dem Schreibtisch begann sie sofort mit einer scheinbar logischen Reihenfolge gezielter Aktivitäten: Sie maß den Blutdruck des Arztes, benutzte das Stäbchen, um seine Zunge herunterzudrücken und in seinen Hals zu schauen, und schlug ihm dann mit dem Hammer auf das Knie. Sie erklärte ihm, er sei bei guter Gesundheit. Als sie in einem Vortragsraum ein Büfett erblickte, stellte sie einige Stühle auf, die gestapelt dastanden, baute Gläser auf und bot allen zu trinken an. Sie handelte folgerichtig, nämlich für die Gastgeberin einer Party sinnvoll, aber sie war ja gar nicht Gastgeberin einer Party. Die Mechanismen, anhand derer wir die Angemessenheit unserer Handlungen bedenken, funktionierten also nicht mehr. Bei einer anderen Gelegenheit sah Marie eine Injektionsnadel, nahm sie zur Hand und forderte Lhermitte auf, die Hose herunterzulassen und sich eine Spritze geben zu lassen. Leider schildert Dr. Lhermitte den Fortgang der Geschichte nicht.

Pierre, ebenfalls ein Patient mit Frontallappenschaden, wurde ganz erregt, als man ihn vor einen Kosmetiktisch setzte. Er erblickte eine Pistole und versuchte vor den Augen seines Arztes aufgeregt, sie zu laden. Diesmal verrät uns Lhermitte, daß das Experiment daraufhin sofort beendet wurde. In derselben Situation nahm Marie die Kosmetika zur Hand und begann sich zu schminken; dann sah sie Stricknadeln und fing eine Handarbeit an; kurz darauf fiel ihr Blick auf einen Besen, und sie begann zu fegen.

Als Pierre auf einer Party in einem Raum mit Gemälden an den Wänden war, sprach sein Arzt das Wort *Museum* aus. Darauf begann Pierre umherzugehen, sorgfältig jedes einzelne Bild zu betrachten und kritische Bemerkungen zu machen.

Marie und Pierre wußten genau, «wie man Dinge tut», aber sie waren nicht mehr in der Lage, ihre Aktionen bewußt anzugehen. Sie taten sie «unwillkürlich». Die Ebene der Gesamtplanung war zerstört, ein Rest von Planablauffunktionen aber erhalten geblieben und bereit, durch Impulse aktiviert zu werden.

Menschen unterscheiden sich darin, wie stark die für Emotionen zuständigen Gehirnabschnitte ihr Alltagsleben beeinflussen und wie leicht sie unterschiedliche Aspekte ihres Lebens auseinanderhalten können. Für hochkontrollierte, verbale Personen ist es selbstverständlich, daß «alles an seinem Platz» ist, während für andere weniger Ordnung völlig in Ordnung ist.

Der weniger ordentliche Lebensstil steht auch damit in Verbindung, wie intensiv, steuerbar oder anpassungsfähig die emotionalen Reaktionen sind. Solche «lockeren» Personen überreagieren häufig, und es fällt ihnen schwer, in einen normalen Zustand zurückzukehren. Häufig klagen sie über vage körperliche Beschwerden.

Um zur Metapher des Gartens zurückzukehren, so könnte man sagen, daß das Gehirn einer Person der Kategorie «Bedächtigkeit» eher einem mustergültigen Garten entspricht, in dem alles ordentlich angepflanzt und gepflegt ist, während das Gehirn einer Person vom Lockerheit-Typ mehr einem ungepflegten Garten gleicht, in dem alles wild durcheinander wächst.

Hartmann und das Konzept der Grenzen

Der Psychiater Ernest Hartmann trifft in seinem Buch *Boundaries in the Mind* (1991) eine ähnliche Unterscheidung wie die von mir vorgeschlagene. Er unterscheidet zwischen Personen mit «dünnen und dicken Grenzen». Ein bestimmter Patient hat ihn stets durch seine Präzision und Organisiertheit beeindruckt. Wenn sie miteinander sprachen, öffnete der Patient manchmal seinen Diplomatenkoffer, der eine Menge von Fächern für Stifte, Notizblöcke, Taschenrechner, Büroklammern usw. enthielt. «Es gab nie einen losen Stift oder Zettel oder sonst irgendeine Unordnung darin. Er griff zielsicher nach dem Papier, das er haben wollte, las es oder zeigte es mir, legte es an seinen Platz zurück und ließ seinen Koffer zuschnappen. Mir schien, daß seine Psyche seinem Diplomatenkoffer sehr ähnlich war oder vielmehr, daß er seinen Diplomatenkoffer so organisiert hatte, wie seine Psyche organisiert war.»

Die Analyse von Grenzen zeigt, daß manche Leute scharf und klar nur eine einzige Sache in der Umgebung oder in ihrem Leben im Brennpunkt sehen. Erst wenn sie diese Sache erledigt haben, können sie die nächste in Angriff nehmen. Bei anderen sind die Grenzen verwischt oder inexistent. Sie scheinen fähig, alle möglichen Dinge gleichzeitig zu bedenken und zu erledigen. Man könnte sagen, daß sie eine breite statt eine schmale Basis haben. Ein «lockerer Typ», der getestet wurde, sagte: «Da kommt doch viel zuviel auf einmal. Ich kann mich gar nicht nur auf eine Sache konzentrieren.»

Wenn eine bedächtige Person ein Bild betrachtet, wird sie vielleicht sagen: «Ich sehe ein braunes Haus auf einer grünen Wiese.» Eine eher lockere Person würde sagen: «Das Licht auf diesem Bild ist so intensiv, daß ich es beinahe schmecken kann», oder: «Die Farbe der Fensterläden ist so grell, daß ich ihren Ton fast hören kann.» Für die lockere Person sind Wahrnehmungen nicht streng getrennt; sie haben keine festen Grenzen.

Ähnlich können Schlaf- und Wachzustände bei Lockerheit verschmelzen, während sie bei Bedächtigkeit deutlich getrennt sind. Sehr bedächtige Menschen ignorieren ihre Träume oft, während für lockere Personen Träumen und Wachen ohne deutliche Abgrenzung ineinander übergehen kann. Möglicherweise sind sie sogar ständig stark von ihren Träumen beeinflußt. Bei ihnen kommen auch eher luzide Träume vor, also Träume, in denen ihnen bewußt ist, daß sie träumen.

Womit Menschen sich beschäftigen, scheint auch von der Stellung des einzelnen auf dem Kontinuum von Bedächtigkeit-Lockerheit abzuhängen. In Hartmanns Untersuchung an 40 Personen setzten sich die 20 Bedächtigen so zusammen: 6 waren Frauen, 14 Männer, alle waren verheiratet, das Durchschnittsalter betrug 51 Jahre. Sie waren vorwiegend Geschäftsleute, Juristen und Ingenieure. Es gab drei Hausfrauen, einen Architekten, einen Elektriker und einen Techniker.

Sie berichteten von sehr wenigen Alpträumen und träumten überhaupt nicht oft. Sie waren ziemlich «normal» und recht konventionell. Keiner schien irgendwelche psychischen Probleme zu haben, obwohl sie sich selbst als «gefühlsarm», «eigensinnig» oder «zwanghaft handelnd» beschrieben. Wenn sie träumten, dann davon, eingesperrt zu sein.

Ich war in einem quadratischen Raum mit Betonwänden auf drei Seiten. Die vierte Seite war aus Glas oder unverglast und offen. Der Blick schien wie vom Boden eines großen Betondammes auf einen mehrere Fuß tiefer liegenden Kanal zu gehen. Wir waren zu dritt im Raum; die beiden anderen waren College-Freunde. Eine vierte Person gesellte sich zu uns, an deren Namen ich mich nicht erinnere, die aber aus einer Art langem, schmalem Betontunnel auf uns zukam.

Ernest Hartmann, *Boundaries in the Mind*

Die 20 lockeren Personen – 17 Frauen, 3 Männer – in dieser Studie waren ganz anders. Von den 19, von denen Informationen kamen, waren 12 alleinstehend, 6 verheiratet, eine geschieden; 4 waren Hausfrauen, 3 Lehrer, 2 Künstler, und von den übrigen war einer Arbeiter, eine Krankenschwester, einer Rechtsbeistand. Es waren also keine Anwälte, keine Ingenieure, keine Manager darunter. Diese Menschen erinnerten sich fast jeden Morgen an Träume, und ihre Träume beeinflußten ihr waches Leben stark. Von diesen Personen und anderen «Lockeren», die man untersuchte, wurde die zutage tretende Offenheit in alle Richtungen als eine Art Hautlosigkeit empfunden.

Mein Vater häutete mich mit einem Messer, wie man ein Kaninchen häutet. Er häutete mich und meine Schwestern und warf uns auf einen Haufen. Ich lag da ohne Haut, zitternd und blutend; es war schrecklich schmerzhaft. Ich konnte alles fühlen.

Ernest Hartmann, *Boundaries in the Mind*

Der Grad der «Hautlosigkeit» – wenn das Denken so von der Planung befreit ist, daß Ereignisse der Außenwelt unvermittelt ins Innere eindringen –, kann, sofern er nicht zu hoch ist, die Kreativität fördern; in zu starkem Ausmaß kann er die geistige Gesundheit einer Person beeinträchtigen. Wenn solche Leute hilfsbedürftig sind, bezeichnet man sie in der Tat oft als «hypersensibel», «zerbrechlich» und «schizotypisch». Der große Psychiater Eugen Bleuler meinte, der Unterschied zwischen dem Normalen und dem Schizophrenen bestünde darin, daß der Schizophrene die Kontrolle über das assoziierte Denken verliert. (Die Beziehung zwischen dem Normalen und dem Gestörten werden wir in Kapitel 9 eingehender erörtern.)

Ein Hinweis darauf, daß jemand am weniger abgegrenzten Ende der Skala dieser Dimension steht, ist, wenn er immer wieder starke Stimmungsschwankungen erlebt und ohne augenscheinlichen Grund manchmal glücklich und manchmal deprimiert ist und daß seine Gedanken wandern, während er sich zu konzentrieren versucht. Diese Menschen wirken auf andere «gedankenverloren» oder «wie weggetreten», selbst wenn sie sich an einer Unterhaltung beteiligen; ihre Gefühle sind leicht zu verletzen, sie sind reizbar und unbeständig. Diese Unbeständigkeit kann ihr Leben beherrschen, da sie ihre emotionalen Beziehungen wie auch ihre berufliche Karriere zu behindern vermag. Weil sie sich so oft selbst unterbrechen, haben sie häufig Schwierigkeiten, rechtzeitig irgendwo einzutreffen, was für ihre Freunde und andere Kontaktpersonen sehr unbequem ist. Ich kenne einige solche Leute, von denen man nur als «ewige Zuspätkommer» spricht, worin sich die leise Feindseligkeit ausdrückt, die ständige Unpünktlichkeit in anderen Menschen auslöst.

In der Psychotherapie fällt es einem sehr bedächtigen Patienten zumeist schwerer, frei zu assoziieren und jemandem zu sagen, was ihm durch den Kopf geht, als lockeren Personen, denen freies Assoziieren kaum Mühe bereitet.

Ein Bedächtiger ist morgens schnell wach. Einer sagt: «Ich bin auf der Stelle ganz da. Es ist wie ein Klicken, und dann bin ich hellwach.» Die eher lockeren Personen haben es viel schwerer, sich «aufzuraffen», da ihr Denken und ihre Handlungen ungeordneter und fließender sind. Eine derart offenere Person sagt: «Ich brauche oft eine halbe oder ganze Stunde, um morgens richtig aufzuwachen, vor allem, wenn ich vorher lebhaft geträumt habe.» Während beim Hochorganisierten die Gefahr besteht, daß seine Fähigkeit zu promptem Handeln bei plötzlicher Veränderung der Situation eine unangemessene Reaktion auslösen kann, läuft der lockerer Organisierte Gefahr, wie Meriel einem Impuls nach dem anderen zu folgen.

Eine von Dr. Hartmanns Patientinnen, Heather, ist auf unserem Kontinuum locker.* Sie ist 28 Jahre alt, unverheiratet und lebt allein; sie hatte mehrere stürmische Beziehungen zu Männern und arbeitet als Musiklehrerin. Ursprünglich kam sie zu Hartmann, weil sie unter Alpträumen und Angst litt, aber sie

* Dr. Hartmann benutzt natürlich nicht die Begriffe *Lockerheit* und *Bedächtigkeit.* Ich dehne sein Konzept jedoch auf dieses Kontinuum aus, um damit auch seine interessante Diskussion über Menschen mit dünnen und dicken Grenzen einzubeziehen.

mußte im Grunde ihr ganzes Leben untersuchen lassen, um es neu zu organisieren. Sie schätzt sich selbst als extrem sensibel ein, so daß Dinge, die anderen vielleicht nichts ausgemacht hätten, sie verletzten. Sie sagte: «Da ich nichts draußen halten konnte, stürmte dauernd alles auf mich ein.»

Als sie ein von einem vorbeifahrenden Auto verletztes Kaninchen sah, war sie untröstlich und konnte das Bild des leidenden Tieres lange nicht mehr loswerden. Ihre Brüder pflegten sie zu ärgern, indem sie ihr sagten, sie würden Tiere töten. Heather wurde Vegetarierin, weil sie den Gedanken nicht ertrug, daß man Tiere tötete, damit andere sie aßen. Die junge Frau hatte ein recht stürmisches Leben mit leidenschaftlichen Freundschaften und Liebesaffären, die häufig mit Zerwürfnissen endeten. Heather ist ein gutes Beispiel für die Probleme, die jemand hat, wenn er zu unkontrolliert und für alles offen ist.

Solche Leute haben oft intensive, aber kurzlebige Beziehungen. Sie mögen sich «wahnsinnig» verlieben und nur für diese Beziehung leben, aber dann kann etwas geschehen, was sie veranlaßt, die Beziehung abrupt zu beenden.

Eine Ausbildung, die systematisches Organisieren und Planen beinhaltet, etwa ein Jurastudium, eignet sich recht gut für hochregulierte Menschen. Vielleicht ist das ein Grund dafür, warum man allgemein – und vielleicht nicht zu Unrecht – annimmt, Anwälte und Wissenschaftler, Ingenieure und Ärzte wären generell ziemlich gefühllose oder zumindest unsensible Menschen.

Den sehr bedächtigen Menschen kann man also als stark in verschiedene Fächer unterteilt und mit einer recht statischen Struktur auf der «Organisationsskala» betrachten. Der lockere hat losere Verbindungen und weniger feste Grenzen zwischen den verschiedenen Teilen seiner Psyche, was zu mehr Kommunikation führt – manchmal aber auch zu mehr Chaos. Seine Reaktionen auf die gleiche Situation sind unterschiedlicher als die eines ausgesprochen bedächtigen Menschen. Wollte man die beiden Gruppen graphisch darstellen, so würde die eine aussehen wie das Menü einer Fluggesellschaft mit lauter verschiedenen Happen in getrennten Fächern, die andere wie ein großer Eintopf, in dem ein Spritzer eines Gewürzmix Auswirkung auf alle Ingredienzen hat. Bedächtige können selbst stark empfundene Gefühle von ihrem rationalen Urteil oder ihrem Job trennen; Lockere lassen ihre Gefühle freier und breiter fließen und alles dadurch färben.

Auf der anderen Seite eignet sich der lockere Stil für Durchbrüche im kreativen Denken. Kreativität setzt voraus, daß man in seinem Denken nicht der Herde nachläuft. In den meisten Fällen bedeutet das, daß man eine Menge Ideen hat, die nicht den üblichen Abläufen folgen, und das erklärt, warum viele Leute, die man für hochkreativ hält, auch als ungewöhnlich gelten. Isaac Newton beispielsweise verbrachte Tage eingeschlossen in seinem Zimmer und stellte Betrachtungen über die Geheimnisse des biblischen «Buches Daniel» an, während er an der rein physikalischen Schwerkrafttheorie arbeitete.

Die Exzentrizität, die mit Kunst, kreativer Wissenschaft oder Schriftstellerei einherzugehen scheint, kann man auch in Begriffen von hohem oder niedrigem Gewinn ausdrücken. Der Maler Francis Bacon brachte sich für seine Arbeit in die richtige Stimmung, indem er nächtelang aufblieb und soviel trank und soviel Sex hatte wie möglich. So befreit, konnte er malen. Geringeren Gewinn, aber eine ebenso große Freiheit von Konventionen sehen wir bei Albert Einstein. Er saß in einer Straßenbahn und beobachtete, wie ein Uhrenturm seinen Blicken entschwand, und er dachte: Wenn die Straßenbahn mit Lichtgeschwindigkeit fahren würde, würde ich auf dem Zifferblatt immer dieselbe Zeit sehen. Wer wäre darauf gekommen, daß man Geschwindigkeit und Zeit in eine solche Relation setzen kann? Bestimmt niemand, der in konventionelleren Bahnen dachte. Henri Matisse pflegte dasselbe Bild immer von neuem zu malen und abends die nassen Ölfarben wieder abzuwischen, bis er den optimalen «spontanen» Ausdruck gefunden hatte.

Das Gleichgewicht zwischen Bedächtigkeit und Lockerheit hat jedoch möglicherweise mit mehr zu tun als nur mit den Hirnhemisphären und den Frontallappen.

KAPITEL 8

Positive Annäherung – negativer Rückzug

Auf die Welt zuzugehen, ist mit positiven Gefühlen der Welt gegenüber verbunden, während die Rückzugssignale negative Gefühle sind. Das einfachste Urteil, das wir fällen, besagt, ob etwas gut oder schlecht für uns ist, ob ein Objekt oder ein Geschehnis positiv oder negativ auf uns wirkt. Wenn wir etwas als positiv empfinden, nähern wir uns ihm, wenn wir etwas als negativ empfinden, machen wir kehrt.

Die Entscheidung, uns den guten Dingen zu nähern und von den schlechten zurückzuziehen, ist vielleicht die entscheidendste Vorgehensweise im Leben – sie ist die Grundlage zahlloser Entscheidungen, und wir empfinden dieses dritte Kontinuum, also das von Annäherung bzw. Rückzug, als Basis unserer Gefühle.

Interessanterweise scheinen diese Gefühle ebenfalls von den Frontallappen kontrolliert zu werden, in den linken Hirnhälften allerdings auf andere Weise als in der rechten. Und sie sind schon bei der Geburt vorhanden. Wenn die Bedächtigkeit oder Lockerheit einer Person darüber entscheidet, *ob* Emotionen frei geäußert oder kontrolliert werden, dann bestimmt das System von Annäherung oder Rückzug im allgemeinen, *welche* Emotionen zu unserer Grundausstattung gehören.

Eine positive Empfindung wie Liebe oder ein süßer Geschmack erweckt in uns den Wunsch nach Annäherung oder der Aufrechterhaltung von Nähe. Der Geruch eines frisch gebackenen Kuchens aus dem Ofen, die Wärme der Sonne an einem kalten Tag, ein lächelnder Freund oder das Erscheinen eines geliebten Menschen – alle geben das Signal: «Komm näher, geh nicht weg.» Negative Gefühle wie Wut, Ekel, Furcht, Angst und dergleichen signalisieren das Gegenteil: «Vermeide dies, verschwinde von hier.» Wir möchten fort, wenn ein Bär auf uns zukommt; wenn ein anderes Auto auf unseres zusteuert, treten wir scharf auf die Bremse; ein Stück Fleisch voller Maden läßt uns zurückweichen.

Wir verbringen einen überraschend großen Teil unseres Lebens mit diesen einfachen Entscheidungen, hinzugehen oder nicht hinzugehen, uns zu nähern oder zu entfernen. Sie betreffen einfach alles – den Menschen, mit dem wir uns zu leben entscheiden, die Menschen, denen wir auf der Straße begegnen, die Speisen, die wir essen oder vermeiden. Sie bestimmen die Bedrohungen oder den Nutzen von Objekten, während wir unseren Weg durch die Welt nehmen; sie beeinflussen die ganze Zukunft. Dieses Positiv-Negativ-Kontinuum erfordert am wenigsten Erklärungen, denn wir alle sind damit vertraut, ein Urteil auf der Basis von Fragen zu treffen wie: «Ist es gut für mich, oder ist es schlecht für mich?» – «Mag ich es, oder mag ich es nicht?»

Es geht nicht nur darum, ob wir uns im allgemeinen gut oder schlecht fühlen. Psychologen haben festgestellt, daß positiver und negativer Affekt voneinander unabhängig sind.* Das bedeutet, daß man entweder eine Menge positiver oder eine Menge negativer Gefühle oder beides gleichzeitig haben kann. Wir wissen auch etwas über die Hirnbereiche, die einen Einfluß

* Der Begriff *Affekt* bezieht sich auf die Gefühlsdimension des Lebens. Er ist ein Teil unseres gesamten nach außen gerichteten emotionalen Ausdrucks. Jemand mit flachem Affekt z. B. zeigt wenig oder keine Emotionen. Der Begriff *Emotion* meint ein relativ spezifisches Muster kurzlebiger physiologischer Reaktionen: Emotionen erzeugen, übermitteln, steuern und bewahren Verhalten. Der Begriff *Gefühl* bezieht sich auf die subjektive Erfahrung von Emotionen: Gefühle können komplexe Erfahrungen sein, an denen mehrere Emotionen gleichzeitig beteiligt sind. Der Begriff *Stimmung* schließlich bezieht sich auf einen relativ lange anhaltenden Gefühlszustand. Eine Stimmung bildet den emotionalen Hintergrund für unsere Welterfahrung.

auf solche Gefühle haben. Unterschiede in der Asymmetrie zwischen rechter und linker Hemisphäre der Frontallappen beeinflussen unsere grundlegende Gefühlsfärbung, und diese Unterschiede machen sich schon früh im Leben bemerkbar.

Richtung und Grad

Es gibt grundlegende Unterschiede in Richtung und Grad der emotionalen Reaktionsbereitschaft, die ein Mensch aufweist. Angesichts einer großen Spinne schreit der eine auf und läuft aus dem Zimmer, während der andere sie ruhig aufhebt und nach draußen trägt.

Jeder kann sehen, daß schon die winzigsten Babys radikal unterschiedliche Tendenzen zu Annäherung oder Rückzug zeigen, unterschiedliche Pegel von Geselligkeit oder Scheu. Aber Säuglinge können uns nichts erzählen, und wir können an ihnen nicht die physiologischen Forschungsarbeiten vornehmen, die vergleichende Psychologen an Tieren durchführen. Es ist eine schwierige Frage, wie man Temperament und Gefühle bei Neugeborenen untersuchen soll.

1970 haben David Galin und ich demonstriert, daß man Unterschiede darin, welche Hemisphäre jeweils aktiv ist, feststellen kann, indem man die Gehirnwellen beider Hemisphären aufzeichnet und dann die Menge der Alpharhythmen vergleicht, die gleichzeitig auf beiden Seiten auftreten. Der Alpharhythmus des Gehirns, ein glatter, langwelliger Rhythmus (8 bis 12 Hertz), kennzeichnet sozusagen den «Leerlauf» eines Teils des Gehirns; schnellere, abgehacktere Rhythmen bedeuten, daß der Teil aktiv ist. Inzwischen haben andere Forscher die Beziehung zwischen Emotionen von Annäherung oder Rückzug und Aktivität in den beiden Hirnhemisphären untersucht.

In einer faszinierenden Studienreihe zeigten Richard Davidson und seine Kollegen, daß die linke Hemisphäre andere Emotionen zu kontrollieren pflegt als die rechte. Die linke scheint aktiv zu werden, wenn eine Person positive Emotionen wie Glück erlebt, während die rechte Hemisphäre «aufwacht», wenn man negative Emotionen wie Wut oder Ekel empfindet.

Davidsons Grundexperiment mit Erwachsenen verlief folgendermaßen: Er bat Leute, sich an Zeiten stark positiver oder stark negativer Gefühle zu erinnern. Wenn die Personen an positive Erfahrungen dachten, stellte er eine Aktivierung der Vorderseite der linken Hemisphäre fest; wenn sie negativ dachten, war die Vorderseite der rechten Hemisphäre aktiv. Andere Wissenschaftler haben dies bestätigt.

Mit seinem Kollegen N. A. Fox versuchte Davidson zu bestimmen, ob diese Reaktionsmechanismen auch schon bei Neugeborenen funktionieren. Man gab Neugeborenen ein bißchen Wasser zu trinken, danach einmal eine Zuckerlösung, dann eine Zitronensäurelösung (wieder dieser Zitronensaft!), und den jeweiligen Gesichtsausdruck der Babys zeichneten sie auf Video auf. Außerdem machten sie Elektroenzephalogramme (EEGs) von den frontalen und den weiter hinten gelegenen parietalen Schädelregionen der linken und der rechten Seite. Sie fanden die gleichen charakteristischen Hirnmuster, die auch Erwachsene aufweisen: Aktivierung der linken Hemisphäre als Reaktion auf Lust, Aktivierung der rechten als Reaktion auf Unlust.

Bei einer anderen Untersuchung testeten Davidson und Fox zehn Monate alte Säuglinge bei der Annäherung der Mutter, der Annäherung einer fremden Person und der Trennung von der Mutter. Sie stellten fest, daß Säuglinge beim Herangehen an Objekte, bei der Berührung und bei positiven Lauten oder erfreutem Gesichtsausdruck eine relativ größere Aktivität der linken Frontallappen aufweisen. Bei Verhaltensweisen, die Rückzug widerspiegeln, war die Aktivität der rechten Hemisphäre stärker. Diese Effekte scheinen im wesentlichen im Frontalbereich angesiedelt zu sein.

Eine weitere Studie verglich Situationen des Empfindens von Freude, Wut, Kummer, Ekel und Traurigkeit und analysierte die EEGs während jeder Periode. Wieder wiesen die Kinder bei

Freude eine stärkere Aktivität der linken Hemisphäre auf, bei Ekel und Kummer war die Aktivität der rechten Hemisphäre größer.

Dann untersuchten Davidson und Fox das Vorherrschen verschiedener Emotionen bei Neugeborenen und zeichneten ihre EEGs auf; sie unterteilten die Kinder in solche, die bei Trennung Streß zeigten, und solche, die das nicht taten. Die Säuglinge, deren rechte Frontallappen bei Trennung Alpharhythmen aufwiesen – was bedeutet, daß die mit positiven Emotionen assoziierte linke Hemisphäre bei dieser Erfahrung weniger stimuliert wurde –, zeigten mit größerer Wahrscheinlichkeit Kummer und Trennungsangst als die Säuglinge, in deren rechter Hemisphäre weniger Alpharhythmen auftraten. Warum nun sollte das System in dieser Weise verdrahtet sein? Die linke Hemisphäre, an positiven Gefühlen beteiligt, hat außerdem die Kontrolle über unsere feinen Bewegungen, wie man sie zum Nähen, Schreiben oder Tippen braucht. Die rechte Hemisphäre, an negativen Emotionen beteiligt, kontrolliert die größeren motorischen Funktionen, etwa die Muskeln, die wir betätigen, um die Beine oder die Schultern zu bewegen. Man könnte annehmen, daß dies insofern effizient ist, als Hirnprozesse, die die «Vermeidungs»-Reaktionen steuern, sich in der Nähe des Bereichs befinden, der die Muskeln zur Durchführung dieses Vermeidens kontrolliert, während der Bereich, der die Annäherungsbewegungen reguliert, in der Nähe der Gefühle liegt, die den Wunsch nach Annäherung bewirken.

Drei Temperamentsdimensionen

Die drei Systeme – hoher Gewinn oder geringer Gewinn, Bedächtigkeit-Lockerheit und Annäherung-Rückzug – geben uns eine Grundlage zur Analyse von Unterschieden bei Menschen. Natürlich können wir die eklatanten Unterschiede im Gewinn-Bereich erkennen: Menschen, die ständig ruhelos sind und nach neuen Informationen gieren, andererseits solche, die Frie-

den und Ruhe suchen. Unterschiede auf der Dimension Lok-
kerheit-Bedächtigkeit sind uns ebenfalls vertraut: manche
Leute planen ihr Leben, ihren Tag, sogar ihre Mahlzeiten genau, während andere das niemals schaffen, dafür aber auf
ihrem Arbeitsgebiet zu einem größeren kreativen Durchbruch
fähig sind. Und manche Leute wirken unablässig mürrisch,
während andere stets einen ausgeglichenen Eindruck machen,
egal, was geschieht.

Niemand bleibt ständig und für alle Zeiten an genau der gleichen Stelle auf einem der drei Kontinua. Der extreme Niedrig-
Gewinner erlebt manchmal wirklich ruhige Stunden zu Hause,
und ein typischer hoher Gewinner sucht bisweilen Stimulation
oder Abwechslung bei der Teilnahme an riskanten Sportveran-
staltungen wie Wildwasserregatten. Auch der organisierteste
Mensch läßt sich mal gehen, und der planlos in den Tag hinein
Lebende paßt gelegentlich doch genau auf sein Scheckbuch auf.
Aber ich bin der Meinung, daß solche Eskapaden der Individualität, ähnlich wie Gewichtsschwankungen, die durchschnittliche Position auf den drei Kontinua kaum verändern.

Eine andere Frage ist natürlich, wie weit der Spielraum des
einzelnen auf jedem Kontinuum reicht, ob seine Grenzen eng
oder relativ weitläufig sind. Vergleichen wir das wieder mit den
Gewichtsschwankungen. Die eine Person schafft es, in ziemlich
kurzer Zeit 15 Kilo «abzuspecken» oder «anzufressen», während eine andere mit dem gleichen Durchschnittsgewicht höchstens 5 Kilo mehr oder weniger schafft. In gleicher Weise bewegt sich der eine und der andere bewußt oder unbewußt ein
bißchen mehr oder ein bißchen weniger auf den drei Kontinua
hin und her.

Im folgenden Kapitel werden wir sehen, wie es zu charakteristischen Störungen kommt, wenn das Verhalten im Rahmen
jedes dieser Reaktionsschemata auf die Spitze bzw. ins Extrem
getrieben wird. In weiteren Kapiteln – denn unsere Individualität umfaßt ja noch viel mehr Varianten von Standpunkten auf
den Skalen dieser drei Dimensionen – werden wir andere wichtige Wurzeln des Selbst untersuchen: die Rolle des Selbst in der

Konfrontation mit der Familie, die Natur von Geschlechtsunterschieden, den Einfluß unserer Rechts- oder Linkshändigkeit, die mögliche Rolle der «Rasse» sowie den Einfluß der geistigen Fähigkeiten, die wir erben.

KAPITEL 9

Störungen an den Enden des Kontinuums

Jeder von uns ist in dem einen oder anderen Sinne neuro-
tisch. Jeder von uns trägt eine Reihe ungelöster Probleme,
Vorurteile und Voreingenommenheiten bezüglich unserer
Mitmenschen durch sein Leben. Da Neurosen sich so oft als
Normalität verkleiden und so häufig von dieser nicht zu un-
terscheiden sind, besteht ein wichtiges Anpassungsproblem
darin, ob jeder von uns die anderen richtig oder falsch dia-
gnostiziert. Die Störung in einem Leben hat gewöhnlich
Auswirkungen auf das Leben anderer, und darum geht es.
Normalität ist demnach ein sehr relativer Begriff, und ihre
Grenzen sind dehnbarer, als die meisten von uns annehmen.
Wir alle sind zur gleichen Zeit normal und anormal.

Elton MacNeil, *The Quiet Furies*

Jeder von uns bewegt sich rings um einen Punkt im Bereich der
drei Kontinua des Selbst auf und ab – Gewinn, Bedächtigkeit-
Lockerheit, Annäherung-Rückzug. Für einige, die den Enden
eines Kontinuums näher sind, ergeben sich daraus größere
Schwierigkeiten, die wir noch immer als neurotisch bezeichnen.
An den äußersten Enden stehen schwere Störungen, insbeson-
dere Störungen der Stimmungslage und des organisierten Verhaltens. Auf diese schweren Störungen wollen wir uns hier konzentrieren.

Natürlich werden wir auch von äußeren Umständen beeinflußt. In jedem Leben gibt es Zeiten von extremem Streß, in denen man weniger fähig ist, die Probleme des Daseins zu bewäl-
tigen. Zu Gewalt und Aufruhr kommt es beispielsweise

97

häufiger bei Hitzewellen, und in Zeiten von Rezession und wirtschaftlichen Schwierigkeiten werden mehr Leute in psychiatrische Anstalten eingewiesen.

Die unterschiedlichen Reaktionen sind zum Teil so zu erklären: Jeder macht mal was Verrücktes, doch normalerweise kehrt danach wieder die Ordnung ins Leben zurück. Wenn man indessen feststellt, daß es nicht gelingt, zu einem akzeptablen Maß an Kontrolle über sein Alltagsleben zurückzukehren, muß man vielleicht Hilfe suchen. Es ist wie der Unterschied zwischen einem kurzen Grippeanfall und einer chronischen Krankheit, also eine graduelle Frage. Es ist normal, daß man traurig ist und möglicherweise sogar weint, wenn eine Liebesbeziehung zu Ende ist oder ein Elternteil stirbt. Doch zu einem Leiden wird die Gemütsverfassung erst, wenn man so verstört ist, daß man danach drei Jahre lang zu keiner Party mehr gehen kann. Und es ist abermals ein Unterschied, ob man sich vor Partys fürchtet, oder ob man solchen Horror vor der Begegnung mit anderen Menschen hat, daß man sein Haus überhaupt nicht mehr verläßt.

Leute, die höchstens gelegentlich einen «Grippeanfall» haben, können andererseits einen Störungsfall an den beiden äußersten Enden jedes Kontinuums haben, eine Tendenz, emotional ins Extrem zu gehen oder rückhaltlos nach Abenteuern zu gieren. Wenn das starke Bedürfnis nach Abenteuern unbeherrschbar wird und dann auch noch mit einem Mangel an emotionaler Steuerung und einem unguten sozialen Milieu gekoppelt ist, kann das die Tendenz zur Kriminalität verstärken. Eine chronisch negative Stimmung kann in Depression umschlagen. Ein hoher Grad an Organisation kann zu Pingeligkeit, zu spleeniger Pedanterie oder, am anderen Ende, zu Zwanghaftigkeit, zur Obsession führen.

Eine Obsession oder Besessenheit kann pathologische Ausmaße annehmen, und die Zwangsroutinen, die sich entwickeln können, behindern dann das Alltagsleben eines Individuums. Malcolm war ein solches Individuum. Er war ganz besessen von seinen Zähnen und putzte sie unentwegt, jeden Tag länger

– er untersuchte seine Zähne sorgfältig, reinigte sie methodisch und wiederholte die Methode bei jedem einzelnen Zahn ständig von neuem. Da die Länge des Rituals fortwährend zunahm, mußte er immer früher aufstehen, um vor der Arbeit genügend Zeit zum Zähneputzen zu haben. Zuerst stand er um sechs Uhr auf, dann um fünf, dann um vier, bis er schließlich überhaupt nicht mehr zur Arbeit gehen konnte. An diesem Punkt begann ein Psychiater, ihn wegen seiner Zahnreinigungs-Besessenheit zu behandeln. Nicht jeder gerät wie Malcolm nach und nach in einen solchen Zustand. Manche Leute rasten von einem Augenblick zum andern aus und können fortan nicht mehr «mit sich fertigwerden».

Am anderen Ende könnte etwa die Lockerheit mit einer wunderbaren Offenheit für Erfahrungen und mit unerhörter Kreativität beginnen und dann zu der «Schludrigkeit» des für alle Eindrücke und Versuchungen Offenen führen, der nie mehr pünktlich ist, seinen Alltag nicht mehr zu organisieren vermag, der nicht nur seine Schlüssel, sondern auch sein Lebensziel verliert, zum «Wegtreten» neigt, also oft geistig verwirrt ist. Noch weiter am Ende des Kontinuums liegen schizoide Tendenzen und Schizophrenie.

Ob jemand tatsächlich psychisch gestört ist, das ist eine heikle Frage, denn die Grenzlinie zwischen normal und anormal ist nicht exakt festgelegt. Vorstellungen von Normalität ändern sich mit der Zeit, und was eine psychische Störung ist, liegt oft im Auge des Betrachters. Vor einem Jahrhundert hätte es als anormal gegolten, wenn eine Frau vorehelichen Geschlechtsverkehr gehabt hätte, und man hätte sie dafür unter Umständen sogar eingesperrt. Heute ist das nicht mehr so. Früher wurde Homosexualität als psychische Anomalie klassifiziert, heute nicht mehr.

Dennoch weiß jeder, der in einem psychiatrischen Krankenhaus oder anderswo mit Psychotikern gearbeitet hat, daß schwere Störungen nicht bloß eine Frage der Definition oder der persönlichen Einstellung sind. Entgegen der romantischen Auffassung des Psychiaters Ronald D. Laing, der meinte, Schizophrenie sei in Wirklichkeit ein *Durch*bruch im Bewußtsein, der zu einem völlig neuen Lebensverständnis führen könne, habe viele Menschen echte und große Schwierigkeiten, die Welt zu begreifen und ihr Leben zu organisieren. *Zusammen-bruch* ist dafür leider der zutreffendere Ausdruck. Solche Personen brauchen wirklich Hilfe.

Wie aber können so bizarre Phänomene wie z. B. zu glauben, man sei Jesus Christus, Stimmen aus dem Jenseits zu hören oder auch nur unentwegt die Zähne zu putzen, einfach Ausdehnungen unserer normalen Aktivitäten sein? Sie wirken doch völlig konträr und außerhalb der Norm. Denken wir darüber nach, was geschieht, wenn ein gewöhnliches Kontinuum ausgedehnt wird. Eine Frau fährt mit sechzig Stundenkilometern um eine Straßenkurve, was vielleicht ungefährlich ist. Eine andere fährt mit siebzig, und der Wagen schlittert zwar ein bißchen und ist schwer unter Kontrolle zu halten, aber auch ihr passiert nichts. Eine dritte fährt mit neunzig, was auf dem Geschwindigkeitskontinuum nur ein wenig höher liegt, aber sie gerät in einen ganz anderen Zustand: Sie kommt von der Straße ab, stürzt über einen Abhang und muß ins Krankenhaus eingeliefert werden. An den Extremen eines Kontinuums verändert sich der Zustand. Das ist so ähnlich wie der Unterschied zwischen einem Ei in neunzig Grad heißem Wasser und einem in hundert Grad heißem Wasser. Bei neunzig Grad ist das Ei heiß; bei hundert Grad kocht es und verändert seinen Zustand. Schauen wir uns nun an, was an ähnlich entscheidenden Punkten in den drei Kontinua passiert.

Extreme des Gewinns: Angst und Erregung

Weil die Anpassungsmechanismen des Gehirns überwältigt werden können von zuviel Veränderung, Herausforderung und Streß, werden Leute oft krank, nachdem sie große Veränderungen erlebt haben wie Heirat, Urlaub, Scheidung, Tod eines engen Freundes und dergleichen. Viele Psychologen analysieren diese «Lebensereignisse» so, als würde jeder in derselben Weise darauf reagieren. Wie wir gesehen haben, unterscheiden sich Individuen aber in ihrem Erregungsniveau und ihrem Bedürfnis nach Stimulation, Veränderung und Konflikt. Einige lieben den Tumult von Streß und Ungewißheit, während andere innerlich so erregt sind, daß sie eine möglichst ruhige Außenwelt brauchen. Für letztere können zuviel Unruhe und Veränderung im negativen Sinn «überwältigend» sein. Extrem Introvertierte, die hohen Gewinner, stellen oft fest, daß Erregung ihre Sorgen verstärkt. So stehen an einem Ende des Gewinnkontinuums Angststörungen. Menschen, die unter starker Angst leiden, leben in ständiger Anspannung und Sorge. Sie fühlen sich in Gesellschaft ihrer Mitmenschen unbehaglich und reagieren auf Kritik ungewöhnlich empfindlich. Häufig haben sie solche Angst davor, einen Fehler zu machen, daß sie sich weder konzentrieren noch Entscheidungen treffen können. Ihre Haltung ist angespannt und abweisend, was zu Muskelschmerzen führt (vor allem im Hals- und Schulterbereich). Sie leiden oft unter chronischer Schlaflosigkeit und Magen- oder Darmbeschwerden (z. B. Durchfall), schwitzen stark und haben Bluthochdruck, Herzrasen und Atemlosigkeit. Ganz gleich, wie gut die Dinge im Grunde laufen, sie machen sich immerfort Sorgen, irgend etwas könne schiefgehen.

Neigung zu starker Erregung führt oft zu großer Angst, und unter ihr leiden etwa drei Prozent der Bevölkerung. Die Verbindung zwischen Angstzuständen und scheinbarer äußerlicher Gelassenheit kommt vor allem bei Katatonikern mit Stupor vor. Bei Katatonie mit Stupor kann ein Mensch eine bestimmte Haltung tagelang beibehalten, gewöhnlich ist es eine solche, in der es eine normale Person höchstens einige Minuten aushielte. Eine Frau erklärte, der Grund, warum sie ihren Arm mit ausgestreckter Handfläche vor dem Körper halte, sei, daß die Kräfte des Guten und des Bösen sich auf ihrer Handfläche bekämpften, und sie wolle das Gleichgewicht nicht zugunsten des Bösen verändern. Katatonie ist oft nicht etwa die Folge innerer Leere, sondern innerer Überbelastung.

Als ich das College besuchte, arbeitete ich drei Nächte in der Woche sowie samstags und sonntags tagsüber als fachliche Hilfskraft in einem psychiatrischen Krankenhaus in New York. Am ersten Tag ging ich in das Zimmer von Jack L., einem Katatoniker mit Stupor, und sollte aus seinem Schrank eine neue Wäschegarnitur nehmen. Doch der Schrank hatte einen altmodischen Verschlußknopf, den ich nicht zu öffnen vermochte. Ich ging zurück zum Aufseher, aber er war nirgends zu finden. Ich kehrte in das Zimmer zurück, und Jack L., bis dahin unbeweglich, entspannte sich plötzlich. Er sagte: «Sie müssen ihn ein bißchen nach links drehen und dann herunterdrücken.» Dann kehrte er in seine Pose zurück. In den folgenden zwei Jahren hörte ich nie wieder ein Wort von ihm, aber er hatte bemerkt, daß ich neu war, und er konnte sich denken, was ich wissen wollte – vermutlich, weil zuvor schon andere über diesen Drehknopf geflucht hatten.

Während der ganzen Zeit, die ich in diesem Krankenhaus arbeitete, begriff ich nicht, warum die lärmenden Hysteriker umfielen wie die Fliegen, nachdem sie ihre Tranquilizer bekommen hatten, während die Katatoniker, «Kats», wie wir sie nannten, nicht einmal von schweren Beruhigungsmitteln benommen wurden. Das ist ein weiteres Beispiel für das Paradox, daß die innerlich hoch Erregten still sind, die innerlich Unerregten aber sich lärmend verhalten.

Die Gewinndimension reicht von Hysterie am einen Ende bis zu Dysthymie (eine dauerhafte, apathische, gedämpfte und niedergedrückte Stimmungslage) am anderen. Auch die Dysthymie betrifft ungefähr drei Prozent der Bevölkerung. Und die Dysthymiker sind sehr, sehr schwer zu sedieren.

Annäherung und Rückzug 1: Extreme Gefühle

Die häufigsten Störungen sind mit Gefühlsextremen verbunden. Betrachten wir diese manische Frau:

Ihr seht aus wie ein paar clevere, hart arbeitende, energiegeladene Draufgänger, und ich könnte euch in meiner Organisation gebrauchen! Ich brauche Burschen, die loyal sind und begeistert von den tollen Chancen, die das Leben auf diesem Planeten bietet. Ihr braucht sie nur wahrzunehmen! Zu viele Leute verpassen Gelegenheiten, weil sie sie nicht erkennen und weil sie nicht wissen, wie man den Augenblick nutzt und das Eisen schmiedet, solange es heiß ist! Ihr müßt die Gelegenheit am Schopf packen, den Ball fangen und loslaufen. Ihr müßt entschlossen sein, entschlossen, entschlossen! Kein Zaudern und Zögern! Ja, Schweiß kostet es. Aber Schweiß für ein hohes Ziel! Schiebt nur, schiebt und schiebt, und ihr könnt Berge versetzen!... Seid die ersten und die besten! Meine Eingeweide und euer Blut! So funktioniert's! Ich weiß, du weißt, er, sie, es weiß, daß das die einzige Art ist voranzukommen. Bring sie aus dem Gleichgewicht, Baby, und der Rest ist Hebelwirkung! Benutzt euren Kopf und spart eure Schuhsohlen! Was soll das? Wer sind diese Typen? Habt ihr ein Telefon und eine Sekretärin, die ich lieber heute als morgen haben könnte? Was ich brauche, ist ein Büro und die gute alte Telefonvermittlung.

Elton MacNeil, *The Quiet Furies*

An den Extrempunkten des Kontinuums Annäherung-Rückzug liegen Enthusiasmus, Depression und eine Kombination aus beidem. Diese emotionalen (oder affektiven) Störungen haben fünf bis acht Prozent aller Menschen zu irgendeiner Zeit ihres Lebens. Von diesem Prozentsatz haben sechs Prozent der Frauen und drei Prozent der Männer Anfälle, die so gravierend sind, daß die Unterbringung in einer Anstalt erforderlich wird. Wenn es sich um einen Anfall am Enthusiasmusende des Kontinuums handelt, spricht man von Manie. Manische Menschen erleben freudige Erregung oft als Euphorie, und jeder, der eine solche Person kennt, kann feststellen, daß solche euphorischen Zustände übertrieben wirken. Manische Menschen scheinen «nicht sie selbst» zu sein. Ihr Begeisterungsausbruch hat keine spezifische Ursache und unterliegt nicht der Kontrolle der betreffenden Person.

Die meisten von uns befinden sich irgendwo in der Mitte des Spektrums von Annäherung und Rückzug und analysieren ständig selbst geringfügige Veränderungen in den eigenen Stimmungen und in denen anderer Leute. Der manische Mensch dagegen ist unbändig begeistert über sich und für alles und jeden. Die charakteristischen Eigenschaften von Euphorie und Aufgeschlossenheit können im positiven Sinne ansteckend wirken, sofern sie nicht zu extrem sind. Wenn aber eine Person buchstäblich an *alles* herangeht, es packt und zu manipulieren versucht, dann gehört sie unter psychiatrische Kontrolle.

Am anderen Ende des Kontinuums steht die Depression, bei der man sich von allem zurückzieht und es meidet, wo nichts mehr einen Wert oder Sinn zu haben scheint und man nur noch negative Gedanken über das eigene Leben hat. Die Depression ist als die «gewöhnliche Erkältung» unter den psychischen Störungen bezeichnet worden. Wir benutzen häufig das Wort *deprimiert*, wenn wir im Grunde nur eine Stimmung wie traurig, bekümmert oder schlecht gelaunt meinen. Ein Geschäftsmann sagt vielleicht: «Ich bin deprimiert – wir haben den IBM-Auftrag nicht erhalten.» Klinische Depression ist allerdings viel mehr als eine niedergedrückte Stimmung. Sie ist eine schwere psychische Störung, die zu niederschmetternder, untröstlicher Traurigkeit führt und das ganze Leben eines Menschen lähmt. Hier Martin Seligmans Beschreibung einer College-Studentin, die unter schwerer Depression litt:

Nancy kam mit einem glänzenden Abgangszeugnis von der Oberschule an die Universität. Sie war Klassensprecherin gewesen und eine beliebte und hübsche Stimmungskanone. Alles, was sie wollte, war ihr stets in den Schoß gefallen; sie erzielte ohne Mühe gute Noten, und die jungen Männer traten sich im Wettstreit um ihre Gunst gegenseitig auf die Füße. Sie war das einzige Kind ihrer Eltern, die vernarrt in sie waren und ihr jeden Wunsch erfüllten. Nancys Erfolge erlebten sie als ihren eigenen Triumph; Mißerfolge bereiteten ihnen Seelenqualen. Freunde gaben Nancy den Spitznamen «Sonntagskind».

Als ich Nancy in ihrem zweiten Studienjahr kennenlernte, war sie allerdings kein Sonntagskind mehr. Sie sagte, daß sie sich ganz leer fühle, daß sie nichts mehr interessiere. Ihre Kurse seien langweilig, und das ganze akademische System käme ihr wie eine tyrannische Verschwörung vor, um ihre Kreativität zu ersticken. Im vergangenen Semester hatte sie zweimal die Note «Sechs» bekommen. Sie hatte «es» mit einer ganzen Reihe von jungen Männern «gemacht» und lebte derzeit mit einem total ausgeflippten Typ zusammen. Nach jedem sexuellen Kontakt fühlte sie sich ausgenutzt und wertlos. Ihre derzeitige Beziehung hatte einen Tiefpunkt erreicht, und sie fühlte nur noch Verachtung gegenüber ihrem Freund und gegenüber sich selbst. Sie hatte ziemlich regelmäßig leichte Drogen genommen und es anfangs auch genossen, von ihnen fortgetragen zu werden. Aber jetzt machte sie sich sogar aus Drogen nichts mehr.

Sie hatte als Hauptfach Philosophie belegt und fühlte sich in stark emotional gefärbter Weise vom Denken des Existentialismus angezogen: Sie war wie die «klassischen» Existentialisten davon überzeugt, daß das Leben absurd sei und daß jeder Mensch seinem Leben selbst einen Sinn geben müsse. Diese Überzeugung erfüllte sie mit Verzweiflung, denn ihre eigenen Bemühungen, dem Leben einen Sinn zu geben – z. B. durch die Teilnahme an Aktionen für die Frauenemanzipation und gegen den Vietnamkrieg –, hatte sie allesamt als sinnlos empfunden. Als ich sie darauf hinwies, daß sie doch eine begabte Studentin gewesen sei und immer noch ein at-

traktiver und wertvoller Mensch, brach sie in Tränen aus:
«Also habe ich Sie auch getäuscht.»

Martin Seligman, *Erlernte Hilflosigkeit*

Es gibt zwei Arten von depressiven Störungen: Bei der *unipolaren* Depression leidet ein Individuum nur unter Depression, während es bei der *bipolaren* Depression sowohl unter Depressionen als auch unter Manien leidet. Ein Individuum in der manischen Phase ist hektisch und übererregt aktiv. Das Glücksgefühl ist ebenso außer Kontrolle wie bei der Depression die Traurigkeit, und der Wechsel zwischen beiden führt oft zur Einweisung in eine Klinik.

Zur gegenwärtigen Depressionsdiagnose gehören Verlust von Interesse und Lust, sogar gegenüber Freunden und Familie. Appetit und Schlaf sind gestört. Oft herrscht starke Erregung; Depressive reißen sich die Haare aus, gehen unablässig auf und ab, ringen die Hände. Sie fühlen sich ständig müde, obwohl sie gut geschlafen oder nichts körperlich Anstrengendes getan haben. Die Vorstellung, auch nur die kleinste Aufgabe erfüllen zu müssen, versetzt sie in Panik. Das kann zu einem alles beherrschenden Gefühl der Wertlosigkeit führen.

Die bipolare Depression betrifft ungefähr ein Prozent der Bevölkerung. Bei Frauen ist die Wahrscheinlichkeit, an einer unipolaren Depression zu erkranken, größer als bei Männern. Bei der bipolaren Form hingegen gibt es keine Geschlechtsunterschiede, und sie kann auch in jedem Lebensalter auftreten. Eine «bipolare» Person erlebt ihre erste manische Episode in der Regel vor dem dreißigsten Lebensjahr.

Beide Formen der Störung haben eine genetische Komponente. Untersuchungen an eineiigen Zwillingen haben eine extrem hohe Übereinstimmung ergeben. Wenn ein Zwilling an einer bipolaren Störung leidet, beträgt die Wahrscheinlichkeit, daß der andere sie auch bekommt, 72 Prozent. Bei zweieiigen Zwillingen liegt sie bei 14 Prozent. Was die unipolare Störung betrifft, so beträgt die Wahrscheinlichkeit 40 Prozent bei eineiigen Zwillingen, aber nur 11 Prozent bei zweieiigen Zwillingen.

Natürlich haben die Lebensumstände einen Einfluß auf die Depression. Depressive Patienten berichten von zwei- bis dreimal mehr zerstörenden Ereignissen, etwa dem Verlust des Arbeitsplatzes, die unmittelbar vor der Depression stattfanden. Ehescheidung erhöht die Wahrscheinlichkeit einer Depression um einen Faktor von fünf bis sechs; dennoch erkranken weniger als 10 Prozent der Personen, die sich von ihrem Ehepartner trennen, an einer klinischen Depression.

Ein konstanter Unterschied jedoch ist, daß die unipolare Depression bei Frauen doppelt so oft vorkommt wie bei Männern. Warum? Manche Forscher nehmen an, die mit dem Menstruationszyklus verbundenen Hormonschwankungen machten Frauen anfälliger für eine klinische Depression. Andererseits sind Frauen zwar nach der Geburt eines Kindes mit größerer Wahrscheinlichkeit vorübergehend depressiv, doch diejenigen, die an einer Depression wirklich erkranken, hatten diese auch schon, bevor das Kind geboren wurde.

Die Ursache liegt vielleicht eher darin, daß manche Frauen die Entscheidung über ihre Karriere, über den Wohnort der Familie, ja sogar über kleine Alltagsdinge an Männer abtreten. So mögen sie allmählich zu der Annahme kommen, daß sie wenig Kontrolle über ihr Leben und ihre Umwelt haben, und sich daher hilflos fühlen. Erlernte Hilflosigkeit ist ein starker voraussagender Faktor für klinische Depression.

Die traditionellen Rollen der Frau machen sie indessen keineswegs für alle psychologischen Störungen anfällig. Männer leiden beispielsweise in unverhältnismäßig höherem Maße als Frauen unter Alkohol- und Drogenmißbrauch, Hyperaktivität und antisozialen Persönlichkeitsstörungen. Es sieht jedoch so aus, als reagierten Frauen auf Verzweiflungszustände anders als Männer. Dies ist vielleicht ein weiterer Grund dafür, daß bei ihnen die Wahrscheinlichkeit einer klinischen Depression höher ist.

Möglicherweise ist die unterschiedliche Art und Weise, wie Männer und Frauen auf Niedergeschlagenheit reagieren, die Ursache der Depression. Die Psychologin Susan Nolen-Hoeksema hat beobachtet, daß Männer den Beginn einer Depression dadurch bekämpfen, daß sie eine Menge neuer oder lustvoller Dinge tun, um sich von ihrer negativen Stimmung abzulenken. Die emotional emphatischeren Frauen konzentrieren sich auf die Stimmung selbst und verstärken sie dadurch.

Wenn Männer und Frauen tatsächlich nicht gleicherweise auf Kummer reagieren – und infolgedessen unterschiedliche Häufigkeit bei verschiedenen Störungen aufweisen –, dann kann jedes Geschlecht vom anderen etwas lernen. Ablenkung mag helfen, jemanden von seiner Verzweiflung abzuschirmen, doch wenn die Ablenkung exzessiv wird, erzeugt sie vielleicht die Gefahr einer anderen Pathologie wie etwa der antisozialen Persönlichkeitsstörung. Andererseits kann es zeitweilig sehr nützlich sein, sich auf seine Gefühle zu konzentrieren, doch im Übermaß kann es auch zu einer klinischen Depression führen.

Annäherung und Rückzug 2: Antisoziale Persönlichkeit

Nicht alle Menschen leiden unter einem Übermaß von Emotionen; manche leiden an einem *Mangel* emotionaler Reaktionsfähigkeit. Solche Menschen werden als «antisozial» oder, wie man es früher nannte, «psychopathisch» bezeichnet. Sie sind fähig, Menschen zu benutzen und mit den Emotionen anderer zu spielen. Sie können «Vertrauenspersonen» sein, die andere ohne jedes Schuldgefühl ausbeuten, etwa in sexueller oder finanzieller Hinsicht. In diese Kategorie gehört auch der allbekannte amoralische Karrieretyp, der Geld macht, seinen Weg «nach oben» geht oder sexuelle Beziehungen hat, ohne an alledem emotional beteiligt zu sein.

Es gibt Nachweise dafür, daß genetische Faktoren zur antisozialen Persönlichkeit beitragen. So haben Kinder krimineller Väter ein weniger reaktives autonomes Nervensystem (ANS, die nicht dem Willen unterworfene Komponente emotionaler Reaktionen) als Kinder von Nichtkriminellen. Bei einer Untersuchung an Hunderten von Jungen hat George Wadsworth die Pulsfrequenz elfjähriger Knaben unmittelbar vor mildem Streß gemessen. Er verglich diese mit ihrer Pulsfrequenz unter direktem Streß und mit späteren Berichten über Straffälligkeit. Diejenigen, deren Pulsfrequenz unter Streß nur gering anstieg, begingen mit sehr viel größerer Wahrscheinlichkeit Straftaten. Auch weisen biologische Verwandte adoptierter Krimineller eine höhere Rate von Kriminalität auf als die durchschnittliche Bevölkerung. Bei Untersuchungen der antisozialen Persönlichkeit trat dasselbe zutage: Die Übertragung durch den biologischen Vater ist zweifellos signifikant.

Warum gibt es in bestimmten Familien Kriminalität? Die meisten Einflüsse sind milieubedingt, aber es bestehen auch ANS-Unterschiede. Individuen unterscheiden sich in ihren Reaktionen auf Bestrafung. Was also ererbt sein könnte, ist eine emotional geringere Reaktion auf Strafe als die normale, so daß diese Individuen, wenn sie wegen einer Verfehlung zur Rechenschaft gezogen werden, die Strafe nicht sonderlich stark *fühlen*. Diesem verminderten Fühlen können psychische Störungen zugrunde liegen. Wenn dazu noch die junge Psyche einer gewalttätigen Welt ausgesetzt ist, wächst sie mit der Auffassung heran, die ganze Welt sei ein gewalttätiger Ort. Diese Kombination kann zu mangelhaftem Erlernen moralischen bzw. gesetzestreuen Verhaltens, zu geringerer Reaktionsfähigkeit auf die Gefühle anderer und zu dem Bedürfnis führen, für sich selbst wie für andere Aufregung zu erzeugen. All dies sind Merkmale der antisozialen Persönlichkeit.

Die meisten Menschen empfinden eine starke emotionale Erregung sowohl vor als auch nach dem Begehen einer Verfehlung. Wir verspüren normalerweise Herzklopfen, wenn wir im Begriff sind, etwas Schlechtes zu tun. Bei soziopathischen Kriminellen geschieht dies entweder nicht, oder sie nehmen ihre Körpersignale nicht auf dieselbe Weise wahr. Stanley Schachter und Bibb Latane führten ein Forschungsprogramm durch, das Strafgefangene, die als soziopathisch diagnostiziert worden waren, mit solchen verglich, die keine Soziopathen waren. Sie stellten fest, daß Soziopathen nicht nur weniger Erregung verspüren, sondern daß sie auch, wenn sie dieselbe physiologische Erregung wie nicht soziopathische Strafgefangene empfinden, ihr Herzklopfen oder die beschleunigte Atmung gar nicht mit drohender Strafe in Verbindung bringen. Sie scheinen von der Möglichkeit zu lernen, etwas Falsches kein zweites Mal zu tun, abgeschnitten zu sein.

Unterstützt wird diese Erkenntnis durch die Tatsache, daß soziopathische Strafgefangene schlechter lernen, wie man ein Problem löst und einem elektrischen Schock ausweicht. Ehe sie Verbrechen begehen, empfinden Menschen gewöhnlich physiologische Erregung und geben dieser ein Etikett wie Leidenschaft, Eifersucht oder Haß. Soziopathen bringen die physiologische Erregung nicht mit Emotionen in Verbindung, und sie begehen selten Verbrechen aus Leidenschaft wie Mord, Vergewaltigung oder Körperverletzung. Dagegen stellen sie einen hohen Prozentsatz der Täter bei nichtemotionalen Verbrechen wie Diebstahl, Einbruch, Betrug und Falschspiel.

Noch einmal: Zwar sind nicht alle Verbrechen zu erklären, doch einige von uns haben vielleicht eine Prädisposition dafür, soziale Normen und die Gefühle anderer Menschen zu ignorieren. Vielleicht liegen also einige der Wurzeln mancher Arten von Kriminalität an den Extremen der Dimension von Annäherung und Rückzug, wo wir auch Depression, Manie und deren Kombination finden.

Bedächtigkeit-Lockerheit 1: Obsessiv-kompulsive Störung

Während Emotionen für unsere moralische Einstellung von grundlegender Bedeutung sind, ist es für unser Selbstgefühl wichtig, daß wir unsere Aktionen und die Informationen aus der Welt im Griff behalten. Individuen, die an den Extremen des Bedächtigkeit-Lockerheit-Kontinuums angesiedelt sind, weisen oft einige der schwerwiegendsten Störungen auf.

Wir überprüfen ständig, was wir tun. Und wir machen uns Gedanken über Dinge wie: Habe ich, bevor ich wegging, das Bügeleisen ausgeschaltet? Ist die Terrassentür verriegelt? Haben die Katzen Futter? Sind meine Kleider sauber? Wir lenken unsere Autos so, daß wir nicht an den Randstein geraten oder gar Menschen anfahren. Um zu vermeiden, an eine Gefahr zu nahe heranzukommen, schauen wir in den Rückspiegel. Die Frontallappen sind an diesem Prozeß der Handlungsprüfung beteiligt.

Nun sind die Menschen natürlich auch in dieser Hinsicht normalerweise sehr verschieden, wie wir in Kapitel 7 sahen. Ich habe beispielsweise einen Freund, der sein Haus offenläßt, wenn er fortgeht, damit seine Freunde hereinkommen können. Er bietet uns an, in seiner Küche zu essen und zu trinken, was wir finden, und wenn wir danach keine Lust zum Abwaschen und Aufräumen haben, läßt er das später von der Hausgehilfin tun. (Gegen eine geringe Gebühr verrate ich Ihnen seinen Namen.) Ein anderer guter Freund hat ein kleines Wochenendhaus, an dessen Tür eine Liste mit mehr als zweihundert Punkten hängt, die im Haus zu überprüfen sind, wenn er ankommt und wenn er es wieder verläßt. Die Liste enthält die genaue Position des Gashahns, die Anzahl der Schachteln mit Cornflakes im Regal, die Wassermenge, die im Tank sein sollte. Selbst seine eigene Familie muß diese Routineüberprüfung durchführen – nach jeder einzelnen Sache schauen und sie dann auf der Liste abhaken.

Die Umstände können unseren individuellen «Besorgtheitskreislauf» verändern und manchmal bewirken, daß wir auf dem Kontinuum weiter nach außen rücken. Wenn ich beispielsweise zum Flughafen fahre, um eine Auslandsreise anzutreten, überprüfe ich wieder und wieder, ob ich Paß und Tickets bei mir habe, obwohl ich eine Reisejacke mit Reißverschlußtaschen besitze, in die ich sie gewöhnlich sorgfältig hineinzustecken pflege. Natürlich müßten Paß und Tickets, wenn sie in der Tasche waren, als ich das Haus verließ, zehn Minuten später auch noch dort sein. Aber ich schaue trotzdem nach. Und oft ertappe ich mich dabei, wie ich eine halbe Stunde später, wenn ich in der Flughafengarage geparkt habe, schon wieder die Tasche abtaste, um mich abermals des Vorhandenseins meiner Papiere zu versichern.

Bei manchen Leuten jedoch bricht die Kontrolle über den Besorgtheitskreislauf zusammen, und die Vergewisserung, die der Besorgtheit ein Ende setzt, wird nie erreicht.

Ich fahre mit neunzig Stundenkilometern den Highway entlang. Ich bin unterwegs, um eine Abschlußprüfung abzulegen. Mein Sicherheitsgurt ist geschlossen, und ich befolge wachsam alle Regeln des Straßenverkehrs. Niemand ist auf dem Highway – keine Menschenseele. Der Anfall von obsessiv-zwanghafter Störung (OCD) trifft mich also ohne jeden Anlaß und ohne Vorwarnung. Fast wie durch Zauberei verzerrt er meine Wahrnehmung der Realität. Es ist niemand auf der Straße, aber ich werde den schrecklichen Gedanken nicht los, ich könnte jemanden angefahren haben ... einen Menschen! Gott weiß, woher diese Einbildung rührt. Ich denke eine Sekunde lang darüber nach und sage mir dann: «Lächerlich! Ich habe niemanden angefahren!» Trotzdem habe ich eine nagende Angst, eine Angst, die ich am Ende nicht loswerde, ohne einen enormen Preis dafür zu bezahlen ... Mich peinigt ein entsetzliches Schuldgefühl, weil ich einen unvorstellbaren Akt der Nachlässigkeit begangen habe. Auf einer Ebene weiß ich, daß das unsinnig ist, aber in meinem Magen sitzt ein schrecklicher Schmerz, und der sagt mir etwas ganz anderes ... Ich beginne zu grübeln. «Vielleicht habe ich jemanden angefahren, ohne es zu merken ... Oh, mein Gott! Vielleicht habe ich jemanden getötet. Ich muß umkehren und nachsehen ...» Seit dem Beginn des Anfalls habe ich siebeneinhalb Kilometer zurückgelegt. Ich wende und fahre an den Ort des möglichen, mysteriösen Unglücks zurück.

Judith L. Rapoport, *Der Junge, der sich immer waschen mußte*

Sich ständig die Hände waschen müssen, sich fürchten, Dinge zu berühren, weil sie schmutzig sein könnten, den ganzen Tag zum Anziehen zu brauchen, weil jeder Schritt gründlich und in einer bestimmten Reihenfolge getan werden muß, sich zu sorgen, man könne jemanden auf der Straße getötet haben (und nur beruhigt sein, wenn man umgekehrt ist und nachgesehen hat), auch alles Unwichtige aufzubewahren, endlos Dinge zu zählen – all das sind Symptome der obsessiv-kompulsiven Störung. Leuten ohne diese Störung mag die OCD absolut bizarr vorkommen. Dennoch ist sie bloß eine extreme Version normalen Verhaltens. Die häufigsten Fixierungen der OCD betreffen Verhaltensweisen bezüglich der Gesundheit und der Sicherheit, die wir als Kinder erlernen – ordentlich, sauber und vorsichtig zu sein. Wenn Sie etwas Schmutziges anfassen, fühlen Sie sich vielleicht erst wieder wohl, nachdem Sie sich gründlich die Hände gewaschen haben. Vielleicht haben Sie ein ausgefeiltes morgendliches Ritual, das Sie darauf vorbereitet, sich von neuem der Welt zu stellen, und wenn Sie einen Schritt auslassen, dann werden Sie sich für einen Teil des Tages wahrscheinlich unwohl fühlen.

Die OCD verrät etwas darüber, wie der Besorgtheitskreislauf des Gehirns dazu beiträgt, daß wichtige Handlungen vollständig ausgeführt werden.

Die Frontallappen und damit zusammenhängende Strukturen, sämtlich entscheidende Teile des Systems von Lockerheit und Bedächtigkeit, sind an der OCD beteiligt. Ein winziger «Apparat», der geschwänzte Nukleus, filtert die Flut angstvoller Gefühle und Empfindungen aus dem orbitofrontalen Kortex (gleich über den Augen) und gibt nur die signifikanten Sorgen zu weiterer Aktion an den Thalamus weiter. Wie der Neurologe Lewis Baxter der Zeitschrift *Time* mitteilte, ist jedoch bei einer Person mit OCD-Problemen der geschwänzte Nukleus «ein sehr schlechtes Exekutivorgan. Es wird mit Botschaften von Schwarzsehern bombardiert. Doch statt Prioritäten zu setzen, regt es sich über sämtliche Botschaften auf und gibt sie an den Betriebsregler weiter.»

Eine ähnliche Interpretation des Befundes durch Thomas Insel von den National Institutes of Mental Health Laboratory of Neurophysiology besagt, daß an OCD Leidende unfähig werden, Zwängen aus dem Sorgensystem zu widerstehen, weil innerhalb des Systems eine abnorme neurale Aktivität herrscht. PETs* der Gehirne von Leuten mit OCD zeigen, daß, wenn ein Teil der Sorgenschleife aktiv ist, auch alle anderen Teile des Systems aktiv sind. Nach erfolgreicher Behandlung besteht kein so starker Zusammenhang mehr zwischen allen beteiligten Hirnzentren. Entweder unterdrückt die Behandlung die Aktivität in einigen Gehirnzentren, oder sie verstärkt sie in anderen; vielleicht tut sie auch beides, um das Gleichgewicht wiederherzustellen. Menschen mit OCD scheinen so zu handeln, als reagierten sie auf innere Warnungen – also Obsessionen. Vielleicht müssen sie zusätzliche mentale Anstrengungen leisten, um zwanghaftes Verhalten zu unterdrücken, was die verstärkte Aktivität des orbitofrontalen Kortex erklären würde, die man in ihren Gehirnen beobachtet hat. Ein Nachlassen im Kampf um die Vermeidung zwanghaften Verhaltens bedeutet vielleicht geringere Aktivität in diesem Hirnbereich, und das kann zu verstärkt impulsivem Verhalten führen.

Einer der deutlichsten Hinweise darauf, daß möglicherweise der Frontalkortex Zwänge gleichsam «unter dem Deckel» hält, ist dem Fall Evans zu entnehmen, der von dem Neurologen Antonio Damasio untersucht wurde. Evan war das älteste von fünf Kindern. Mit 25 Jahren war er Buchhalter, verheiratet und hatte zwei Kinder. Zehn Jahre lang ging alles gut, er wurde befördert und hatte auch sonstige Erfolge im Leben. Nach einer Operation jedoch, bei der ihm ein Tumor (Meningeom) aus dem orbitofrontalen Kortex entfernt wurde, veränderte sich seine Persönlichkeit dramatisch: Er hatte Seh- und Verhaltensprobleme.

Evan war der größte Teil des Frontalkortex herausoperiert

---

* Positronen-Emissions-Tomographien (PETs), siehe S. 16.

worden. Im Gegensatz zu seinem früheren Leben fing er danach an, Fehler zu machen. Er ließ sich auf windige Geschäfte ein. Er verlor die Ersparnisse seines ganzen Lebens. Er verlor seinen Job, und auch seine Ehe zerbrach. Geschlagen kehrte er ins Elternhaus zurück. Was war schiefgelaufen? Seine intellektuellen Fähigkeiten im engeren Sinne waren in Ordnung, aber er konnte keine guten Entscheidungen mehr treffen, und er beschäftigte sich obsessiv mit unwichtigen Dingen. Er brauchte zwei Stunden, um sich morgens für die Arbeit fertig zu machen, und verbrachte einen großen Teil des Tages damit, sich zu rasieren und seine Haare zu waschen. Er verwandte eine Menge Zeit auf die Überlegung, wohin er abends zum Essen gehen sollte, versuchte, sich über die Anordnung der Tische in jedem Restaurant sowie über andere Einzelheiten wie die Zusammensetzung der Speisekarte, die Atmosphäre und das Management zu informieren. Er fuhr zu den jeweiligen Restaurants hin, um zu sehen, wieviel dort zu tun war, doch selbst danach konnte er sich nicht endgültig entscheiden, in welches er gehen wollte. Er bewahrte alles auf, sogar längst eingegangene Topfpflanzen und alte Telefonbücher. Er hatte sechs Ventilatoren, die nicht mehr funktionierten, fünf kaputte Fernsehgeräte, drei Säcke voll leerer Orangensaftdosen, fünfzehn Feuerzeuge und unzählige Stapel alter Zeitungen.

Ohne den Teil des Frontalkortex, den Evan verloren hatte, war er nicht mehr in der Lage, den Prozeß einer Entscheidungsfindung zu beenden, etwa, wann er etwas wegwerfen oder wann er aufhören sollte, die Qualitäten eines Restaurants abzuwägen, statt einfach hineinzugehen und zu essen, ehe sämtliche Lokale schlossen.

Der Gehirnzustand bei OCD ist jedoch nicht hoffnungslos. Sowohl medikamentöse Behandlung als auch Verhaltenstherapie können zur Minderung der Symptome führen. Die Verhaltenstherapie besteht hauptsächlich darin, den Patienten dem Stimulus auszusetzen, der zwanghaftes Verhalten auslöst, z. B. Schmutz. Wenn er dann feststellt, daß die schrecklichen

Folgen gar nicht eintreten, beruhigt sich der Besorgniskreislauf, die seltsamen Verhaltensweisen treten nicht mehr so oft auf, und es gibt Anzeichen dafür, daß sich auch die Hirnphysiologie verändert. Medikamentöse Therapien können ähnliche Resultate erzielen. Der Überprüfungskreislauf geht wieder auf seinen normalen Umfang zurück, und das exzessive Nachdenken hört auf.

Bedächtigkeit-Lockerheit 2: Schizophrenie

Individuen am anderen Ende des Kontinuums von Lockerheit-Bedächtigkeit sind hochgradig desorganisiert statt übermäßig organisiert. Im wesentlichen leiden sie unter einer geschwächten Regulierung von Information und Aktion. Sie haben kaum die Sorgen von jemandem mit OCD, sondern vielmehr einen anderen Mangel: eine gestörte Strukturierung von Wahrnehmungen und Kontrolle ihrer Handlungen. Ein Spleen kann wunderbar sein, aber nicht als Methode, das ganze Leben zu führen, wie es bei Meriel* der Fall war.

Schauen wir uns an, wie wir normalerweise den Informationsfluß regulieren: Der Geist arbeitet so schnell und so beständig, daß wir uns dieses Prozesses gewöhnlich nicht bewußt sind. Die Außenwelt ist voller Informationen über alle möglichen Geschehnisse – ob es regnet, ob jemand eine uns unbekannte Sprache spricht, ob die Geräusche, die wir hören, bedrohlich sind, welches unsere nächsten Bedürfnisse sind, in welcher emotionalen Stimmung wir uns befinden. Unser mentales System vereinfacht und selektiert, filtert und interpretiert all diese Informationen.

Normalerweise filtern wir das Irrelevante aus. Wenn Sie wieder mal auf einer Party sind, achten Sie darauf, wie mühelos Sie der Person zuhören können, mit der Sie sich unterhalten, obwohl ringsum viele andere Gespräche im Gange sind. Und nun

* Siehe S. 77 f.

machen Sie das Experiment, ohne allzu unhöflich zu sein, sich auf eines der anderen Gespräche im Hintergrund «einzustellen». Sie werden bemerken, daß das nicht schwer ist. Sie brauchen nur das Filtern der Information «umzustellen». Dies geschieht übrigens ganz automatisch, wenn jemand Ihren Namen erwähnt oder etwas Schockierendes sagt. Auf diese Weise behalten wir Kontrolle über das, was rings um uns geschieht, und wir stellen uns jeweils auf das ein, was für uns von zentraler Bedeutung erscheint. Diese Konzentration der Aufmerksamkeit erlaubt es uns auch, unsere Handlungen zu steuern. Der größte Teil des Prozesses ist automatisch. Individuelle Geräusche, z. B. Worte, werden durch die sofortige Interpretation unseres Gehirns quasi zu Informationen höherer Ordnung. Manchmal überinterpretieren wir allerdings die zahlreichen Geräuschbruchstücke, die wir hören, und erleben sie durch dieses Konstrukt als bedeutungsvoll. Wenn wir dadurch in Verhaltensschwierigkeiten geraten, sind unsere Funktionen möglicherweise gestört.

Ein Büroangestellter, der anfängt, taub zu werden, dies aber nicht weiß, wird unbewußt das «ersetzen», was er nicht hören kann, und seine Arbeit fortsetzen. Vielleicht aber «hört» – das heißt, deutet – er falsch und beginnt daher, Fehler zu machen. Kein Mensch kann ständig alles wahrnehmen, was um ihn herum passiert. Dazu reicht schon allein die Zeit nicht aus. Also füllen wir die Lücken nach dem uns bekannten Muster, indem wir den Rest konstruieren.

Nehmen wir an, Ihr Gehör ließe nach, ohne daß Sie es bemerken. Vielleicht meinen Sie, die anderen flüsterten in Ihrer Gegenwart. Unsere normalen Wahrnehmungsmechanismen interpretieren sensorische Eingaben auf die einfachste sinnvolle Weise, also würden Sie vermutlich annehmen, daß die Leute flüstern, weil sie nicht wollen, daß Sie sie hören. Vielleicht deuten Sie das so, daß die anderen Sie nicht mögen, daß sie sich gar gegen Sie verschwören oder zumindest planen, Sie von irgendeiner Aktivität auszuschließen. Aus dieser Interpretation fehlerhafter Informationen kann ein Zustand resultieren, der als *sen-*

sorische Paranoia bekannt ist. Es kann aber auch zu Schizophrenie kommen. Folgender Auszug stellt ein extremes Beispiel hierfür dar:

Nach dem Abendessen saß ich ruhig im Tagesraum und versuchte fernzusehen. Die Medikamente hatten mich ziemlich langsam gemacht, und selbst die einfachste Bewegung schien ewig zu dauern.
Die Stimmen versammelten sich hinter mir und lieferten unaufhörlich Kommentare zu allem, was ablief.
Eine Krankenschwester durchquerte den Tagesraum auf dem Weg zu einem anderen Flur. «Da geht die Schwester», sagte eine Stimme.
Ein Lichtblitz fuhr durch den Tagesraum und erlosch ebenso plötzlich. Hatte ich das wirklich gesehen?
«Schon wieder ein Komet», sagte eine Stimme.
Okay, ich hatte es gesehen. Das konnte nur eines bedeuten: Die Anderen Welten drangen noch weiter in diese Welt ein. Der Komet war ein Zeichen dafür gewesen.
«Alles in Ordnung», beruhigte mich Hal mit seiner zuckersüßen Stimme. «Wir sind ja bei dir.»
Interferenzmuster begannen sich in der Luft zu materialisieren. Ich starrte auf ihre bunten Wirbel und beobachtete, wie als Reaktion auf jedes Geräusch im Raum neue Muster auftauchten. Wenn die Stimmen sprachen, verschoben sich die Muster, wie sie es bei anderen Lauten auch taten. Es war wie ein Vampirtest: Vampire haben kein Spiegelbild; und nicht existierende Stimmen sollen die Muster nicht so beeinflussen wie andere Geräusche. Ich hatte also den wissenschaftlichen Beweis dafür, daß die Stimmen genauso real waren wie alles andere auf der Welt. Ja, sie schienen sogar noch realer zu sein.
Erschreckend. Ich wußte nicht, ob die Existenz in der Anderen Welt wirklich großartig und göttlich sein würde, von Menschen nicht zu beschreiben, eben geradezu himmlisch, oder ob sie wie die schlimmste vorstellbare Hölle sein würde.

Ich wußte nicht recht, ob ich wollte, daß es passierte, oder nicht. Einerseits wollte ich das Auftauchen von etwas Gutem nicht beenden, aber wenn es drohte, höllisch zu werden, würde ich versuchen müssen, es zu verhindern. Ich erstarrte, denn ich wollte durch meine stimulierenden Körperbewegungen durchaus keine weiteren Muster hervorrufen. Ich wollte nicht eine solche Veränderung auf der Welt fördern und für die Folgen verantwortlich sein. Lebe dein Leben als Gebet, erinnerte ich mich. Ich hörte einen Nachrichtensprecher im Fernsehen meine Worte nachplappern: «Lebe dein Leben als Gebet.»

Trotzdem war das ein guter Rat an die Welt. Der Nachrichtensprecher hatte meine Gedanken verkündet! Die Kommunikationssysteme, die von der Anderen Welt hereingebracht worden waren, waren unglaublich raffiniert, viel raffinierter, als ich zu begreifen vermochte. Die ganze Welt betete also jetzt mit mir. Eine Krankenschwester setzte sich neben mir auf die Couch und legte ihre Hand auf meinen Arm. «Carol, was ist mit Ihnen? Sie sitzen einfach da und tun nichts. Langweilen Sie sich?»

Das Geräusch ihrer Stimme erzeugte neue Wellen von Mustern, die durch die Luft vor uns wirbelten.

«Pssst! Sie wissen nicht, was Sie tun! Um Gottes willen, helfen Sie der Anderen Seite nicht.»

Sie schüttelte sanft meinen Arm. «Carol, ich finde, Sie sehen verängstigt aus. Habe ich recht?»

«O nein, jetzt haben Sie es getan, Sie haben uns unwissentlich in dieses bodenlose Loch geschleudert. Mit der Kraft Ihrer Bewegung haben Sie bewirkt, daß wir weiter fallen.»

Die Krankenschwester stand auf, um Hilfe zu holen. Sie kam mit zwei Pflegern zurück, die mich von der Couch hoben, in mein Bett trugen und mich dort allein in der Dunkelheit liegen ließen. Die ganze Zeit wirbelten die Muster durch die Luft und schlugen über meinem Kopf zusammen wie Flutwellen. Würde irgend jemand von uns diese Tortur überleben?

Ohne mich zu bewegen, wandte ich die Kräfte meiner Konzentration an und beruhigte nach und nach die turbulenten Wasser der Anderen Seite. Die Interferenzmuster in der Luft begannen zu verblassen. Wenn ich nur für unbestimmte Zeit still liegen konnte, würde ich vielleicht eine Chance haben.

Carol North, *Welcome, Silence*

Eine Frau, die eine ähnliche Episode erlebt hatte, wurde später psychiatrische Krankenschwester. Sie schreibt: «Ich besaß nur eine sehr geringe Fähigkeit, das Relevante vom Irrelevanten zu trennen. Der Filter war zusammengebrochen. Völlig zusammenhanglose Ereignisse nahmen in meiner Vorstellung eine enge Verbindung an.»

Diese Mängel in der Aufmerksamkeitssteuerung treten oft vor dem Einsetzen einer Episode wie der eben geschilderten auf.

Zwar ist «Schizophrenie» als Diagnose nicht annähernd so präzise wie OCD, doch sie bezeichnet eine Gruppe von Störungen, die eine schwere Desorganisation der mentalen Fähigkeiten beinhalten. Eine milde Desorganisation kann möglicherweise ein Individuum von starren Methoden oder Angewohnheiten befreien, Dinge nur noch völlig routiniert zu tun, doch die fundamentale Desorganisation verursacht Störungen in allen Lebensbereichen, sei es das soziale Funktionieren, seien es die Gefühle und das gesamte Verhalten.

Es gibt Denkstörungen, die mit der Schizophrenie oft einhergehen. Schizophrene erliegen leicht dem Wahn, jemand spioniere ihnen nach, und sie geben harmlosen Geschehnissen eine unangemessene, ungewöhnliche oder unsinnige Bedeutung. (Ich hörte von einem Mann, der überzeugt war, daß Ronald Reagan ihm bei einer seiner Fernsehreden persönliche Anweisungen gab.) Zu anderen Wahnvorstellungen gehören die *Gedankensendung:* der Glaube, andere könnten die eigenen Gedanken hören, die *Gedankenübertragung:* die Annahme, fremde Gedanken drängen in die eigenen ein, *Gedankenentzug:* die Überzeugung, die eigenen Gedanken würden einem aus dem Kopf gestohlen, und der Wahn, *kontrolliert* zu werden: der Glaube, die eigenen Gedanken und Handlungen würden von äußeren Mächten kontrolliert.

Auch die *Form* des Denkens ist gestört, es kommt zu einer Lockerung der Assoziationen, und die Gedanken wechseln ohne erkennbaren Zusammenhang von einem Thema zum anderen. Häufig treten auditorische Halluzinationen («Stimmen») auf, doch es kann auch visuelle und olfaktorische Halluzinationen geben. Die Gefühle sind abgestumpft, das Selbstgefühl verzerrt. Welche mögliche Anpassung könnte bei der Schizophrenie in Frage kommen? Für den, der an dieser Störung leidet, wohl keine, wie ich fürchte. Betrachten wir die Schizophrenie als Extrem eines Kontinuums und schauen uns an, welchen Vorteil Individuen, die der Schizophrenie nahe sind, haben könnten.

Zunächst gibt es eine gewisse Korrelation zwischen Begabung, gesellschaftlicher Prominenz und Schizophrenen *in der Verwandtschaft.* Menschen, auf die das zutrifft, erzielen oft großen Erfolg in Wissenschaft, Kunst oder dem Streben nach Macht. Der Genetiker John Karlsson benutzte Daten aus seiner Heimat Island und fand eine große Anzahl von Schizophrenen, die biologisch eng mit überragend kreativen Personen verwandt waren. Dies würde nahelegen, daß die für die Wurzeln der Schizophrenie verantwortlichen Gene auch einer gewissen Kreativität zugrunde liegen. Diejenigen, die *etwas* von der Lockerheit und Offenheit an diesem Ende des Kontinuums mitbekommen haben, nützen möglicherweise der Gesellschaft durch ihre Fähigkeit, unvorhergesehene Zusammenhänge herzustellen, während diejenigen, die *zuviel* davon haben, wahrscheinlich hoffnungslos desorganisiert sind.

Wenn sie beispielsweise einen Fahrradsattel und eine Lenkstange so anordnen würden, daß die Handgriffe über das breite Ende des Sattels hinausragen und dadurch die abstrahierte Skulptur eines Stiers herstellen, wären Sie Picasso. Wenn Sie aber beschließen würden, einen Fahrradsattel und eine Lenkstange kleinzuhacken, um daraus Hamburger zu machen, wären Sie verrückt.

OCD kann man als starke Verlangsamung des Denkens betrachten, und manchmal nennt man sie auch *überexklusiv*. Sie begrenzt das Denken auf einen einzigen Gedanken, etwa: «Habe ich jemanden angefahren?» Gewisse Formen der Schizophrenie dagegen repräsentieren eine unerwünschte Lockerheit – ein allzu weites Öffnen der Tore –, einen Zustand, den man gelegentlich als *überinklusiv* bezeichnet. Manche Schizophrene haben also Schwierigkeiten, den Inhalt ihres Bewußtseins zu begrenzen, und folglich mißdeuten sie die Information, die sie empfangen.

Außerdem gibt es bei Schizophrenen keine Trennung zwischen verschiedenen wahrgenommenen Gegenständen oder auch zwischen ihnen und der Welt. Die Metapher der Hautlosigkeit, in Kapitel 7 erwähnt, tritt immer wieder auf. Die Schriftstellerin Sylvia Plath schrieb in ihrem Roman *Die Glasglocke* (dt. 1969): «Es ist, als hätte keiner von uns eine Haut, zumindest aber ich nicht.» Dieses Gefühl der Hautlosigkeit, bei dem man sich empfindet wie ein der ganzen Welt geöffneter Kanal, scheint ein zentraler Punkt der schizophrenen Erfahrung zu sein. Wenn es keine sorgfältige Filterung, keine Bedächtigkeit gibt, dann fließt die Information ungehindert und uneingeschränkt nach innen. Plath schreibt: «Ich habe Angst. Ich bin nicht fest, sondern hohl. Ich spüre hinter meinen Augen eine dumpfe, gelähmte Höhlung, eine Höllengrube, das Nichts.»

Ein Psychiater beschreibt den Märchendichter Hans Christian Andersen so:

Sein Hauptinteresse galt seinem kleinen Puppentheater. Dort begann er, seine Geschichten zu erfinden ... Seine «Hautlosigkeit» war nur zu offensichtlich ... Er selbst hat sein Überleben damit begründet, daß er eine große Fähigkeit besaß, sich von der gegenwärtigen Realität in seine Phantasie zurückzuziehen, und so verwandelte er eine unfreundliche, oft kriegerische Welt in ein Märchen.

Gordon Claridge hat viele Erkenntnisse darüber beigetragen, was Schizophrenen und jenen Personen gemeinsam ist, die ihnen auf meinem Kontinuum von Lockerheit und Bedächtigkeit nahestehen. So wie zur Schizophrenie die Unfähigkeit gehört, die Inhalte des Bewußtseins zu begrenzen, sind alle nicht von ihr Betroffenen in bezug darauf verschieden, wie viele irrelevante Informationen in ihr Bewußtsein eindringen.

Als den Schizophrenen nahestehend werden «schizotypische» Individuen klassifiziert, die «magisches Denken» aufweisen, oft sozial isoliert sind, immer wieder Illusionen, argwöhnische Gedanken produzieren, Züge latenter Paranoia erkennen lassen und Kommunikationsängste haben. Trotzdem hat eine Reihe von Studien gezeigt, daß schizotypische Personen sich dessen, was in ihnen vorgeht, sehr viel bewußter sind als andere Menschen. Sie verfügen über einen größeren Assoziationsreichtum, der in milder Form zu Kreativität führen kann – jedoch, wenn die Hemmungen wegfallen, zu Inkohärenz und totalem Zusammenbruch.

Claridge ist der Ansicht, daß manche Individuen mit dieser Störung die gewöhnliche Bedächtigkeit in den frühen Stadien ihrer sensorischen Informationsverarbeitung verschließen und dies zu großer Variationsbreite der Informationen führt, die das Bewußtsein erreichen. Dieser Auffassung zufolge sind schizophrene Symptome (Stimmen, Paranoia usw.) auf eine Fehldeutung des Informationsflusses zurückzuführen. Vom Schizophrenen werden die Hintergrundgeräusche, die wir in einer Menschenmenge oder in einem Raum so nebenbei hören, als Stimmen gedeutet, die ihm sagen, was er tun soll.

Wenn bei schizophrenen und schizotypischen Personen tatsächlich irrelevantes Material in das Bewußtsein eindringt, so spricht dies dafür, daß die Wahnvorstellungen daher rühren, daß das Gehirn versucht, dieser irrelevanten Information einen Sinn zu geben. Claridge führte ein Experiment durch, um dieses Phänomen näher zu untersuchen, und verwandte dabei den «negativen Instruktionseffekt». Bei dem Experiment mußte eine Person einen Bildschirm betrachten, auf den kurz eine

Reihe von Symbolen projiziert wurde; die Person wurde dann aufgefordert, alle Symbole bis auf ein bestimmtes, das «Zielsymbol», zu ignorieren. Die anderen Symbole waren nur als «Ablenkungssymbole» gedacht. Normalerweise schneiden Personen, die solchen widersprüchlichen Informationen ausgesetzt werden, schlechter ab als diejenigen, die ihnen nicht ausgesetzt werden, da sie abgelenkt sind.

Wenn danach eines der Ablenkungssymbole zum Zielsymbol wurde, reagierten die meisten, also die nicht schizophrenen Probanden langsamer auf das neue Ziel als beim ersten Mal. Das lag daran, daß sie sich darauf eingestellt hatten, die Ablenkungssymbole zu ignorieren. Nun brauchten sie eine Weile, um die Zielrichtung ihres regulierenden Filters zu ändern. Bei Schizophrenen jedoch war diese Verzögerung nicht zu registrieren, da sie ihren Filter überhaupt nicht kontrollieren können. Daher zeigte sich der negative Instruktionseffekt bei ihnen wesentlich schwächer.

Claridge stellte außerdem fest, daß stark schizotypische Personen sich langsamer als Normale mit einem Wortpräsentationsexperiment vertraut machen. Sie lassen mehr Einflüsse in ihr Bewußtsein treten und empfinden die vielen Ablenkungen darunter nicht als Nebensächlichkeiten, da die bedächtige Ordnung der hereinkommenden Ereignisse bei ihnen nicht funktioniert. Ihre Filter sind offener für Erfahrungen und Informationen aller Art und desgleichen für alle möglichen eigenen Gedanken. Diese Studie lieferte einen der ersten direkten Nachweise dafür, daß Desorganisation und größere Variabilität der ins Gehirn eintretenden Informationen beim schizotypischen Denken und bei einigen Formen der Schizophrenie eine Rolle spielen.

Bei Individuen, die auf das Kontinuum von Lockerheit-Bedächtigkeit näher der Mitte angesiedelt sind, stellen wir fest, daß diese größere Variabilität in der Menge der empfangenen Informationen einen starken Einfluß auf ihr Leben ausübt. Wenn jemand ein Nervensystem hat, das eine variable Menge von Informationen aufnimmt, manifestiert sich das möglicherweise in unsicherem Denken und Urteilen, in Launenhaftigkeit oder unguter Impulsivität. Mit anderen Worten, Menschen, die plötzlich ihre Ehe oder Beziehung emotional «ganz anders» sehen, die ihre Meinung «total ändern», selbst nachdem sie einen Handlungsablauf scheinbar gründlich durchdacht haben, tun dies vermutlich aufgrund von Variationen in ihrem Informationsfluß. Dies gilt für etwa 10 Prozent der Schizophrenen. Die Manifestationen dieser variablen Information können zum dominierenden Merkmal dieser Personen werden, wie es bei Meriel der Fall war.

Diese Betrachtungsweise von Ordnung und Störung wird sicherlich einige Debatten hervorrufen. Darum möchte ich noch einmal betonen, daß die Idee der drei Kontinua eine Theorie zur Beschreibung *verschiedener Individuen* ist und nicht eines Prozesses, der innerhalb einer Person existiert. Zwar weicht jedes einzelne Individuum zu bestimmten Zeiten ein wenig von seinem sonstigen Standpunkt in diesem Kontinuum ab und wird mehr oder weniger emotional oder mehr oder weniger erregbar, doch die Extreme wie OCD, Manie und Schizophrenie sind echte diskontinuierliche Zusammenbrüche.

Jeder – also nicht nur bedächtige Personen – kann erleben, daß der «Sorgenkreislauf» in seinem geschwänzten Nukleus zerbricht und er daher mit größerer Wahrscheinlichkeit an OCD erkrankt. Aus dieser Sicht ist es allerdings kein Zufall, daß der betreffende Kreislauf Teil des Frontallappen- und limbischen Systems ist, das der Organisation unserer Handlungen zugrunde liegt. Aber wenn Sie so sind wie mein Freund, der eine zweihundert Punkte umfassende Prüfliste für sein Wochenendhaus aufgestellt hat, dann ist die Wahrscheinlichkeit, daß Sie OCD haben, wohl nicht größer als bei meinem anderen, «lockereren» Freund, der ein offenes Haus führt. Das Kontinuum ist eine Art und Weise, verschiedene Menschen auf einer festen Dimension anzusiedeln, und vielleicht hilft es mit, die Beziehung zwischen Ordnung und Störung und die zugrunde liegenden Hirnmechanismen zu verstehen.

DRITTER TEIL
Rasse, Geschlecht und Familie

KAPITEL 10
Hautfarbe, kulturelle Unterschiede und Individualität

Zwar beeinflußt das Temperament alles, was wir tun, aber es ist natürlich nicht das einzige, was uns beeinflußt. Wir sind das Produkt einer Mischung aus vielen Einflüssen, die nichts miteinander zu tun haben. Ob wir schwarz oder weiß sind, hat nichts damit zu tun, ob wir Erst- oder Zweitgeborene sind oder ob unsere Eltern sich scheiden ließen oder nicht, und wiederum hat keiner dieser Faktoren irgend etwas damit zu tun, ob wir Rechts- oder Linkshänder sind. Und doch trägt jeder dieser Faktoren zu unserem Persönlichkeitsbild bei. Im folgenden wollen wir einige der offensichtlichsten Unterschiede zwischen Individuen, nämlich Rasse, Familie und Geschlecht, betrachten.

In jeder Menschenansammlung kann man feststellen, wie unterschiedlich die Leute doch sind. Sie können sehr klein oder sehr groß sein, sie können weiße bis pechschwarze Haare haben, hellblaue bis dunkelbraune Augen, und sie können siebzig Pfund wiegen oder einige hundert. Unsere Nasen sind verschieden groß, unsere Herzen und unser Puls sind unterschiedlich, sogar unser Magen sieht nicht genauso aus wie der Magen anderer Leute. Wir sind verschiedenen Geschlechts und unterscheiden uns darin, welche Hand wir zum Schreiben und Zeichnen bevorzugen und welches Auge dominant ist. Selbstverständlich sind auch unsere Gehirne unterschiedlich: Sie sind so verschieden wie unsere Gesichter. Welcher dieser Unterschiede aber hilft uns, unser individuelles Selbst zu identifizieren? Welcher spielt eine dominante Rolle?

Die Hautfarbe ist eines der offensichtlichsten Merkmale der Menschen. Schließlich ist die Haut so ziemlich das einzige, was wir von uns und anderen sehen. Weil sie so sichtbar, so offenkundig und flächendeckend ist, spielt ihre Farbe eine wesentliche Rolle für unser Selbstverständnis und beim Verständnis anderer. Wenn wir also hören, daß ein Volk einer bestimmten Hautfarbe besonders intelligent ist oder daß ein anderes besonders kriegerisch ist, dann hat eine solche Feststellung für uns leicht mehr Gewicht, als würde die Unterscheidung auf der Grundlage von Blutgruppe, Haarfarbe oder gar der Form des Gehirns getroffen. Wenn Sie also Asiate sind, sind Sie dann das Produkt überlegener Gene für Intelligenz? Wenn Sie Schwarzer, Indianer oder Südsee-Insulaner sind, sind Sie dann etwa das Produkt minderwertiger Gene? Ich glaube zwar, daß es klare Nachweise für starke ererbte Komponenten in unserer Individualität gibt, aber es gibt sehr wenige Gründe für die Annahme, daß die Rasse irgend etwas damit zu tun hat. Rasse bzw. Rassenunterschiede einerseits und die Bedeutung der Gene bzw. Genetik für unser Leben andererseits sind häufig miteinander verwechselt worden.

Die Betrachtung genetischer Unterschiede zwischen den Rassen führt immer wieder und scheinbar automatisch zu qualitativen rassischen Unterscheidungen oder, was noch schlimmer ist, zur institutionalisierten Diskriminierung oder, noch schlimmer, zur Barbarei. Nur allzu lange ist genetischer Determinismus in rassischen Determinismus umgemünzt worden, und das Konzept wurde benutzt, um grauenhafte Einrichtungen zu «rechtfertigen», von den Konzentrationslagern über die Apartheid bis zu ethnischen Säuberungen. Kein Erbe, auf das wir stolz sein können. Die ernste Frage lautet, wie wir mit der Vielfalt der genetischen Anlagen im Hinblick auf rassische Unterschiede zurechtkommen können, ohne in eine dieser tückischen Fallen zu geraten, die unser Denken uns bekanntlich stellt.

Da sie so häufig untersucht worden ist, kann die Intelligenztestung unterschiedlicher Rassen als Paradigma für die Betrachtung anderer Bestandteile der Individualität gelten. Tests mit

Papier und Bleistift werden einer großen Anzahl von Leuten vorgelegt, und wenn diese anschließend nach ihrer Hautfarbe klassifiziert worden sind, werden die Unterschiede gemessen. So erhält man ein klares Ergebnis – das allerdings ganz unterschiedlich interpretiert wurde. Gegenwärtig schneiden im größten und sozial am stärksten differenzierenden Test, nämlich dem IQ-Test, Schwarze, Indianer und eingeborene Hawaiianer mit Werten zwischen 80 und etwas über 90 ab, während Weiße im Schnitt 100 Punkte erzielen.

Es wäre amüsant, wenn es nicht so erschreckend wäre, herkömmliche, geradezu archaische Prognosen darüber zu zitieren, was passieren würde, wenn die eine oder andere Gruppe an die Macht käme oder Frauen das Wahlrecht erhielten. Aber schauen Sie sich einmal an, was renommierte Wissenschaftler über Rasse und Intelligenz gesagt haben. Der amerikanische Psychologe Lewis M. Terman, der den Stanford-Binet-Standard-IQ-Test entwickelt hat, stellte 1919 fest, daß «hochgradiger Schwachsinn besonders häufig in spanischen, indianischen und mexikanischen Familien ... und auch unter Negern» vorkomme.

Arthur Jensen, Psychologe in Berkeley/Kalifornien, meinte 1969, kompensatorische Ausbildungsprogramme, die versuchten, die Intelligenz schwarzer Kinder zu verbessern, würden fehlschlagen, weil die Unterschiede im IQ angeboren seien. Richard Herrnstein von der Harvard-Universität schrieb 1977, die USA würden sich allmählich zu einer auf Vererbung basierenden «Meritokratie» entwickeln.

Wenn Reichtum und Komplexität der menschlichen Gesellschaft zunehmen, wird aus der Masse der Menschheit eine Gruppe mit geringer Fähigkeit herausfallen ..., die nicht um Erfolg und Leistung konkurrieren kann und wahrscheinlich Eltern hat, die bereits ähnlich versagt haben ... Die Tendenz zur Arbeitslosigkeit kann in den Genen der Familie liegen, genau wie schlechte Zähne dies heute tun.

Jede ethnische Gruppe, die in die Vereinigten Staaten eingewandert ist, ist mit solchen Vorurteilen belegt worden. Als sich die ersten Italiener in den Vereinigten Staaten anzusiedeln begannen, galten selbst sie, die Nachfahren der Renaissancemenschen, als minder intelligent.

In Wahrheit reichen die Unterschiede zwischen den Rassen nur gerade bis unter die Haut, sind also im wahrsten Sinne des Wortes oberflächlich, ebenso wie Hautfarbe, Lidfalten und Schweißdrüsen. Es gibt keine Nachweise für Unterschiede in Gehirngröße, -form, -organisation oder -struktur zwischen Menschen verschiedener Rassen. Aber die Haut ist das, was wir sehen, und daher neigen wir dazu, Menschen vor allem danach zu klassifizieren.

Dabei übersehen wir, daß die scheinbar einfache Klassifizierung in Rassen willkürlich und unscharf ist. Nur ein kleiner Bruchteil einer Gruppe besitzt das gesamte Spektrum der Merkmale, die sie angeblich charakterisieren. So wurde z. B. festgestellt, daß nur 10 Prozent aus einer großen Gruppe schwedischer Offiziere blondes Haar und blaue Augen hatten, obwohl wir diese Merkmale mit der Kategorie «ein typischer Schwede» assoziieren.

Tatsächlich sind solche Klassifizierungen reine Theorie, sobald wir die realen Vererbungsfaktoren betrachten; denn «Rasse» ist nie Mutter oder Vater von jemandem. *Die Menschen bekommen ihre Gene von ihren Eltern und nicht von einer rassischen Gruppe.* Analysen genetischer Unterschiede zeigen, daß ethnische Gruppen sich in den Typen der Gene substantiell nicht unterscheiden, aber innerhalb jeder ethnischen Gruppe gibt es große Unterschiede zwischen Individuen. Der durchschnittliche genetische Unterschied zwischen zwei Italienern oder zwei Malaien ist mehr als zehnmal größer als der durchschnittliche genetische Unterschied zwischen Italienern und Malaien.

Intelligenz, Vererbung und IQ

Sandy Jackson ist sieben. Soeben wurde sie getestet, erhielt einen IQ von 70 und wurde als «geistig zurückgeblieben, aber lernfähig» klassifiziert. Sie konnte Aufgaben wie «Tasse verhält sich zu . . . wie Stuhl zu Fußboden» nicht korrekt lösen, da die Antwort «Untertasse» lautet und es in ihrer Familie – es sind arme Schwarze – keine Untertassen hat. Sie schrieb «Tisch». Mit ihrer Klassifizierung fällt sie in eine Kategorie, die sie unten halten soll.

Die Punkteverteilung beim häufig angewandten Binet-Intelligenztest hat große Kontroversen ausgelöst, da diese Tests dazu benutzt werden, Kinder in Schulen zu klassifizieren. Diejenigen mit geringen Werten – beispielsweise mit einem IQ von 60 bis 80 – können in Klassen für «geistig zurückgebliebene, aber lernfähige» Kinder untergebracht werden. Manchmal ist diese Einteilung berechtigt und dient dem Interesse des Kindes. Es gibt zurückgebliebene oder gestörte Personen, die in einem traditionellen Klassenzimmer keine überdurchschnittlichen Leistungen vollbringen können. Oft jedoch werden durch die Standardtests Kinder diskriminiert, deren sozialer Background sich von der Norm unterscheidet, und die Norm ist gewöhnlich weiß, männlich und gehört der Mittelklasse an.

Es *gibt* zwar eine ererbte Komponente der schwer zu fassenden Qualität, die wir Intelligenz nennen, aber die Natur dieses Erbes ist zweifelhaft. Vergleichen wir die Beziehung von IQ zu genetischer Ähnlichkeit: Wenn der IQ ererbt ist, dann sollten, je ähnlicher die genetischen Strukturen von Leuten sind, auch ihre IQs ähnlicher sein. Eine große Untersuchung an der Universität von Minnesota unter Thomas Bouchard kam zu dem Ergebnis, daß eineiige Zwillinge, zusammen aufgewachsen, eine erstaunlich hohe Korrelation aufwiesen (0,86, also nahe an der perfekten Korrelation von 1,00); die Korrelation bei eineiigen, getrennt aufgewachsenen Zwillingen war geringer, aber noch immer signifikant (0,72); die von zweieiigen, zusammen aufgewachsenen Zwillingen war geringer (0,60); bei zusammen aufgewachsenen Geschwistern betrug die Korrelation 0,47; bei getrennt aufgewachsenen Geschwistern war sie noch geringer (0,24). Intelligenz wird noch durch viele andere genetische Faktoren bestimmt. Zwar scheint die genetische Struktur etwa bei Leseschwäche nur eine moderate Rolle zu spielen, die Fähigkeit zur Rechtschreibung hingegen scheint erblich zu sein.

Bei einer anderen Untersuchung an der Universität von Minnesota führten Auke Tellegen und Kollegen einen Test, den Multidimensionalen Persönlichkeits-Fragebogen, mit 217 eineiigen und 114 zweieiigen, zusammen aufgewachsenen Zwillingspaaren und 44 eineiigen und 27 zweieiigen, getrennt aufgewachsenen erwachsenen Zwillingspaaren durch und analysierten dann die Ergebnisse in bezug auf genetische Auswirkungen auf Faktoren wie Interessiertheit, Erregbarkeit, Neigung zum Lügen. Sie fanden Erbähnlichkeiten von 0,39 bis 0,58. Diese Quote war sehr viel höher als erwartet. Selbst Verantwortungsgefühl scheint eine genetische Komponente zu haben.

Eineiige Zwillinge besitzen eine identische genetische Ausstattung, und sie sind sich auch in ihren IQs am ähnlichsten. Bezüglich der Ähnlichkeit an nächster Stelle stehen zweieiige Zwillinge und Geschwister; sie ähneln sich etwas weniger, aber noch immer signifikant. Eltern und Kinder weisen auch eine Relation auf, aber wenn die genetische Ähnlichkeit abnimmt, nimmt auch die Entsprechung der IQs ab. Ebenso hat die Umgebung einen wichtigen Effekt. Die IQs von genetisch verwandten Kindern, die zusammen aufgewachsen sind, sind sich viel ähnlicher als die von genetisch verwandten Kindern, die getrennt aufwuchsen. Die Korrelation zwischen dem IQ der Pflegeeltern und dem des Pflegekindes beträgt 0,30 – ein guter Indikator dafür, daß die Umgebung eine wichtige Rolle spielt.

Trotzdem wird in IQs eine «rassische Kluft» deutlich, und wenn wir sie näher betrachten, treten viele neue Faktoren in Erscheinung. Die Kluft ist mit der zwischen den Privilegierten und den Machtlosen in vielen Kulturen vergleichbar. Die Benachteiligten, wie etwa die sephardischen Juden in Israel, haben, verglichen mit den «begünstigten» aschkenasischen Juden, um 10 bis 15 Punkte niedrigere Werte in den IQ-Tests als die Privilegierten. In Amerika gibt es diesen Abstand zwischen sephardischen und aschkenasischen Juden nicht. Sollte wirklich etwas an solchen rassischen Effekten dran sein, dann dürfte es keine Rolle spielen, ob man seine Gene von seinem Vater oder seiner Mutter bekommt. Trotzdem haben Kinder weißer Mütter und schwarzer Väter höhere IQs als Kinder schwarzer Mütter und weißer Väter – vermutlich, weil weiße Mütter mehr mit ihren Kindern sprechen als schwarze Mütter. Eine Untersuchung der IQs von 129 Kindern gemischtrassiger Paare ergab folgendes: Mit vier Jahren hat die Beziehung zwischen der Hautfarbe der Mutter und dem IQ des Kindes einen Wert von 6 bis 7 IQ-Punkten, und dieser Abstand wächst bei beiden Gruppen, je mehr die Welterfahrung divergiert.

John Ogbu, ein nigerianischer Anthropologe, sieht den kritischen Faktor in der «niedrigkastigen» Weltsicht bestimmter Gruppen. Er nimmt an, daß die Besitzlosen das Erlernen des Ideengutes der Hauptkultur, das bei ihnen in der Schule erfolgt, als Illoyalität gegenüber ihrer eigenen Kultur sehen. Eine Untersuchung an zwei Gruppen von gleich intelligenten schwarzen High-School-Schülern, von denen die eine gut abschnitt, die andere scheiterte, stützt diese Auffassung. Die, die schlecht abschnitten, hatten das Gefühl, fleißig zu sein bedeute, «wie Weiße zu handeln». Es ist bezeichnend, daß derselbe Abstand in IQ-Werten und sozialem Erfolg auftritt, wo immer in einer Gesellschaft kastenähnliche Unterteilungen existieren.

Andere Gruppen in den Vereinigten Staaten übernehmen diese «niedrigkastige» Mentalität nicht. Koreaner, die oft von Schwarzen beneidet werden, und Chinesen, die allgemein beneidet werden, sind eingewandert, um einen höheren Status zu erwerben. Ogbu merkt an, daß sie sich mit den ärmeren Leuten zu Hause vergleichen und nicht mit den reichen Weißen in den USA. So haben sie das Gefühl, selbst in untergeordneten Jobs besser dran zu sein als vorher.

Die ersten amerikanischen Schwarzen waren Sklaven, und amerikanische Indianer und eingeborene Hawaiianer sind beide Angehörige besiegter Naturvölker. Andrew Hacker hat darauf hingewiesen, daß die USA die einzige Nation sind, die Menschen zum Zwecke der Sklaverei importiert haben. Die Kultur der amerikanischen Mehrheit mußte die Verwendung von Schwarzen als Sklaven rechtfertigen, und die Annahme ihrer Minderwertigkeit war eine gute Voraussetzung dafür. Thomas Jefferson, der selbst Sklaven hielt, aber oft eine «aufgeklärte» Einstellung ihnen gegenüber bekundete, postulierte stets nur, schwarze Menschen sollten die Chance zur Freiheit bekommen. Er behauptete nicht, sie seien in ihren Fähigkeiten den Weißen gleich.

Das Erbe der Diskriminierung

Die offizielle Rassentrennung endete in den USA mit dem Prozeß *Brown gegen Unterrichtsministerium*, und heute ist es Gesetz, daß Schulen und Jobs Schwarzen ebenso offenstehen wie Weißen. In der Praxis jedoch haben schwarze Amerikaner nicht dieselbe Umwelt wie weiße Amerikaner, und dies hat tiefgreifende Auswirkungen auf sie. Selbst heute noch macht sich, wie wir sehen werden, das Erbe dieser Unterdrückung dadurch bemerkbar, daß es viele Schwarze in ihrer Entwicklung behindert. Viele junge Afroamerikaner wachsen in dem Glauben auf, sie könnten die höheren Ränge dieser Gesellschaft nie erreichen. Viele Jugendliche glauben aufgrund der rassischen Vorurteile, auf die sie ständig stoßen, sie könnten vielleicht einen Nationalpreis als bester Basketballspieler gewinnen, aber niemals einen Nobelpreis oder einen Sitz im Senat, obwohl sich auch diese Arenen ganz allmählich verändern. Warum also sollten schwarze Kinder aus armen Familien ernstlich glauben, sie könnten es durch Lernen in der Schule in der weißen Gesellschaft zu etwas Besonderem bringen?

Die Diffamierung und Verspottung geht ständig weiter. Folgende Vorfälle fielen mir binnen weniger Tage beim Durchblättern einer Handvoll Zeitungen ins Auge. Das erste Beispiel stammt aus einem kleinen Blatt aus der Gegend nördlich von San Francisco: Die Steckbriefaufnahme eines schwarzen Mannes mit Kinnbart. Der Text dazu lautete: «Was würden Sie tun, wenn Sie diesen Mann auf dem Fahrrad durch Ihr Viertel fahren sähen?»

Antoine Bigirimana, der Mann, der die Annonce aufgab, leitet eine Softwarefirma in Sonoma/Kalifornien. Allerdings behandelt man ihn dort nicht wie einen «normalen» Computer-Fachhändler. Als er zur Arbeit fuhr, wurde sein Fahrrad beschlagnahmt, da die Polizei guten Grund für die Annahme zu haben meinte, es sei gestohlen. Als er eines Abends in seinem eigenen Vorgarten saß, wurde er wegen «verdächtigen Herumlungerns» zur Rede gestellt.

Also ließ er die Anzeige erscheinen, und die weckte die Leute auf. Die meisten Menschen in der Stadt besitzen keine Softwarefirma; sie erscheinen auch nicht der Polizei verdächtig, nur weil sie in ihrem Garten sitzen. Sonoma ist zu 97 Prozent weiß, und ein Schwarzer wird automatisch als Eindringling betrachtet.

Eine weitere Lokalnachricht erschien im *Chronicle* von San Francisco. Keith Debro, der als Gepäckfahrer für United Airlines arbeitet, hatte Klage gegen seinen Arbeitgeber eingereicht, weil dieser die rassistischen Graffiti nicht entfernen ließ, die sich in den Fracträumen der von ihm zu entladenden Flugzeuge befanden. «Ich fühlte mich so schrecklich erniedrigt, es war so gemein. Ich finde, keiner sollte in so einer Umgebung arbeiten müssen. Es war kränkend für eine Menge Leute, nicht nur für Schwarze. Ich fing an, meinen Job zu hassen», erklärte Debro.

Am Donnerstag, dem 28. Januar 1993, fielen mir in einer Fernsehsendung drei junge schwarze Männer auf, die miteinander diskutierten. Ich hatte den Apparat gar nicht eingeschaltet, um dieses Programm zu sehen, aber ich blieb auf dem Kanal und hörte zu. Einer der jungen Männer sagte: «Ich will keinen ausrauben; das liegt nicht in meiner Natur. Aber es ist verletzend, wenn man in einen Zug steigt, und die Leute sofort denken, man wolle sie ausrauben. Und das passiert jeden Tag.» Die nationale Ausgabe der *New York Times* brachte eine Geschichte über den neuen Kanzler eines Campus der Universität von Kalifornien. Der Mann war aus seiner bisherigen Position zum Chef der National Science Foundation aufgestiegen. Er wurde als «schwarzer Physiker» bezeichnet. Haben Sie je gehört, daß man jemanden als «weißen Physiker» bezeichnet hätte? Können Sie sich vorstellen, daß irgendwo geschrieben steht: «Isaac Newton, ein Weißer, entdeckte . . .»?

Diese Beispiele fielen mir binnen wenigen Tagen ins Auge, ohne daß ich groß nach Informationen suchen mußte. Die täglichen Erfahrungen von Menschen, die in South Central Los Angeles aufgewachsen sind, habe ich gar nicht erwähnt, und auch nicht die krassen, schockierenden Umstände, die Jonathan Kozol in seinen *Savage Inequalities* aus East Saint Louis, Illinois, schildert. Wie viele Millionen solcher Vorfälle gibt es noch? Wie viele Tausende schaffen es nicht bis in die Zeitungen? Wie viele weitere Flugzeuge, in denen reiche und überwiegend weiße Personen bequem «oben» sitzen, tragen in ihren Bäuchen die gekritzelten Überreste der Sklaverei mit sich?

Ich sage nicht, daß diese Beispiele wissenschaftlich relevant sind, sondern nur, daß man dergleichen in unserer Gesellschaft jeden Tag finden kann. Wir wissen zwar alle, daß die Hautfarbe, gerade weil sie so offenkundig ist, leicht zu Vorurteilen verführt, doch selten ist das Unausgesprochene besser formuliert worden als von dem Physik-Nobelpreisträger William B. Shockley:

Die Natur kennt farbcodierte Gruppen von Individuen, so daß statistisch zuverlässige Voraussagen über ihre Anpassungsfähigkeit an intellektuell lohnende und effiziente Lebensweisen vom Mann auf der Straße leicht getroffen und profitabel genutzt werden können.

in: Paul Ehrlich und Shirley Feldman, *The Race Bomb*

Umweltfaktoren und IQ

IQ-Tests sind ein angemessenes Mittel, die Fähigkeit eines Kindes hinsichtlich schulischer Leistungen zu messen. Notorisch unzulänglich aber sind sie, um beispielsweise ihren beruflichen Erfolg oder sozialen Status als Erwachsene vorherzusagen. Daß japanische Kinder zwischen 4 und 11 IQ-Punkte mehr erreichen als amerikanische, bedeutet nicht, daß die Japaner «schlauer» sind als die Amerikaner, sondern vielmehr, daß sie unter extremen elterlichem und sozialem Druck aufwachsen, mehr Stunden arbeiten und selten Ferien machen.

Man weiß, daß zahlreiche Programme, die die Umwelt des Kindes bereichern, in einer einzigen Generation große IQ-Zuwächse erzeugen – 5 bis 25 Punkte. Ein Teil dieser Wirkung mag einfach darauf beruhen, daß jeden Tag jemand kommt und ein paar zusätzliche Stunden mit dem Kind redet. Betrachten wir die IQ-Veränderungen von benachteiligten Minoritäten, wenn sie sich an einem Ort ohne Diskriminierung niederlassen: IQ-Werte und Schulleistungen ihrer Kinder entsprechen dann denen anderer Kinder.

Ich habe einige der sozialen Faktoren genannt, die IQ-Unterschiede beeinflussen. Betrachten wir nun einige physische Komponenten der Unterschiede. Der durchschnittliche Unterschied der frühen Umgebung für Weiße und Schwarze in den Vereinigten Staaten ist sogar heute noch so groß – z. B. in der Ernährung, was zu Unterschieden beim Geburtsgewicht führt, in der Gefährdung durch Umweltverschmutzung und Toxine, im Drogenkonsum –, daß er allein durchaus alle Testunterschiede erklären könnte.

Eine für das jeweilige Lebensalter und Geschlecht geringe Kopfgröße sagt geistige Zurückgebliebenheit vorher. Außer bei größeren Störungen wie Hydrocephalus (Wasserkopf) oder anderen pathologischen Zuständen des Schädels spiegelt die Kopfgröße das Wachstum des Gehirns wider. Im Alter von zehn Jahren erreicht der Kopfumfang ungefähr 96 Prozent des erwachsenen Maßes. Viele Untersuchungen in aller Welt haben ergeben, daß Unter- oder Fehlernährung, besonders in den ersten Lebensjahren eines Kindes, das normale Kopfwachstum verringert. Dieses unzulängliche Wachstum allein erklärt fünf bis sechs Punkte der IQ-Unterschiede zwischen schwarzen und weißen Gruppen.

Bei der zuvor zitierten Studie über den Einfluß niedrigen Geburtsgewichts waren alle Kinder, die mit niedrigem Gewicht zur Welt gekommen waren, kleiner und hatten kleinere Köpfe als Kinder mit normalem Geburtsgewicht. Sie kamen auch später in die Pubertät. Kinder, die mit einem Gewicht von 2000 Gramm zur Welt kamen, schnitten schlechter ab als solche mit 2500 Gramm. Die geringsten Beeinträchtigungen fand man bei niedriggewichtigen Babys von Eltern, die nicht manuell arbeiteten. Eine britische Studie, die das verbale Ausdrucksvermögen von 50 000 Kindern untersuchte, ergab einen kontinuierlichen Anstieg der Werte der Kinder mit höherem Geburtsgewicht und mit höherem sozialem Status (definiert durch den Beruf des Vaters).

Beginnen die Mitglieder von Gruppen verschiedener Hautfarben ihr Leben gleich gut ernährt und mit dem gleichen Geburtsgewicht? Eine Untersuchung des Geburtsgewichts in den USA zeigte: Weiße haben ein mittleres Geburtsgewicht von 3286 Gramm, Schwarze ein mittleres Geburtsgewicht von 3069 Gramm. Man kann davon ausgehen, daß eine landesweite Aktion zur Verbesserung der Ernährung Benachteiligter mit dem Ziel einer Erhöhung des Geburtsgewichts Kindern schwarzer Amerikaner einen IQ-Gewinn von etwa fünf Punkten bescheren würde.

Selbst der Vitamin-C-Spiegel hat Auswirkungen auf den IQ. Eine Untersuchung konzentrierte sich auf Kinder in der vierten, fünften und sechsten Klasse. Kinder mit einem hohen Spiegel an Ascorbinsäure (mehr als 1,1 Milligramm Ascorbinsäure auf 100 Milliliter Blutplasma) wurden statistisch von denen mit niedrigem Ascorbinsäurespiegel (0,6 Milligramm auf 100 Milliliter) getrennt und dann auf ihren IQ untersucht. Der mittlere IQ bei Kindern mit höherem Ascorbinsäurespiegel war 113;

der von Kindern mit niedrigerem Spiegel lag bei 110. Wenn Ascorbinsäure zusätzlich gegeben wurde, stieg der mittlere IQ der Gruppe mit dem bisher niedrigeren Spiegel auf 113 an.

Bei einer großen Ernährungsstudie wurden bei Schwarzen in US-Bundesstaaten mit hohem Einkommen wie etwa Washington mittlere Ascorbinsäurespiegel von 0,5 mg/ml gefunden; in Staaten mit niedrigem Einkommen wie Alabama betrug der mittlere Spiegel 0,45 mg/ml. Würden wir die Bevölkerung mit zusätzlicher Ascorbinsäure versorgen, so würde der IQ von schwarzen Amerikanern in Bundesstaaten mit geringem Einkommen um drei bis vier Punkte ansteigen.

Angesichts so vieler grundlegender Chancen oder Fußangeln für die Entwicklung unserer Intelligenz – und wir besitzen leider noch immer keine aussagekräftige Schätzung beispielsweise der höheren Blei- und Grundwasserpollution in schwarzen Wohngegenden im Vergleich zu weißen – kann man nur schwer bis gar nicht sagen, ob es irgendwelche genetischen «rassischen» Unterschiede gibt, die den IQ beeinflussen. Und es ist auch nicht so, als seien durch die Bürgerrechtsära in den Vereinigten Staaten alle Spuren von Rassismus beseitigt worden. Er gehört nach wie vor zu unserem Leben.

Bezüglich der Individualität gibt es viele verwirrende Unwägbarkeiten. Daß man aus einer spezifischen ethnischen Gruppe kommt, ist unvermeidbar, aber daß man die vermuteten Merkmale dieser Gruppe besitzt, ist nicht selbstverständlich. Wir lassen uns durch die Rasse nur deshalb so oft verwirren, weil sie ein so sichtbares Kennzeichen für Unterschiede ist.

Wenn wir Veränderungen in der Gesellschaft bewirken wollen, müssen wir den Müttern schon früh helfen; wir müssen ihre Ernährung verbessern und dadurch das Geburtsgewicht ihrer Kinder erhöhen, und wir müssen mehr mit unseren Kindern reden und sie mehr erziehen. Alle diese Dinge könnten viel bewirken, um soziale Ungleichheit zu reduzieren, und schließlich könnten sie vereinfachende Stereotype beseitigen. Denn unsere Hautfarbe ist überhaupt kein Schlüssel dafür, welche Art von

Person wir sind. Die Hautfarbe reicht eben nicht tiefer als die Haut und bedeutet nicht mehr. Die Menschen bekommen ihre Gene von ihren Familien. Deren Lebensbedingungen und Zusammenleben ist sehr viel aufschlußreicher als eine Abstraktion wie «Rasse».

KAPITEL 11

Warum sind Kinder derselben Familie so verschieden?

Normalerweise verfolge ich die Laufbahn der New York Yankees nicht, da ich ihre Gegend vor fünfundzwanzig Jahren verlassen habe; außerdem war ich immer ein Dodger-Fan, weil ich in Brooklyn aufgewachsen bin. Trotzdem ist mir am 2. März 1992 ein Artikel auf den Sportseiten der *New York Times* aufgefallen. Er befaßte sich mit zwei Brüdern, die jetzt für die Yankees spielen, Melido und Pascual Perez. Sie wuchsen in San Cristobal in der Dominikanischen Republik auf, auf staubigen Straßen und ohne Baseball-Ausrüstung. Sie lebten in einem winzigen Haus. Arm? Melido sagt: «Ja, die meiste Zeit.»

Heute sind beide professionelle Baseballer. Pascual Perez ist der Draufgänger. Manchmal trägt er wild gemusterte Trainingsanzüge, spielt den Clown und ist überaus gesellig. Melido ist freundlich, drängt sich aber nie in den Vordergrund. Er trägt ordentliche Sporthemden und Jeans und nicht pfundweise Goldschmuck wie sein Bruder. Wie in dem Artikel steht, ist es schwer zu glauben, daß beide aus derselben Familie kommen.

Simone de Beauvoir hat in ihrer Autobiographie über die Unterschiede zwischen ihr und ihrer Schwester berichtet und eine mögliche Erklärung dieser Unterschiede angedeutet – die Reihenfolge der Geburten –, die wir in diesem Kapitel diskutieren werden.

Ich war für meine Eltern eine neue Erfahrung gewesen. Für meine Schwester war es viel schwieriger, sie zu überraschen und zu erstaunen. Ich war nie mit jemandem verglichen worden; sie wurde immer mit mir verglichen ... Auf den Fotos, die im Alter von zweieinhalb Jahren von mir gemacht wurden, habe ich einen entschlossenen und selbstsicheren Ausdruck; sie im gleichen Alter schaut schüchtern und erschrocken drein.

Zitiert nach J. Dunn und R. Plomin, *Separate Lives* (1990)

Rasse, Geschlecht und Familie

Wir tendieren zu der Annahme, daß Kinder in derselben Familie zu größerer Ähnlichkeit heranwachsen als Menschen, die nicht miteinander verwandt sind. Das ist ein fundamentaler Teil unserer Überlieferung: Brüder, die beide die Konventionen verachten, oder Schwestern, die beide Jura studieren. Umfassende Studien in Schweden, Großbritannien, den Vereinigten Staaten, Finnland und anderen Ländern zeigen jedoch, daß eine geteilte familiäre Umgebung die Persönlichkeiten der Kinder in keiner Weise beeinflußt. Das liegt daran, daß sogar innerhalb einer Familie jedes Kind in einer ganz anderen Welt aufwächst als die anderen.

Geschwister haben zwar viele Gene gemeinsam, doch andere Faktoren, darunter die Geburtsreihenfolge, bewirken, daß Kinder in deutlich verschiedenen Welten leben und sich sogar im selben Haus sehr unterschiedlich entwickeln. Die Forschungsarbeiten führen zu einer radikalen Schlußfolgerung: *Die Familie macht uns unseren Geschwistern nicht ähnlich; sie macht uns anders.* Der genetische Code bewirkt Ähnlichkeiten zwischen Kindern in denselben Familien, aber es sind die Familienerfahrungen, die die Kinder verschieden machen. Die meisten Eltern behandeln Jungen beispielsweise anders als Mädchen und Erstgeborene anders als Kinder, die später geboren wurden.

Zwei Schwestern besuchten eine Dinnerparty, bei der das Gespräch auf Erziehung kam. Die ältere Schwester sagte, ihre Eltern seien sehr streng gewesen, und sie hätte ziemlich große

Angst vor ihnen gehabt. Die zwei Jahre jüngere Schwester unterbrach sie erstaunt: «Was redest du da? Unsere Eltern waren sehr nachsichtig. Ich weiß noch, daß ich abends lange ausbleiben und alle möglichen Sachen machen durfte. Wie kannst du sie als streng bezeichnen?» Beide Schwestern hatten recht. Die eine war anders behandelt worden als die andere. Das erste Kind hatte während seiner ganzen Kindheit die Last der elterlichen Angst getragen und war von allen Aktivitäten abgehalten worden, die unschicklich oder gefährlich hätten sein können. Bis dann die jüngere Schwester heranwuchs, hatten die Eltern gelernt, sich ein bißchen zu entspannen, da die ältere Tochter nicht in Schwierigkeiten geraten war, und daher ließen sie der zweiten Tochter viel eher ihren Willen.

Wir halten es oft für selbstverständlich, daß Kinder in einer Familie dieselbe Art von Erfahrungen haben und dadurch sehr ähnlich werden: daß ein autoritärer Vater zu allen seinen Kindern autoritär ist; daß ein freundlicher Elternteil von allen Kindern als der zugänglichere wahrgenommen wird. Aber das stimmt einfach nicht.

Obwohl gewisse Persönlichkeitsmerkmale in Familien durchgehend vorkommen, sind die Unterschiede zwischen Geschwistern größer als die Ähnlichkeiten. Wenn sie getestet werden, dann erreichen sie ebenso verschiedene Werte wie nicht miteinander verwandte Personen, die getrennt aufgewachsen sind. Die meisten von uns haben Geschwister; vermutlich wissen die meisten von uns daher, wie verschieden wir von ihnen sind. Dennoch sind wir gewöhnlich erstaunt festzustellen, daß jemand, der etwa scheu und zurückhaltend ist, und jemand, der kontaktfreudig und herrisch ist, tatsächlich Brüder oder Schwestern sind.

Doch im Grunde ist das gar nicht so erstaunlich. Langzeitstudien haben ergeben, daß nur gewisse Überzeugungen – etwa über Religion, Politik oder Einstellungen zu Männern und Frauen – davon beeinflußt werden, daß man aus derselben Familie kommt. Wie ist das möglich?

Geschwister haben nur eine Chance von fünfzig zu fünfzig, dieselben Gene von ihren Eltern zu erben. Und da Verhalten nicht von einem wesentlichen Gen bestimmt wird, sondern von vielen, ist die Wahrscheinlichkeit, daß Geschwister im Bereich von Verhalten und Persönlichkeit genetisch identisch sind, sehr gering. Da eine differierende Genstruktur auch nur einen Teil der Verhaltens- und Persönlichkeitsunterschiede zwischen Geschwistern erklärt, ist der andere Teil der Unterschiede vermutlich den Umwelteinflüssen zuzuschreiben. Zwillings- und Adoptionskinder-Untersuchungen bestätigen das.

Aber ist es nicht eigenartig, daß die Umgebung so viele *Unterschiede* zwischen Geschwistern erklärt, wo sie doch einen so großen Teil der Umgebung gemeinsam haben: Heim, Familie, Rituale, Essen usw.? Wieder zeigen Zwillings- und Adoptionskinder-Untersuchungen, daß all die Erfahrungen, die Geschwister tatsächlich gemeinsam haben, die Persönlichkeitsentwicklung kaum beeinflussen; sonst wären sich Geschwister viel ähnlicher als Nichtgeschwister – und das ist nicht der Fall.

Betrachten wir das Auftreten von Schizophrenie. Wenn selbst eineiige Zwillinge in vieler Hinsicht verschieden sind, so muß der Grund ein nichtgenetischer sein, da sie alle ihre Gene gemeinsam haben. Eineiige Zwillinge ähneln sich in bezug auf die Schizophrenie um weniger als 50 Prozent. Wenn der eine sie also hat und der andere nicht, dann muß der Grund dafür in irgendeinem Umwelteinfluß liegen, dem der eine unterworfen war und der andere nicht.

Wenn also Geschwister so verschieden sind und die meisten Unterschiede durch die Umwelt zu erklären sind, dann müssen sie weniger von ihrer Umgebung miteinander teilen, als wir bis heute angenommen haben. Mit anderen Worten, sie müssen unterschiedlich behandelt werden oder sich als unterschiedlich behandelt wahrnehmen, wodurch eine völlig andere Umwelterfahrung zustande kommt.

Der Einfluß der Geburtenreihenfolge auf die Individualität

Der Gedanke, daß die Stellung in der Geschwisterreihe Vorhersagen über die Persönlichkeit ermöglicht, stammt von Alfred Adler, dem berühmten österreichischen Arzt und Begründer der Individualpsychologie, der 1870 geboren wurde. Sein eigener familiärer Hintergrund mag zu seiner Theorie beigetragen haben. Er war das zweite Kind unter fünf Geschwistern, ein zarter Junge, dem seine Unterlegenheit gegenüber seinem älteren, stärkeren, gesünderen Bruder sehr bewußt war. Bezeichnenderweise war es Adler, der den Begriff *Minderwertigkeitskomplex* prägte. Selbst als erfolgreicher älterer Mann glaubte Adler noch immer – und beklagte diesen Gedanken –, nicht mit seinem älteren Bruder konkurrieren zu können.

Als Arzt erforschte Adler die Auswirkungen der Umgebung auf die körperliche und psychische Gesundheit. Er war gelehrt und eloquent und wurde 1902 von Sigmund Freud eingeladen, Mitglied einer ausgewählten Kollegengruppe zu werden. Die Freundschaft zerbrach allerdings zehn Jahre später, als Freud mit dem begabten Adler zu streiten und ihn zu unterdrücken begann. Freud war dreizehn Jahre älter als Adler und wollte, was nicht überraschend ist, in dieser Beziehung unbedingt dominieren. (Angeblich soll Freud einmal zu einem Freund gesagt haben: «Dem Temperament nach bin ich ein Conquistador.») Adler, in derselben Geschwisterposition wie Freud, fühlte sich eingeengt und ging.

Frank Sulloway hat festgestellt, daß nachgeborene herausragende Wissenschaftler im Vergleich zu erstgeborenen eher revolutionäre Ideen förderten. Kopernikus, Freud und Darwin waren Nachgeborene. Von 800 herausragenden Wissenschaftlern, die größere revolutionäre Gedanken entweder unterstützten oder ablehnten, waren 82 Prozent der Nachgeborenen für die kreative Hypothese, aber nur 18 Prozent von den Erstgeborenen. Unter den Wissenschaftlern, die die neue Idee ablehnten, waren die meisten Erstgeborene.

In einer großen Untersuchung aus den fünfziger Jahren antworteten zwei Drittel von 360 Fünf- und Sechsjährigen auf die Frage, wie ihre Eltern sie und ihre Geschwister behandelten, entweder sie oder ihre Geschwister würden von der Mutter bevorzugt. Im Gegensatz zu Simone de Beauvoirs Bericht war es in dieser Studie gewöhnlich das erstgeborene Kind, das sich strenger behandelt fühlte.

Neuere Untersuchungen bestätigen, daß Geschwister gewöhnlich einen Unterschied in der Art wahrnehmen, wie sie von ihren Eltern behandelt werden. Selbst sehr kleine Kinder reagieren auf ein Neugeborenes. In einer Studie von Judy Dunn und Kollegen an der Universität Cambridge in Großbritannien reagierte das erste Kind in den Monaten nach der Geburt eines zweiten Babys so, daß es drei von vier Interaktionen zwischen Mutter und Baby unterbrach, um zu protestieren bzw. um die gleiche Behandlung zu fordern. Oft ahmt das ältere Kind jede Aktion des Babys nach, die der Mutter gefallen oder zumindest ihre Aufmerksamkeit erregt hat. Manchmal versucht das ältere Kind einfach, «im Bunde der Dritte» zu sein, oder es versucht, das Spiel zwischen Mutter und Baby zu unterbrechen. Manchmal weint es auch bloß, weil es die Situation als so traurig empfindet.

Erstgeborene nehmen sehr deutlich den Unterschied im Ton wahr, wenn die Mutter mit ihnen oder ihrem Geschwister spricht. Wenn sie soeben das ältere Kind gescholten hat, weil es sie geärgert hat, und dann warm und liebevoll auf das Gurgeln des Babys reagiert, ist es nicht überraschend, daß das gemaßregelte Kind den Unterschied erkennt. Diese Parteilichkeit wird zweifellos sofort registriert und kann durchaus wesentlich zu Entwicklungsunterschieden zwischen den Geschwistern beitragen.

Es sind jedoch nicht nur die Erstgeborenen, die unterschiedliche Behandlung so bewußt wahrnehmen. Zweitgeborene Kinder erfassen ebenfalls sehr bewußt, was zwischen Müttern und Erstgeborenen vorgeht, und sie mischen sich besonders gern in Streitereien ein, gewöhnlich um die Mutter gegen das Geschwister zu unterstützen. Besonders geschickt sind sie auch darin, die Aufmerksamkeit wieder auf sich selbst zu lenken, wenn Mutter und älteres Kind miteinander sprechen oder spielen.

Jahrtausendelang wurde das Erstgeborene – zumindest, wenn es ein Junge war – als Erbe, als Bevorzugter, als derjenige angesehen, der das Oberhaupt der Familie sein sollte, wenn der Vater starb. Neuere Untersuchungen bestätigen überraschenderweise, daß Erstgeborene tatsächlich bessere Anführer sind, zeigen aber auch, daß die spätere Geburt ebenfalls ihre Vorteile hat. Erstgeborene haben einen höheren IQ. Die intellektuelle Entwicklung eines Kindes ist verbunden mit den intellektuellen Fähigkeiten der Menschen in seiner unmittelbaren Umgebung, also zumeist in der Familie, und der Konzentration dieser Fähigkeiten auf das Kind. Je weniger Kinder es in dieser Welt gibt, desto höher ist im Durchschnitt ihr Intelligenzniveau. Um das Intelligenzniveau der Familienumgebung zu messen, benutzte Robert Zajonc eine mathematische Formel, in der er den Personen «Intelligenzwerte» proportional zu ihrem Alter mit einem Maximum von 30 zuteilte. So wird das erste Kind in eine Umgebung von 30 für den ersten Elternteil plus 30 für den zweiten plus 0 für das Baby hineingeboren, was durch 3 geteilt 20 ergibt.

Wenn das nächste Kind geboren wird, während das erste Kind bereits ein intellektuelles Niveau von 4 hat, dann ist der intellektuelle Wert der Umgebung des zweiten Kindes nach der gleichen Formel

$$30 + 30 + 4 + 0 : 4 = 16$$

Das erste Kind wird in eine Umgebung mit dem höchsten für diese Familie möglichen intellektuellen Wert (30) hineingeboren. Bei jedem weiteren Kind nimmt dieser Wert ab. Außerdem bringen die meisten älteren Kinder ihren jüngeren Geschwistern vieles bei – durch Spiele, Verhalten und Sprache –, und dadurch werden möglicherweise gerade die intellektuellen Fähigkeiten der älteren Kinder gesteigert.

Es hat sich gezeigt, daß die durchschnittlichen Werte von fast

800 000 Teilnehmern an National-Merit-Scholarship-Programmen absanken, wenn die Familiengröße zunahm. Erstgeborene haben höhere verbale IQs als Zweitgeborene, und Zweitgeborene wiederum schneiden besser ab als Drittgeborene. Herausragende Wissenschaftler sind viel häufiger Erstgeborene, als nach ihrer Anzahl in der Population zu erwarten wäre. Geburtsreihenfolge und Familiengröße haben also eine dauerhafte Auswirkung, zumindest auf jene Aspekte der Intelligenz, die durch wissenschaftliche Karrieren und IQ-Tests zu messen sind. Auch die SAT-Werte* nahmen zwischen 1963 und 1980 ab, als die Familien größer wurden. Der Trend kehrte sich 1980 um, als die Familien wieder kleiner wurden.

Erstgeborene neigen zu mehr Vorsicht, Nervosität und Angst als Kinder, die später geboren werden. Daß Erstgeborene und Nachgeborene von ihren Eltern unterschiedlich behandelt werden, wirkt auch noch im späteren Leben nach. Im allgemeinen widmen Mütter ihren Erstgeborenen mehr Aufmerksamkeit. Sie sind strenger zu ihnen und zugleich besorgter um sie. Mit knapp vier Jahren sind Erstgeborene den Eltern gegenüber gehorsamer als nachgeborene Kinder. Später im Leben scheinen Erstgeborene gehemmter zu sein als Nachgeborene. Erstgeborene sind auch konformistischer und drücken mit geringerer Wahrscheinlichkeit antisoziale Empfindungen aus. Sie verhalten sich auch physisch vorsichtiger, bevorzugen im allgemeinen ungefährlichere Sportarten wie Schwimmen vor Turnen oder Skifahren. Auch sind sie gewöhnlich nervöser. Während eines Stromausfalls in New York City wurden Leute gefragt: «Wie nervös und unbehaglich fühlten sie sich während dieser Erfahrung?» Erstgeborene erwiesen sich als irritierter und ängstlicher.

Nachgeborene, die weniger ängstlich und gehemmt sind, sind mit größerer Wahrscheinlichkeit gesellschaftlich beliebt, aber sie hegen auch mit größerer Wahrscheinlichkeit Zweifel

* Der SAT-Test ist entscheidend für die College-Zulassung und weitere Karrieremöglichkeiten.

an sich selbst. Weil sie nicht die gänzlich ungeteilte Aufmerksamkeit ihrer Eltern genossen, haben sie häufiger das Gefühl, daß andere sie nicht sehr mögen.

Das Kind in der Familie

Das Vorhandensein von Geschwistern verändert auch die Zeitspanne, die erforderlich ist, um den Aufbau sozialer Beziehungen zu erlernen. Normalerweise geschieht dies erst, wenn Kinder sieben oder acht Jahre alt sind, aber innerhalb der Familie fangen sie damit viel früher an. In einer Studie antwortete ein ziemlich in sich gekehrter zweieinhalbjähriger Junge auf die stolze Beschreibung, die seine Mutter von der kontaktfreudigen kleinen Schwester als entschlossenem kleinem Teufel gab, indem er traurig sagte: «Und ich bin kein entschlossener kleiner Teufel.» Er wußte schon, wie verschieden er von ihr war und daß ihr Verhalten – im Unterschied zu seinem – die Mutter stolz machte.

Natürlich behandeln Eltern ihre Kinder unterschiedlich. Der überragende amerikanische Psychologe William James und sein jüngerer Bruder, der nicht minder bedeutende Schriftsteller Henry James, sind weitere Beispiele dafür, wie verschieden Geschwister behandelt werden. Ihre Mutter nannte – wie Henrys Biograph Leon Edel schreibt – den fünfzehn Monate älteren William, wann immer er als bereits Erwachsener krank zu sein behauptete, einen Egozentriker und Hypochonder, während sie sich bei jeder Erkrankung Henrys ungeheuer besorgt zeigte.

Es ist wohl so, daß die meisten Eltern nicht zugeben wollen, daß sie ihre Kinder unterschiedlich behandeln, weil die Konventionen verlangen, daß wir alle unsere Kinder gleich behandeln. Bei zwei getrennten Untersuchungen an Müttern im Bundesstaat Colorado und an Müttern in Cambridge/Massachusetts aber sagte nur ein Drittel, sie empfänden gleich große Zuneigung zu beiden Kindern oder widmeten beiden gleich viel Aufmerksamkeit. Nur 12 Prozent beider Gruppen meinten,

Disziplinarmaßnahmen gleichmäßig zu verhängen. Auch gab in beiden Studien die Mehrheit der Mütter zu, die jüngeren Geschwister vorzuziehen.

Ein weiterer Fund bei den Untersuchungen in Colorado ist sehr aufschlußreich in bezug auf die Frage, warum die meisten Geschwister sich ganz unterschiedlich entwickeln. Mütter reagieren auf verschiedene Kinder im jeweiligen Alter ähnlich. Das heißt, als jedes Kind ein Jahr alt war, wurde es mit großer Zärtlichkeit behandelt, aber als jedes Kind zwei war, war die Mutter nicht mehr so uneingeschränkt liebevoll. Die Mütter waren also beständig in der Art und Weise, wie sie alle Kinder eines bestimmten Alters behandelten. Die Kinder selbst jedoch waren nicht in der Lage, das zu erkennen; einem Zweijährigen war nur deutlich bewußt, daß es weniger Zuneigung erhielt als das Baby.

Die Forscher meinen: «Wenn man die offenkundige Zuneigung der Mutter zu seinem Geschwister sieht, so kann das wichtiger sein als jedes Maß an Zuneigung, das man tatsächlich bekommt.» Diese Auffassung widerspricht der konventionellen, die annimmt, die Entwicklung werde dadurch beeinflußt, wie ein Elternteil unmittelbar mit dem Kind umgeht. Wenn wir uns klarmachen, daß dem Kind nicht nur bewußt ist, wie es behandelt wird, sondern auch, wie die Geschwister behandelt werden, dann verschiebt sich der Nachdruck von der Kind-Eltern-Beziehung auf die Position des Kindes als Familienmitglied.

Wie ein Kind mit anderen umgeht, mag damit verbunden sein, wie dieses Kind sein Geliebtsein in der Familie erlebt hat. *Erlebt* ist dabei hier das entscheidende Wort. Selbst wenn die Eltern zu allen Kindern gleichermaßen liebevoll waren, das Kind aber, aus welchem Grund auch immer, einen Unterschied gespürt hat, dann wird dieser Unterschied einen Einfluß darauf haben, wie das Kind sich selbst und anderen gegenüber fühlt. Wie Charles Dickens in seinem autobiographischen Kindheitsroman *Große Erwartungen* (1861) schrieb: «In der kleinen Welt, in der Kinder ihre Existenz haben, wird nichts so fein wahrgenommen und so sensibel gefühlt wie Ungerechtigkeit.» Dickens selbst mußte im Alter von zwölf Jahren in einer Fabrik arbeiten, während seine Schwester Fanny ein Stipendium an der Royal Academy of Music gewann. Er fühlte sich schrecklich gedemütigt und benachteiligt, weil er nicht die Chance hatte, so wie Fanny zu glänzen, und betete jeden Abend, aus dieser Vernachlässigung erlöst zu werden.

In einer nationalen Studie erwies sich das Geschwister, das der Mutter am nächsten gestanden hatte, stärker an Familienentscheidungen beteiligt, höheren Erwartungen ausgesetzt und psychologisch besser angepaßt. Im Gegensatz dazu ergab sich aus der Studie von Colorado, daß Kinder, die das Gefühl hatten, von der Mutter stärker diszipliniert zu werden, und die weniger Zuneigung erhielten, mit größerer Wahrscheinlichkeit ängstlich oder depressiv waren. Ungünstigere Behandlung durch die Mutter kann auch zu ungehorsamem, streitsüchtigem, hyperaktivem und antisozialem Verhalten führen.

Es ist nicht so sehr die angeborene Natur des Kindes, die die Eltern veranlaßt, es anders zu behandeln als andere Geschwister. Vielmehr sind es die Unterschiede in der Behandlung der Kinder durch die Eltern, die zu einer unterschiedlichen Anpassung der Kinder führen. Das Selbstwertgefühl der Kinder hängt stark davon ab, wie sie ihre Behandlung sowie die ihrer Geschwister durch die Eltern empfunden haben. Das ist wichtig, weil ein schwaches Selbstwertgefühl zu Schwierigkeiten in den Beziehungen zu anderen führen kann.

Auch Unterschiede in der Art, wie Kinder sich gegenseitig behandeln, können eine wichtige Ursache der Persönlichkeitsunterschiede zwischen Geschwistern sein, die nicht immer durch Geburt oder Geschlecht zu erklären sind. Bei etwa einem Fünftel aller Interaktionen zwischen Geschwistern sind nicht alle Beteiligten gegenseitig und gleichermaßen freundlich oder feindselig zueinander eingestellt.

Je größer der Unterschied zwischen der Zuneigung, die das ältere Kind dem jüngeren zeigt, und der, die das jüngere gegenüber dem älteren an den Tag legt, desto wahrscheinlicher wird das ältere Kind depressiv oder antisozial sein. Und je größer der Unterschied zwischen der Feindseligkeit, die das ältere

Kind austeilt, und der, die es empfängt, desto größer ist die Wahrscheinlichkeit eines geringen Selbstwertgefühls. Ein Kind ist sich aller Dinge, die seine Geschwister betreffen, bewußt – wie sie handeln, was sie motiviert, was sie kränkt oder erfreut, wie erfolgreich und beliebt sie sind. Geschwister stellen ständig Vergleiche an, die einen signifikanten Einfluß auf die eigene Selbsteinschätzung haben. Wenn Kinder heranwachsen, fangen sie unweigerlich an, ein Leben außerhalb ihrer Familie zu führen. Sie gehen zur Schule; sie nehmen je nach ihren Interessen und Begabungen Hobbies auf, sie haben verschiedene Freunde, und schließlich gehen sie aufs College oder beginnen zu arbeiten. Wenn das älteste Kind die Familie verläßt, kann der Beziehung zwischen ihm und einem jüngeren Geschwister die «Gegenseitigkeit» abhanden kommen. Plötzlich lebt das ältere Kind in einer aufregenden neuen Existenzform, von der das jüngere ausgeschlossen ist, und die intensive Nähe zwischen ihnen läßt nach.

Spätere Kindheit

Nicht nur das, was in unseren frühen, formbaren Jahren geschieht, hat einen Einfluß darauf, wer und was wir werden. Im Gegenteil, was in der späteren Kindheit, in den Teenagerjahren und bis ins Erwachsenenalter hinein passiert, kann die Auswirkungen jener frühen Jahre verändern und verstärken.

Zufällige Ereignisse, etwa der Tod eines Elternteils, können auf die einzelnen Kinder sehr unterschiedliche Auswirkungen haben, vor allem, wenn das eine oder andere dem verstorbenen Elternteil beträchtlich näher stand. Andere Zufallsgeschehnisse mögen einem Geschwister zustoßen, dem anderen aber nicht; von einem Hund angefallen oder von einem vertrauten Onkel sexuell belästigt zu werden, kann einen dramatischen Einfluß auf das Kind haben, der bis weit ins Erwachsenenalter anhält. Alle diese Umstände tragen zur Erklärung der Unterschiede zwischen Geschwistern bei.

Entscheidend können auch gemeinsame Lebensereignisse sein, die dennoch ganz unterschiedliche Auswirkungen auf verschiedene Mitglieder der Familie haben. Der Umzug in einen anderen Staat beispielsweise wirkt sich vielleicht kaum auf ein Kind im Vorschulalter aus, kann aber einen verheerenden Einfluß auf ein älteres Geschwister haben, das die Schule wechseln muß und seine bisherigen Freunde verliert. Die Cambridge-Studie führt mehrere solcher Beispiele an. Eine Familie etwa zog fort, als das ältere Mädchen sieben, der kleine Bruder drei Jahre alt war. Der jüngere Bruder paßte sich mühelos an, da seine Eltern und seine Schwester noch immer die wichtigsten Stützen seines Lebens waren. Das Mädchen erlebte eine unglückliche Zeit, als sie vergeblich versuchte, in einer Schulklasse Anschluß zu finden, in der es lauter feste Cliquen gab, von denen sie nicht sofort akzeptiert wurde. Sie reagierte darauf ihrerseits mit Ablehnung und erhielt folglich ein unfreundliches Etikett, das ihr mehrere Jahre anhaftete.

Der Einfluß einer Scheidung auf die Entwicklung von Kindern

Wichtig für die Entwicklung des Kindes ist auch, ob die Eltern zusammenbleiben. Augenblicklich ist die Scheidungsrate höher, als sie es je zuvor war. 1964 kam auf vier Heiraten eine Scheidung, doch in den neunziger Jahren entfällt auf je zwei Eheschließungen mehr als eine Scheidung. Annähernd die Hälfte aller Kinder, die in den achtziger Jahren aufwuchsen, erlebte eine Trennung oder Scheidung ihrer Eltern.

Wie zu erwarten, lassen sich kinderlose Paare eher scheiden, und je mehr Kinder ein Paar hat, desto stabiler ist seine Ehe. Überraschenderweise scheint auch das Geschlecht der Kinder etwas damit zu tun zu haben, wie stabil die Ehe ist. Bei Paaren, die nur Töchter haben, ist eine Scheidung am wahrscheinlichsten, bei Paaren, die nur Söhne haben, am unwahrscheinlichsten.

Man hat vermutet, daß eine Scheidung für die Kinder besser ist, als in einer Familienumgebung zu leben, die durch Streit und Bitterkeit gekennzeichnet ist. Die meisten Eltern, die sich scheiden lassen, sagen hinterher, sie fühlten sich freier und wohler. Eine große Studie von Judy Wallerstein in San Francisco hat jedoch überraschende negative Auswirkungen von Scheidungen streitbarer Eltern festgestellt. Die Kinder nämlich fühlen sich nicht glücklicher, teilweise deshalb, weil sie nicht dieselben Konflikte erlebt haben, die ihre Eltern durchmachten. Nun müssen sie mit nur einem Elternteil zurechtkommen, der ihnen weniger Aufmerksamkeit widmet und mehr damit beschäftigt ist, sich ein neues Leben aufzubauen.

Achtzehn Monate nach dem Bruch sehen zwei Drittel der Scheidungskinder ihre Familien nicht in einer besseren Lage als vor der Scheidung. Die meisten Kinder akzeptieren die Scheidung mit der Zeit, vor allem die älteren Teenager und diejenigen, die eine gute Beziehung zu beiden Elternteilen hatten. Fünf Jahre später jedoch haben 56 Prozent aller Kinder noch immer nicht das Gefühl, ihr «Familienleben» sei besser.

Fast alle Kinder weisen ein gewisses Maß an Kummer über die Nachricht von der Trennung der Eltern auf, obwohl das vielleicht nicht gleich sichtbar wird. Die Kinder fühlen sich irritiert und verletzlicher. Viele verspüren ein ungeheures Verlustgefühl, sie machen sich Sorgen über die emotionale Verfassung der Eltern sowie darüber, wer sie ernähren wird und wo sie leben werden. Sie sorgen sich auch um ihre eigene Beziehung zu den Eltern: Wenn ihre Eltern aufhören konnten, einander zu lieben, dann könnte vielleicht auch die Liebe zu ihren Kindern zu Ende sein. Wird der Vater ihnen seine neue Freundin oder vielleicht sogar seine künftigen Stiefkinder vorziehen? Die Kinder und Jugendlichen können sich wütend, abgelehnt und von Loyalitätskonflikten ihren Eltern gegenüber zerrissen fühlen.

Vor allem aber fühlen die Kinder sich einsam. Ein Elternteil, in der Regel der Vater, hat den Haushalt verlassen, und nun bleibt der Mutter weniger Zeit für sie, weil sie selbst rastlos ist oder einer Vollzeitarbeit nachgehen muß.

Wie Kinder auf die Scheidung reagieren, hängt stark von ihrem Alter und davon ab, wie die Eltern selbst mit der Scheidung umgehen. Kinder im Vorschulalter reagieren am häufigsten mit Angst, Schuldgefühlen, Verwirrung und Ablehnung. Wenige Kinder dieses Alters sind auf eine solche Trennung vorbereitet. Eines Morgens wachen sie auf und sind verblüfft, weil ein Elternteil fort ist. Dies stimuliert die Furcht vor dem Verlassenwerden durch beide Eltern und makabre Phantasien, um den Verlust zu erklären.

Kinder von sechs bis acht Jahren dagegen reagieren vorwiegend mit Trauer. Vielleicht weinen sie viel und äußern intensive Sehnsucht nach dem fortgegangenen Elternteil. Jungen können der Mutter gegenüber beträchtliche Wut an den Tag legen, weil sie meinen, sie hätte die Scheidung verursacht oder den Vater vertrieben.

Kinder von neun bis zwölf Jahren sind besser in der Lage, mit Trauer umzugehen, aber auch sie äußern intensive Wut auf ihre Eltern. Bei ihnen ist die Wahrscheinlichkeit am größten, daß sie in die Kämpfe zwischen den Eltern verwickelt werden, wobei sie häufig die Partei des einen gegen den anderen ergreifen, und das ist besonders schädlich für eine reibungslose Anpassung an das Leben nach der Scheidung.

Heranwachsende mit einer schon relativ bewußten Identität und der Unterstützung durch viele Freundschaften kommen eher gut zurecht und reifen infolge dieser Erfahrung sogar schneller. Andere jedoch, vor allem solche mit geringem Selbstwertgefühl, neigen zur Ablehnung oder zum «Abreagieren» durch sexuelle Abenteuer, Drogen oder Alkohol.

Fortgesetzte Konflikte zwischen den Eltern nach der Scheidung können einen verheerenden Einfluß auf die Kinder haben. Die Kinder, die am besten zurechtkommen, sind diejenigen, die leicht Zugang zu dem getrennten Elternteil haben – gewöhnlich der Vater –, die eine gute Beziehung zu ihm aufrechterhalten und deren sorgeberechtigter Elternteil – gewöhnlich die Mutter – in der Lage ist, sein eigenes inneres Gleichgewicht zurückzugewinnen und den Kindern einen einigermaßen wohlorganisierten und sicheren Haushalt zu bieten sowie ihnen emotional zur Verfügung zu stehen.

Es gibt noch andere Auswirkungen einer Scheidung, darunter Armut, vor allem der Mutter, und andere spätere Geschehnisse, die überraschend erscheinen mögen: Mädchen, die noch sehr jung sind, wenn ihre Eltern sich scheiden lassen, werden beispielsweise sechs Monate früher sexuell reif, bekommen ihre eigenen Kinder früher und trennen sich schneller von ihren Partnern als Kinder, deren Eltern zusammenblieben. Jungen aus Familien, in denen der Vater infolge der Scheidung abwesend ist, nehmen oft übertriebene Macho-Allüren an, und Mädchen aus ähnlichen Familien neigen in ihren Teenagerjahren stärker zur Promiskuität. Dieses Muster zeigt sich nicht bei Jungen oder Mädchen, die von Müttern großgezogen werden, deren Ehemänner gestorben sind. Warum?

Ich möchte diesen so kontroversen Aspekt deshalb erörtern, weil er mit der wichtigen Frage verbunden ist, wie unsere Erfahrungen im frühen Leben eine Auswahl unter unseren angeborenen Fähigkeiten treffen und so dem Selbst helfen, sich an die Umgebung anzupassen, in der es heranwächst. Außerdem bringt er diese Diskussion über Familie und frühe Erfahrung mit der wichtigen Frage in Verbindung, in welcher Beziehung unsere Sexualität und unser sexueller Stil zu unserem Selbst stehen.

Um meine Argumentation zu entwickeln, möchte ich eine evolutionäre Erklärung dafür heranziehen, warum Tiere und menschliche Wesen sich in verschiedenen Umgebungen unterschiedlich verhalten. Da der zentrale biologische Brennpunkt des Lebens die Sicherung erfolgreicher Fortpflanzung ist, werden mit der Zeit Verhaltensweisen «selektiert», die zu einer Zunahme der überlebenden Nachkommen führen. Jeder Organismus muß entscheiden, wie er die Fortpflanzung in seiner Umgebung am besten handhabt. Menschen, die auf der ganzen Welt unter sehr unterschiedlichen Umständen aufwachsen, haben keine fixierte Strategie, sondern «selektieren» einige ihrer angeborenen Fähigkeiten, um sie in der Umgebung zu benutzen, in die sie hineingeboren wurden. Biologen benutzen die Begriffe *r-Selektion* und *K-Selektion*, um die verschiedenen Paarungsstrategien verschiedener Spezies zu beschreiben. Die r-selektierten Organismen wie Insekten und Fische haben sich in instabilen Umgebungen entwickelt, wo jederzeit eine große Zahl von ihnen vernichtet werden kann. Diese Organismen werden früh sexuell aktiv, pflanzen sich rasch und zahlreich fort, überlassen ihre Nachkommen früh sich selbst und haben eine kurze Lebensspanne.

K-selektierte Organismen dagegen leben unter viel besseren Umweltbedingungen. Sie werden daher später sexuell reif, haben weniger Junge (gewöhnlich einzelne Nachkommen statt vieler auf einmal) und kümmern sich eher jahre- als monatelang um sie. Säugetiere sind sehr viel stärker K-selektiert als Vögel oder Insekten. Doch auch Säugetiere lassen sich in r und K unterteilen: Wüstenmäuse beispielsweise sind eher r-selektiert, während Elefanten mehr K-selektiert sind. Die Menschen sind von allen Säugetieren am stärksten K-selektiert.

Doch selbst unter Menschen gibt es Variationen, wie die Statistiken über die Sexualität von Kindern geschiedener Eltern zeigen. In einigen Gruppen ist die Erziehung durch zwei Eltern und die strenge Kontrolle der sich entwickelnden Sexualität der Jugendlichen die Norm; in anderen haben die Eltern keine starke Bindung, es wird nicht erwartet, daß der Vater in der Nähe bleibt, und die sexuellen Codes, die die Kinder erlernen, sind weit weniger streng, so daß sie früher sexuell aktiv werden. Die Kinder werden vielleicht nicht ganz sich selbst überlassen, aber möglicherweise hauptsächlich durch Nachbarn, Verwandte oder andere Erwachsene beaufsichtigt.

Doch welche Logik steht hinter dem unterschiedlichen Sexualverhalten von Kindern, die in Haushalten mit zwei Eltern aufwachsen, und dem solcher Kinder, die in Haushalten mit nur einem Elternteil groß werden? Wenn wir in evolutionären Begriffen über diese Verhaltensweisen nachdenken, dann sehen wir, daß beide Verhaltensweisen für die jeweiligen Umstände des Kindes gleichermaßen «richtig» sind.

Die Welt der Familie vermittelt dem heranwachsenden Kind einen «Ausschnitt» von der Umgebung, in der es wahrscheinlich aufwachsen wird.

So lernen wir eine oder einige wenige von Tausenden von Sprachen, einen bestimmten Stil, uns zu ernähren und zu anderen in Beziehung zu treten; wir lernen, ob beständig Krieg herrscht oder Frieden, und tausend andere Dinge darüber, wie die Welt funktioniert. In den ersten fünf bis sieben Jahren ihres Lebens entwickeln die Kinder auch Einstellungen, die ihr späteres Sexual- und Fortpflanzungsverhalten bestimmen.

Frühe Erfahrungen mit den Hauptbezugspersonen haben einen starken Einfluß darauf, wie Kinder sich emotional entwickeln. Bei denen, die von ihren Eltern oder Pflegepersonen «lernen», daß Beziehungen dauerhaft sind und man sich auf sie verlassen kann, wäre es sinnvoll, einer K-selektierten Fortpflanzungsstrategie zu folgen. Für diejenigen, die vernachlässigt wurden und sich unsicher fühlten, wäre eine r-selektierte sinnvoller, denn in ihrer Welt sind Beziehungen kurzlebig, und auf Partner kann man sich nicht lange verlassen.

Patricia Draper und Henry Harpending haben festgestellt, daß Kinder, die ohne Vater aufgewachsen sind, früher sexuell aktiv waren, weil dies in einer riskanten Umgebung ihr Fortpflanzungspotential erhöht. Für Menschen, die in einer instabilen, von Gewalt und wechselnden sexuellen Kontakten geprägten Umgebung groß werden, ist es im Interesse der Fortpflanzung, so früh wie möglich und mit verschiedenen Partnern Kinder zu bekommen. Da sie in positiven Beziehungen nicht sehr erfahren sind, würden sie wahrscheinlich zu den Verlierern gehören, wenn sie auf «den oder die Richtige» warten würden, ehe sie Kinder bekommen. Teenager aus Familien mit zwei Eltern dagegen neigen dazu, sexuelle Aktivität aufzuschieben und sich für die Bildung einer dauerhaften Beziehung zu interessieren.

Zufällige Geschehnisse wie der Tod eines Elternteils können sehr unterschiedliche Auswirkungen auf verschiedene Kinder haben, wenn das eine oder andere dem verstorbenen Elternteil signifikant näherstand. Andere zufällige Ereignisse können ein Geschwister treffen, das andere aber nicht.

Wir haben vieles über die Familie gesagt, aber einen Hauptpunkt möchte ich hier nochmals betonen: Wir mißdeuten die Familie, wenn wir – gemäß der orthodoxen Auffassung von der Psychoanalyse – annehmen, sie sei ein wesentlicher Faktor für die Ähnlichkeit zwischen Individuen. Die Herkunft aus einer gestörten Familie ist heutzutage nichts Besonderes mehr. Es kann kein Zweifel mehr daran bestehen, daß Individuen in derselben Familie sich in fast jeder Hinsicht nicht mehr gleichen als die meisten nicht miteinander verwandten Fremden. Der Psychologe Hans Eysenck hat das gut ausgedrückt:

Traditionelle Theorien seit Freud über den wichtigen Einfluß der Familie auf die Persönlichkeit (und verwandte Einflüsse wie sozioökonomischer Status und Erziehung) erscheinen heute als falsch. Allein dieses Resultat erfordert eine Revolution im gegenwärtigen Denken über die Entwicklung der Persönlichkeit.

Wie wir gesehen haben, werden unterschiedliche Sexualstrategien einiger Kinder durch die frühe Umgebung hervorgebracht, in der sie leben. Wie verschieden aber sind die allgemeinen Sexualstrategien der beiden Geschlechter selbst? Und wie verschieden im Denken sind die Geschlechter? Mit diesen Fragen werden wir uns im nächsten Kapitel befassen.

KAPITEL 12
Körperliche Unterschiede – Fragen des Geschlechts

«Biologie ist Schicksal», schrieb Sigmund Freud und vertrat damit die Auffassung, daß Männer und Frauen verschiedene Arten von Entwicklung durchmachen. In Opposition dazu sind manche Leute heute entschlossen, alle Geschlechtsunterschiede zu negieren oder zumindest zu verwischen. Sind solche Unterschiede gemeint wie die der Rasse, die im wesentlichen eine Folge des sozialen Status und anderer Umweltfaktoren sind? Oder soll man sich die Art der Unterschiede eher wie die zwischen zwei Spezies vorstellen, bei denen gewisse Fähigkeiten biologisch determiniert sind? Oder handelt es sich um eine Mischung von beidem? Zwar ist die Hautfarbe, wie wir gesehen haben, zur Bestimmung des Selbst unwichtig; das Geschlecht aber ist keineswegs unwichtig. Es ist eine wichtige biologische Tatsache.* Es spielt indessen keine Rolle dabei, wie wir unser Geschäft oder unser berufliches Leben führen, und es spielt nur eine geringe Rolle dabei, wie wir sprechen oder zu ande-

---

* Wir müssen zwischen den Begriffen *biologisches Geschlecht* und *gesellschaftliches Rollenverhalten*, die oft miteinander verwechselt oder gleichgesetzt werden, unterscheiden. Das *Geschlecht* ist eine Frage der Biologie. Ob man männlich oder weiblich ist, wird bei der Empfängnis bestimmt. Welches Verhalten jedoch von einem Mann oder einer Frau innerhalb einer Gesellschaft erwartet wird, ist eine Frage des *Rollenverhaltens*; das ist kein biologisches, sondern ein soziales Phänomen. Daß mehr Männer Sport lieben und mehr Frauen den Tanz, hat mit der gesellschaftlich bedingten Rolle zu tun und nicht mit dem biologischen Geschlecht.

ren in Beziehung treten. *Geschlechtsunterschiede spielen die größte Rolle in rein sexuellen Angelegenheiten.* Wenn wir Dinge betrachten, die mit Sexualität wenig oder so gut wie nichts zu tun haben, sind Geschlechtsunterschiede nur von drittrangiger Bedeutung. So mögen sich Männer und Frauen in ihren sexuellen Strategien wie etwa der Partnerwahl unterscheiden. Sie mögen sogar Unterschiede in der Raumwahrnehmung und in bestimmten Komponenten verbaler und mathematischer Fähigkeiten aufweisen, doch sind diese Unterschiede im Grunde nicht sehr erheblich. Das heißt, wenn wir das Geschlecht als Basis für unterschiedliche Fähigkeiten in Mathematik, Musik, Schreiben und dergleichen ansehen, forschen wir sicherlich am falschen Ort. Der richtige Ort ist die Art und Weise, auf die jeder von uns lernt, in der Welt zu handeln.

Erinnern Sie sich, welche Rolle das Erlernen einer Sprache spielt. Es setzt uns auf eine Entwicklungsbahn, die wir nie wieder verlassen können. In unserer Gesellschaft neigen die Menschen zu dem Glauben, Männer seien mit größerer Wahrscheinlichkeit unabhängig, ehrgeizig, kompetent und aufgabenorientiert als Frauen. Mathematik, Ingenieurswesen und die Wissenschaft im allgemeinen sind Gebiete, auf denen man eher von Männern als von Frauen herausragende Leistungen erwartet. Es ist also keine große Überraschung, daß Männer etwa 84 Prozent aller Ärzte der Vereinigten Staaten stellen, obwohl die Zahl der Ärztinnen heute rapide ansteigt. Zwischen 1970 und 1989 wuchs sie in den USA um 400 Prozent.

Bei Vollzeitbeschäftigung verdienen Frauen zwei Drittel von dem, was Männer verdienen. Weibliche Vizepräsidentinnen von Konzernen verdienen 42 Prozent weniger als Männer in vergleichbaren Positionen. Können diese Einkommensunterschiede durch Unterschiede in der Kompetenz von Männern und Frauen gerechtfertigt werden? Um es ganz klar zu sagen: Die Antwort lautet NEIN.

Das soll aber nicht heißen, daß Männer und Frauen gleich

sind. Es gibt schließlich viele körperliche Unterschiede zwischen den Geschlechtern. Die auffallendsten sind die Fortpflanzungsorgane sowie in der Regel auch Körpergröße und -gewicht sowie die Muskelmasse. Männer sind im Durchschnitt in jüngerem Alter physisch aktiver als Frauen und ihnen typischerweise überlegen in Aufgaben, die die grobe motorische Kontrolle und räumliches Denken betreffen. In diesem Kapitel werden wir zuerst einen Blick auf die tatsächlichen Unterschiede zwischen Männern und Frauen werfen und dann analysieren, was diese Unterschiede bedeuten und welche Rolle sie spielen.

Fortpflanzung und Sexualität

Viele Unterschiede zwischen Männern und Frauen sind trivial. Für die Unterschiede, die die Fortpflanzung betreffen, gilt das gewiß nicht. Die Fähigkeit, Kinder auszutragen, sowie die damit verbundene physiologische Anstrengung und Verantwortung können das Leben einer Frau sehr verschieden von dem eines Mannes machen. Aller Wahrscheinlichkeit nach ist dieser Unterschied auch die Wurzel aller gesellschaftlich relevanten Unterscheidungen der Rolle und des Status von Männern und Frauen. Dank der Empfängnisverhütung allerdings sind die Frauen heute frei, sich zu entscheiden, wie sie ihr Leben führen möchten.

Die größte Rolle spielen Geschlechtsunterschiede in sexuellen Angelegenheiten, da das sexuelle Verhalten für das Überleben jeder Spezies von entscheidender Bedeutung ist. Deswegen wird wahrscheinlich alles, was die Fähigkeit zur Fortpflanzung betrifft, an die Nachkommen weitergegeben. Verhalten, das die Fortpflanzung beeinträchtigt (etwa, sich nicht oft genug oder erfolgreich genug zu paaren oder nicht genug in die eigene Nachkommenschaft zu investieren), wird schließlich zum Untergang der Linie führen, die die Gene für dieses unzulängliche Fortpflanzungsverhalten trägt.

Erinnern Sie sich an die Diskussion im vorhergehenden Kapitel über die Paarungsstrategien bei der r-Selektion und der K-Selektion. Die einfachste Art, sich so etwas wie «Fortpflanzungsstärke» vorzustellen, sind zwei Erkenntnisse: 1. Diejenigen Gene, die am häufigsten kopiert werden, werden die anderen dominieren. 2. Die Gene, deren Instruktionen die ausführenden Organe anweisen, die meisten Kopien zu erzeugen, werden gewinnen.

Bei den meisten Tieren sind die Geschlechter in der körperlichen Form und in ihrem Fortpflanzungsverhalten ziemlich verschieden. Bei den Löwen beispielsweise paart sich ein dominantes Männchen mit mehreren Weibchen, die allesamt in einer Gruppe leben. Das Männchen hat viele Partnerinnen, während sich die Weibchen einen einzigen Partner teilen. Haben die Menschen in diesem Fall die automatischen, angeborenen Kontrollen transzendiert, die niedrigeres Tierverhalten bestimmen, indem sie die Paarungsmodalitäten beschränkt haben? Um das zu beantworten, müßten wir vielleicht mehr über unsere Evolutionsgeschichte wissen.

Die Methode, das Phänomen der Sexualität in evolutionären Begriffen zu betrachten, kann uns viel über unser heutiges Fortpflanzungsverhalten verraten. Da die Fortpflanzung der für die Evolution wichtigste Teil des Lebens ist, wird sie auch am ehesten durch die Evolution selektiert. So ist beispielsweise ein Baby ein großes biologisches Ereignis im Körper und im Leben einer Frau. Selbst wenn sie es nicht stillt, hat sie es doch neun Monate lang in ihrem Leib getragen. Daher sind Menschenfrauen nur zur Hervorbringung weniger Nachkommen in ihrem Leben fähig. Eine Frau, die zwanzig Kinder zur Welt gebracht hat, wäre in der Tat bemerkenswert, während das *Guinness-Buch der Rekorde* die höchste Anzahl der Nachkommen eines einzigen Mannes mit über dreitausend angibt. Eine Frau hat höchstens etwa vierhundert lebensfähige Eier und würde mehr als dreihundert Jahre brauchen, um sie alle auszutragen, selbst wenn jeweils am Tag der Geburt bereits das nächste Ei befruchtet würde.

Menschenmänner dagegen produzieren bei jeder Ejakulation viele Millionen Spermien und sind fähig, ihre Gene durch Zeugung neuer Nachkommen täglich oder sogar mehrmals täglich zu replizieren. Was den reinen Zweck der Fortpflanzung angeht, kann der Mann die meisten genetischen Kopien seiner selbst produzieren, indem er sein Fortpflanzungsverhalten so oft wie möglich anwendet – und mit so vielen verschiedenen Partnerinnen wie möglich. Statistisch ist es überdies zutreffend, daß Männer in jedem Alter mehr sexuelle Erlebnisse pro Woche haben als Frauen, und diese Erlebnisse können mit dem anderen Geschlecht, mit dem gleichen Geschlecht oder mit der eigenen Person stattfinden.*

Damit eine Frau die größtmöglichen Chancen hat, ihre Gene in neuen Organismen zu replizieren, die lange genug leben, um sie erneut zu kopieren (der Alltagsname für diese Organismen lautet «Babys»), sucht sie sich am besten sorgfältig Partner aus, die ihr lebensfähige Kinder geben und ihr im Idealfall auch helfen, sie großzuziehen. Menschliche Väter bleiben bei ihrer Nachkommenschaft und kümmern sich viel mehr um sie als andere männliche Primaten, und viele Evolutionsbiologen meinen, wiederholte sexuelle Aktivitäten zwischen den Partnern festige diese Bindung. Selbst wenn der physische Sexualakt eines Paares nicht auf Nachkommen abzielt, kann er daher zum Überleben ihrer Gene in den bereits geborenen Kindern beitragen.

Aus evolutionärer Sicht können wir also Voraussagen über mehrere wichtige Bereiche treffen, in denen menschliche männliche und weibliche Partnerpräferenzen davon beeinflußt wer-

---

* Diese Feststellung, so kontrovers sie ist, ist unanfechtbar und basiert auf den Durchschnittswerten großer Gruppen in allen möglichen Gesellschaften auf der ganzen Welt. Doch wie alle Gruppenunterschiede gelten diese Werte nicht für jede Person. Einige Frauen haben sicher häufiger Sex als einige Männer, und manche Frauen haben eine sexuelle Präferenz für viele Partner, während manche Männer lieber monogam sind. Im Durchschnitt allerdings gibt es auf der Welt mehr Männer mit einer Präferenz für viele Partner als Frauen.

den, wie unterschiedlich Männer und Frauen Nachkommen hervorbringen. Frauen wären beispielsweise gut beraten, Partner zu wählen, die ihre Aktivitäten, also Nahrungsbeschaffung, Schutz, Kinderpflege und sozialen Status, in den Erfolg ihrer Kinder investieren.

Der Psychologe David Buss nimmt an, dieses Kriterium für Männer könne man als «Verdienstfähigkeit» und Ehrgeiz oder Fleiß wahrnehmen. Er merkt an, daß die Weibchen vieler nichtmenschlicher Spezies sich «vorzugsweise mit Männchen paaren, die größere Begabungen besitzen, bessere Territorien besetzt halten oder einen höheren Rang in der Gruppe demonstrieren». Diese Vorzüge könnten auch als Indikatoren für größere genetische Lebensfähigkeit dienen, so daß die «Spitzen»männchen mit größerer Wahrscheinlichkeit starke, dominante Nachkommen zeugen, die sich ihrerseits wieder mit höherer Wahrscheinlichkeit erfolgreich fortpflanzen.

Menschenmänner sollten nach den Evolutionsprinzipien bezüglich ihrer Partnerinnen zwei überragende Anliegen haben: 1. Die Frauen sollten fruchtbar sein – also Kinder austragen können. Die Fruchtbarkeit der Frau erreicht ihren Höhepunkt Anfang Zwanzig und nimmt in den folgenden zwei Jahrzehnten ab, um in den mittleren Jahren zu enden. Die Männer sollten also geneigt sein, Frauen um die Zwanzig als Partnerinnen zu bevorzugen. 2. Wenn ein Mann seine Energien in eine Frau und ihre Kinder investieren soll, dann muß er sicher sein, daß er seine eigenen Gene fördert und nicht die anderer Männer. Das bedeutet: Männliche Eifersucht, laut Statistik für fast ein Viertel aller Morde verantwortlich, könnte sehr wohl von diesem biologischen «Imperativ» bestimmt sein, ebenso wie die soziale Tradition, weiblicher «Keuschheit» einen hohen Wert beizumessen, was in diesem Zusammenhang als ein Indiz dafür zu gelten scheint, daß es der Frau widerstrebt, sich verschiedene Partner zu suchen.

Die Frage sexueller Treue ist schwer mit spezifischen Charakterzügen oder physischen Merkmalen zu identifizieren. Eine Studie versuchte, sie durch Verhaltensstereotype zu analysieren. Bei dieser Untersuchung an amerikanischen College-Anfängern sahen Studentenpaare Szenen, in denen ihre Freunde oder Freundinnen sich in eindeutiger Weise Personen des anderen Geschlechts näherten, und sollten danach Fragen über ihre Gefühle beantworten. Die Männer neigten dazu, unangenehme Vorstellungen darüber zu äußern, daß ihre Freundinnen sich sexuell mit anderen Männern einließen, während die Frauen eher dazu tendierten, Angst vor dem Verlust der Zuneigung ihrer Freunde zu äußern.

Eifersucht wird von den Geschlechtern unterschiedlich erlebt, und zwar vielleicht aufgrund der Schwierigkeiten, die Vaterschaft zu bestimmen. Denken Sie mal über diese Frage nach:

Was würde Sie mehr aufbringen oder bekümmern:
(a) die Vorstellung, daß Ihr Partner Geschlechtsverkehr mit jemand anderem hat, oder
(b) die Vorstellung, daß Ihr Partner eine tiefe emotionale Bindung an jemand anderen entwickelt?

85 Prozent der Frauen fanden die zweite Aussicht irritierender, während dies nur bei 40 Prozent der Männer der Fall war. Anders betrachtet, fanden 60 Prozent der Männer und nur 15 Prozent der Frauen, also nur ein Viertel soviel, sexuelle Untreue schlimmer. Ihre körperlichen Reaktionen bestätigten diese Aussagen, da Männer eine stärkere Streßreaktion (erhöhter Puls, Hautleitfähigkeit, Stirnrunzeln) auf die vorgestellte Untreue als auf die emotionale Illoyalität zeigten. Bei Frauen war es umgekehrt.

Eine gute Möglichkeit festzustellen, ob Partnerpräferenzen zwischen den Geschlechtern von Natur aus unterschiedlich sind, ist die Untersuchung dieser Präferenzen in verschiedenen Kulturen. David Buss studierte 37 Kulturen in aller Welt und fand bemerkenswerte Übereinstimmung in der Partnerwahl. In allen untersuchten Kulturen wurden «gute finanzielle Aussichten» des Partners von den Frauen häufiger als von den Männern als wichtige Merkmale eines Partners genannt.

168

«Ehrgeiz und Fleiß» erhielten ebenfalls hohe Werte als wünschenswerte Partnermerkmale bei beiden Geschlechtern aller Kulturen, doch Frauen legten in beinahe allen Kulturen mehr Wert darauf als Männer. Und in allen Kulturen bevorzugten Männer Partnerinnen, die im Durchschnitt drei Jahre jünger waren als sie selbst. Die Männer äußerten Heiratswünsche im durchschnittlichen Alter von 28 Jahren, das durchschnittliche Alter der erwünschten Partnerin betrug 24, was etwa der Gipfel der Fruchtbarkeit ist. (Es gibt eine Gruppe von Männern, die durchgehend ältere Frauen bevorzugen. Diese Männer sind allerdings 16 bis 19 Jahre alt, und die «älteren Frauen» dann natürlich etwa 22 bis 24 – wieder auf dem Gipfel der Fruchtbarkeit.)

Frauen äußerten überall eine Präferenz für ältere Männer. Obwohl dieser Fund von der Theorie nicht vorhergesagt worden war, könnte er ein weiterer Nachweis für den weiblichen Wunsch sein, Partner zu haben, die bessere Versorger sind, denn die meisten Männer erwerben mit zunehmendem Alter mehr.

Die möglicherweise kontroverseste Idee ist, daß Männer Schönheit bei Frauen vielleicht mehr schätzen als umgekehrt. Die Untersuchung von Buss bestätigte auch diese Annahme: In allen 37 Kulturen lag den Männern mehr an der äußeren Erscheinung ihrer Partnerin als den Frauen an der körperlichen Attraktivität ihrer Partner. (Siehe Anmerkungen zu diesem Kapitel, Seite 271.)

Was Keuschheit betrifft, waren die Feststellungen nicht so eindeutig wie bei den anderen Kriterien. In mehr als der Hälfte der Kulturen waren die Männer daran interessiert, Partnerinnen ohne vorherige sexuelle Erfahrungen zu bekommen, als dies bei den Frauen der Fall war. In vielen Kulturen jedoch bestand im Hinblick auf diese Präferenzen kein Unterschied zwischen den Geschlechtern. Falls dies ein Bereich des menschlichen Lebens ist, der genetischem Druck unterliegt, so ist er doch auch stark von der kulturellen Umgebung beeinflußt.

Wir wissen zwar nicht, wie Gene Partnerpräferenzen regulieren können, doch es ist klar, daß wir mit bewußter Anstrengung solche Präferenzen überwinden können, die gegen unsere persönlichen, sozialen oder kulturellen Ideale gerichtet sind. Dasselbe gilt für andere Lebensbereiche. In der Umwelt beispielsweise, in der sich unsere Vorfahren entwickelten, war die Beschaffung leichter Kost schwierig; unsere Ahnen mußten sich von viel Fett und Zucker ernähren, um ihr tägliches Überleben zu sichern. Heute jedoch lernen viele Menschen, auf Süßigkeiten und fette Speisen zu verzichten, und entscheiden sich für kalorienarme Gemüse und dergleichen, weil für die meisten reichlich Nahrung zur Verfügung steht und weil sie glauben, daß ihrer Gesundheit auf lange Sicht mit einer kalorien- und fettarmen Ernährung besser gedient ist.

Auf ähnliche Weise kann unsere Fähigkeit, die Genetik hintanzustellen, uns in solchen Bereichen nutzen, wo die ererbten Tendenzen männlicher und weiblicher Partnerwahl zu sozialer Zwietracht führen könnten. Die ererbte Tendenz bei Männern wäre etwa, zur Sicherung von ausreichender Nachkommenschaft mehr als nur eine Partnerin zu haben. Und es trifft noch immer zu, daß die Polygamie (mehrere Ehefrauen für einen Mann) weit verbreiteter ist als die Polyandrie (mehrere Ehemänner für eine Frau). Polygame Ehen sind jedoch häufig problematisch und lösen viel Streit zwischen den Frauen aus, die um die Aufmerksamkeit und die Anstrengungen des Mannes für ihre Versorgung konkurrieren. Polygamie fördert auch die soziale Ungleichheit, denn die Männer, die sich mehr Frauen nehmen, sind oft diejenigen, die größeren Reichtum und mehr Macht besitzen. Daher haben inzwischen die meisten Kulturen die Polygamie per Gesetz untersagt und die Monogamie eingeführt, die eine gleichberechtigte Partnerschaft bietet und auch Konflikte zwischen den Frauen sowie zwischen den Männern verringert.

Arbeit und Lebensunterhalt

Trotz der Entbehrlichkeit und Zerbrechlichkeit des Mannes (siehe Anmerkungen S. 271) hatten und haben die Männer in buchstäblich allen Gesellschaften die mächtigsten und geachtetsten Positionen inne. Warum? Sind Männer denn «von Natur aus» dominant? Sind sie tatsächlich klüger? Neue Studien bestätigen keine der beiden Annahmen.

Vielleicht entscheidet die Kontrolle über die am meisten geschätzten Güter einer Gesellschaft darüber, wer dominiert. Menschen brauchen beispielsweise Protein, um zu leben, und Fleisch ist eine wesentlich konzentriertere Proteinquelle als Früchte und Gemüse. Männer sind diejenigen, die diese hochgeschätzte Nahrung jagen. Eine große Gazelle, von einem Jäger oder einer Jägergruppe erlegt und nach Hause gebracht, kann mehrere Familien einige Tage lang ernähren. So können viele für einen relativ langen Zeitraum von der Arbeit weniger gut essen.

Eine alternative Theorie besagt, daß die Fortpflanzungsfähigkeit der Frau die allerwertvollste Kraftquelle ist, und die Notwendigkeit, dieses Potential zu kontrollieren, mag tatsächlich zur männlichen Dominanz beitragen. Männer müssen nämlich ihren Nachwuchs identifizieren können, um sicher zu sein, daß sich ihre Investition, genetisch gesprochen, lohnt. Frauen wissen immer, wer ihr Baby ist, aber Männer können niemals sicher sein, es sei denn, sie kontrollieren den sexuellen Zugang zu einer bestimmten Frau. Um sich also seiner Kinder sicher zu sein, muß man sich zuerst der Mutter sicher sein. Frauen dürften das unterstützen, um Partner zu finden, die in ihre Kinder investieren.

Männer dominieren und erheben Anspruch auf die Arbeit, die einen hohen Rang hat. In allen 800 präindustriellen Gesellschaften, die von Anthropologen untersucht wurden, waren die Männer Jäger und die Frauen Sammler. Das liegt daran, daß es schwierig ist, ein erfolgreicher Jäger zu sein, während man schwanger ist oder ein Kind stillt und mehrere andere um sich

171

hat. Außerdem sind Männer größer und stärker als Frauen und können gewöhnlich schneller laufen. Ferner haben die Männer in jeder Gesellschaft das Kämpfen übernommen. Das liegt nicht nur an ihrer größeren physischen Kraft, sondern auch daran, daß der Kampf ebenfalls das Überleben der nächsten Generation entscheidet. In einer Population von hundert Männern und hundert Frauen würde, wenn von den Frauen 99 in einer Schlacht stürben, im folgenden Jahr in der Gruppe wahrscheinlich nur ein einziges Kind geboren, und das Überleben der Gruppe wäre gefährdet. Wenn aber 99 Männer im Kampf umkämen, könnte jede der überlebenden Frauen von dem einen verbleibenden Mann ein Kind zur Welt bringen. Daher sind Männer im Sinne ihres Fortpflanzungswertes das entbehrlichere Geschlecht. Ihr Samen fließt reichlich und ist billig, während die Fruchtbarkeit der Frauen begrenzt und für die Rasse ein kostbares Gut ist.*

Doch die Menschen sehen einander nicht ausschließlich als Maschinen zur Produktion von Babys. Buss hat festgestellt, daß in allen Teilen der Welt Eigenschaften wie Freundlichkeit, Verständnis und Intelligenz bei einem potentiellen Partner höher geschätzt werden als körperliche Attraktivität und Finanzkraft. Darin gab es keine Unterschiede zwischen Männern und Frauen; beide Geschlechter möchten ihr Leben mit klugen, umgänglichen Menschen teilen.

Hormone und Geschlechtsunterschiede

Die Geschlechtsunterschiede, die nichts mit der Sexualität zu tun haben und nicht das gesellschaftliche Verhalten bestimmen, scheinen ihre Quelle in hormonellen Einflüssen auf die Gehirnentwicklung zu haben. Bei niedrigeren Säugetieren ist die Be-

* Diese Feststellung basiert natürlich auf einem Zustand, bei dem maximale Fortpflanzung am vorteilhaftesten wäre. Heute, bei der allgemeinen Übervölkerung, erschiene übermäßige Fortpflanzung nicht angepaßt.

ziehung zwischen Verhalten, Fähigkeiten und Hormonen wesentlich klarer als beim Menschen. Männliche Hormone veranlassen Ratten beiderlei Geschlechts zu verstärkter Aggression, schnellerem Lernen und der Einnahme der männlichen Sexualposition bei der Paarung. Ein Mangel an männlichen Hormonen bewirkt, daß sie die weibliche Sexualposition einnehmen, langsamer lernen und weniger aggressiv sind. Männliche Ratten scheinen räumliche Hinweise beim Erlernen der Wege durch ein Labyrinth stärker zu nutzen als weibliche, was ihre größere Schnelligkeit erklärt. Außerdem wird die Hirnentwicklung von Ratten beeinflußt, wenn man ihnen Hormone verabreicht.

Im allgemeinen spielen Sexualhormone im Verhalten nichtmenschlicher Säugetiere eine viel größere Rolle als beim Menschen. Angesichts der winzigen Unterschiede in den kognitiven Fähigkeiten zwischen Männern und Frauen ist es wohl unwahrscheinlich, daß solche Unterschiede für den Evolutionserfolg des Menschen irgendeine Rolle gespielt haben. Ihre Existenz ist möglicherweise nur ein Nebenprodukt der hormonalen Einflüsse auf die Gehirnstruktur. So werden beispielsweise manche Gehirnstrukturen verändert, wenn der Fetus Testosteron zugeführt bekommt. Die linke Hemisphäre entwickelt sich langsamer als die rechte und ist daher durch ungünstige Einflüsse stärker gefährdet. Testosteron kann die Entwicklung der linken Hemisphäre noch weiter verlangsamen, was zu einer relativ größeren Dominanz der rechten Hemisphäre führt. Gestützt wird diese Annahme durch die Tatsache, daß es mehr linkshändige Männer als Frauen gibt.

Untersuchungen an rechts- und linkshändigen Menschen zeigen, daß es einen Zusammenhang zwischen Gehirnorganisation und räumlichen Fähigkeiten gibt. Linkshändige Frauen scheinen über bessere räumliche Wahrnehmung zu verfügen als rechtshändige, und linkshändige Männer scheinen beim räumlichen Denken schlechter abzuschneiden als rechtshändige Männer. Es gibt keine Stereotype, die zu erklären vermögen, wie kulturelle Erfahrungen die gegensätzlichen Tendenzen bei den räumlichen Fähigkeiten von rechts- bzw. linkshändigen Männern und Frauen erzeugen könnten. Diese Feststellung ist auch ein guter Hinweis darauf, daß optisch-räumliche Fähigkeiten eher biologisch beeinflußt als rein sozialen Ursprungs sind.

Es gibt neue und interessante Ergebnisse bezüglich der hormonellen Beeinflussung des räumlichen Denkens. Bei diesbezüglichen Tests schneiden Männer mit niedrigem Testosteronspiegel besser ab als solche mit hohem, bei Frauen ist es genau umgekehrt. Es scheint also einen optimalen Testosteronspiegel für räumliche Fähigkeiten zu geben.

Es gibt Nachweise dafür, daß nicht Testosteron, sondern das «weibliche» Hormon Östradiol Unterschiede in der Raumerfassung bestimmt. Testosteron wird tatsächlich in Östradiol umgewandelt, ehe es im Gehirn wirkt. Frauen, die von Natur aus Östradiol sowie kleine Dosen Testosteron produzieren, haben sehr viel mehr Östradiol im Gehirn als Männer. Die Theorie lautet, daß sowohl hohe als auch niedrige Östradiolspiegel mit relativ schlechter räumlicher Wahrnehmungsfähigkeit zusammenhängen. Es scheint einen günstigen mittleren Spiegel des Hormons zu geben, der mit guten räumlichen Fähigkeiten korreliert ist. Die besten Spiegel findet man bei Frauen, die mehr Testosteron produzieren als der Durchschnitt, und bei Männern, die weniger Testosteron produzieren als der Durchschnitt. Daher geht es in diesem Punkt überhaupt nicht um männlich oder weiblich, sondern um die Höhe der Hormonproduktion ganz unabhängig vom Geschlecht.

Unterstützt wird diese Annahme durch Forschungsarbeiten, die zeigen, daß die Fähigkeiten von Frauen je nach den hormonellen Variationen ihres Menstruationszyklus schwanken. Tatsächlich lösen Frauen räumliche Aufgaben besser, wenn die «weiblichen» Hormone am wenigsten aktiv sind, also in der Menstruationsphase. In der mittleren Phase, wenn der Östrogenspiegel hoch ist, sind Frauen im verbalen Ausdruck flüssiger und können sich besser artikulieren. Diese Unterschiede sind jedoch geringfügig. Erwähnenswert ist, daß Männer ebenfalls

Schwankungen aufweisen, wenn auch während einer längeren Zeitspanne. Die kanadische Psychologin Doreen Kimura hat festgestellt, daß die räumliche Wahrnehmungsfähigkeit von Männern im Frühling, wenn der Testosteronpegel niedrig ist, besser ist.

Visuospatiale Fähigkeit

Visuospatiale Fähigkeit bezieht sich auf die Fertigkeit, symbolische, nichtsprachliche Information darzustellen, umzuwandeln, zu erzeugen und zu erinnern. Diese Gruppe von Fähigkeiten ist sehr wichtig auf Gebieten wie Ingenieurtechnik, Architektur, Chemie und Bauwesen. Man benutzt Tests der visuospatialen Fähigkeit, um die Erfolge von Studenten bei der Ausbildung zum Ingenieur vorherzusagen. Unterschiede in dieser Fähigkeit repräsentieren – abgesehen von den körperlichen sexuellen Merkmalen – die stärksten Nichtübereinstimmungen zwischen den Geschlechtern.

Betrachten wir die Ergebnisse von standardisierten Tests wie dem SAT, der in den letzten 27 Jahren mit Tausenden von Studenten durchgeführt wurde. Im Jahre 1983 hatten die Jungen die lange bestehende Lücke in den Tests für sprachliche Fertigkeiten geschlossen und frühere Unterschiede in der Wahrnehmungsgeschwindigkeit um 50 Prozent reduziert. Auch die Mädchen hatten beim Test ihrer räumlichen und numerischen Fähigkeiten erheblich aufgeholt. Nur die Testwerte auf dem höchsten Niveau der Mathematik, wo visuospatiale Fähigkeiten eine große Rolle spielen, blieben weiterhin signifikant unterschiedlich: Die Männer schnitten besser ab als die Frauen. Es läßt sich ja auch nicht übersehen, daß Jungen wesentlich mehr Kurse für höhere Mathematik belegen als Mädchen.*

* Es ist möglich, daß wir die Zahl der brillanten Mathematiker vergrößern würden, wenn wir das Training der visuospatialen Fähigkeiten als Teil des normalen Lehrplans anbieten würden. Zwischen mathematischer Leistung und visuospatialen Fähigkeiten existiert

Männer und Frauen erlernen das Lesen geographischer Karten sehr unterschiedlich. Lisa Galea führte eine Untersuchung an Studenten durch, die gebeten wurden, einer Route auf einer Landkarte zu folgen. Männer hatten die Route viel schneller erfaßt als Frauen. Wenn aber beide Geschlechter sie erst einmal «intus» hatten, erinnerten sich Frauen genauer als Männer aufgrund von Landmarken an den Weg. Männer schienen eine bessere Fähigkeit zu besitzen, den Raum anhand abstrakter Begriffe zu analysieren, während die Frauen sich eher daran orientierten, wie der Raum tatsächlich organisiert war. Vielleicht haben diese Unterschiede damit zu tun, wie Männer und Frauen sich in der vorindustriellen oder sogar voragrikulturellen Zeit entwickelten.

In Jäger-Sammler-Gesellschaften gab es eine deutliche Arbeitsteilung, und das damit verbundene Raumverständnis brachte möglicherweise gewisse Selektionsvorteile. Männer waren für das Jagen von Wild verantwortlich, was oft Wanderungen über weite Distanzen erforderte, sowie für die Verteidigung der Gruppe. Beide Aufgaben waren mit dem Betreten und Erkunden neuer Territorien verbunden, die zuvor nicht innerlich «kartiert» worden waren. Männer haben also möglicherweise eine Fähigkeit entwickelt, über weite Entfernungen ihren Weg zu finden – eine Fähigkeit, die ihnen gestattete, eine geographische Formation aus verschiedenen Blickwinkeln zu erfassen und wiederzuerkennen.

Für Frauen, die notwendigerweise näher am Lager blieben, war es von Vorteil, sich besser an lokale Merkmale erinnern zu können. Frauen brauchten eher eine Orientierungsfähigkeit über kurze Distanzen; sie brauchten in dem begrenzten Raum rings um das Heim mehr feinmotorische Fähigkeiten. Vielleicht war es aber auch anders; vielleicht ist der Unterschied ein zufäl-

ein signifikanter Zusammenhang. Tatsächlich haben Forscher, als sie die Beziehung von räumlichen Fähigkeiten zu quantitativen Fähigkeiten und Geschlecht untersuchten, festgestellt, daß der ganze Unterschied in den räumlichen Fähigkeiten liegt und das Geschlecht irrelevant ist.

liges Nebenprodukt der Hormone in utero, und die Gesellschaften haben ihn sich lediglich zunutze gemacht.

Entwicklung von Jungen und Mädchen

Jungen weisen eine frühere Entwicklung der rechten Hemisphäre auf als Mädchen. (Man erinnere sich daran, daß die rechte Hemisphäre mit der linken Hand, dem linken Auge und dem linken Ohr verbunden ist, die linke Hemisphäre mit dem jeweils rechten.) Die Psychologin Sandra Witelson bat Jungen und Mädchen im Alter von 3 bis 13 Jahren, in die Hand genommene Gegenstände gesehenen Formen zuzuordnen. Im Alter von 5 Jahren konnten Jungen das besser mit Objekten, die sie in der linken Hand hielten, als mit solchen in der rechten. Bei Mädchen trat bis zum Alter von 13 Jahren kein solcher Unterschied auf.

Bei Aufgaben für die linke Hemisphäre schneiden Mädchen ein wenig besser ab als Jungen. Marcia Bryden trug Jungen und Mädchen im Kindergarten, in der zweiten, vierten, sechsten und achten Klasse gesprochene Silben vor. Ab der vierten Klasse zeigten Mädchen bei Höraufgaben einen Vorteil des rechten Ohrs (linke Hemisphäre); Jungen waren langsamer in der Entwicklung der Fähigkeiten der linken Hemisphäre.

Wie erwachsene Männer schneiden Jungen besser ab, wenn es darum geht, auf einem ablenkenden Hintergrund eine Horizontale oder Vertikale zu lokalisieren, und sie sind besser in «mentaler Rotation», das heißt besser befähigt, vor dem inneren Auge ein Bild zu drehen oder aufzufalten, um von verschiedenen Blickpunkten aus dieselbe Form zu erkennen. Sie schneiden auch besser ab bei «Ankunftszeit»-Aufgaben, die die Fähigkeit messen, zutreffend zu beurteilen, wann ein bewegter Gegenstand auf ein Ziel treffen wird.

Verbale Fähigkeiten

Unterschiede zwischen Männern und Frauen in verbalen Fähigkeiten sind wesentlich geringer als die in der Sexualität und bei den räumlichen Fähigkeiten. Frauen schneiden besser ab bei Aufgaben in den Bereichen Grammatik, Buchstabieren, Lesen, Erkennen verbaler Analogien, Vokabelrepertoire sowie Worterzeugung auf Kommando. Am deutlichsten wird der Unterschied bei der Aufgabe, gleichbedeutende Wörter, also Wortsynonyme, zu finden. Männer schneiden ein wenig besser ab bei der Analogienbildung (Beispiel: «Die Socke verhält sich zum Fuß wie der Handschuh zu ...»), was erklären würde, warum Jungen im verbalen Teil des Scholastic-Aptitude-Test ein wenig besser abschneiden, trotz der allgemeinen Vorteile von Mädchen, die bei anderen Tests zutage treten.

Aggressives Spiel

Wie bei den meisten Tieren sind auch beim Menschen die Männer konstant aggressiver als die Frauen. Männer machen gröbere Raufspiele; sie benutzen mehr physische Aggression. Sie versuchen, ihre Altersgenossen zu übertrumpfen oder zu beherrschen, und zeigen auch mehr antisoziales Verhalten als Frauen. Männer bevorzugen Fernsehprogramme mit aggressiven Inhalten. Sie sind auch entdeckungs- und risikofreudiger als Frauen. Sie haben mehr Unfälle, die eine medizinische Notbehandlung erfordern. Und sie nehmen sich selbst als kühner und abenteuerlustiger wahr. Männer sind impulsiver und bösartiger als Frauen. Sie haben mit größerer Wahrscheinlichkeit Wutanfälle, legen öfter zerstörerische Verhaltensweisen an den Tag und überreagieren schneller auf Frustration.

Temperament und soziales Engagement

Frauen sind eher furchtsam, ängstlich und weniger selbstsicher als Männer. Sie haben auch eine weniger günstige Einstellung zu ihrer eigenen Kompetenz, erreichen höhere Werte, wenn soziale Anpassung gemessen wird, und sind gefälliger. In Gruppensituationen, die durch Unsicherheit gekennzeichnet sind, lassen sie sich vom Druck der Peer-Gruppe stärker beeinflussen. Frauen sind einfühlsamer als Männer. Ihre Freundschaften, zumindest in unserer Kultur, legen großes Gewicht auf die Diskussion von Gefühlen, und sie können die Emotionen eines Menschen an seinem Gesichtsausdruck und Tonfall besser erkennen als Männer. Sie sind stärker an karitativen Aktivitäten beteiligt, z. B. an der Förderung von Benachteiligten und der Speisung von Obdachlosen, während Männer sich mehr als Frauen in politischen und sozialen Konflikten engagieren.

Auch die Freundschaftsmuster sind unterschiedlich. Frauen entwickeln intensivere Vertrautheitsbeziehungen als Männer, die ihrerseits zahlreichere und weniger verbindliche Beziehungen haben. In allen Kulturen zeigen Frauen mehr Interesse an Babys und nehmen stärker an nährenden Aktivitäten teil.

Mathematische Begabung

Männer zeigen (im Durchschnitt) einen Vorteil gegenüber Frauen bei mathematischen Aufgaben. Wenn «mathematische Fähigkeiten» jedoch in verschiedene Unterarten unterteilt werden, zeichnen sich Männer mehr in jenen Bereichen der Mathematik aus, die visuospatiale Fähigkeiten erfordern, etwa Geometrie, während Frauen besser darin sind, sogenannte eingekleidete mathematische Aufgaben zu lösen.

Zumindest in der Grundschule sind Mädchen im Rechnen besser als Jungen. Beim SAT-Test jedoch liegen die durchschnittlichen Werte der Jungen beständig um etwa fünfzig

Punkte höher als die bei den Mädchen. Am deutlichsten zeigt sich dieser Unterschied jedoch an der Spitze der Skala. Von denen, die über 700 Punkte bekommen (von insgesamt 800 möglichen), ist das Jungen-Mädchen-Verhältnis 17 zu 1. Bei denen, die durchschnittliche Werte um 400 erzielen, gibt es keine so dramatischen Unterschiede. Das bedeutet, daß der durchschnittliche Junge nicht mit größerer Wahrscheinlichkeit gut in Mathematik ist als das durchschnittliche Mädchen, daß jedoch ein Mathematikgenie mit wesentlich größerer Wahrscheinlichkeit ein Junge ist.

Eltern ermutigen in unserer Kultur eher Jungen zur Mathematik, und es schreiben sich mehr Jungen in Kurse für fortgeschrittene Mathematik ein als Mädchen. Während der Adoleszenz (siebte bis zwölfte Klasse) gewinnen Jungen durchschnittlich 1,62 IQ-Punkte hinzu, während Mädchen im Schnitt 1,33 Punkte verlieren. Das ist alarmierend! Der Wissenschaftler, der zu diesem Resultat kam, stellte die Hypothese auf, daß Mädchen anscheinend an Intelligenz «verlieren», weil sie sich bemühen, weiblichen Stereotypen zu entsprechen. Dafür spricht, daß Mädchen, deren Werte sanken, sich stärker «typisch weiblich» verhielten als diejenigen, die ihren IQ beibehielten.

Betrachten wir auch eine Studie über das Verhältnis von weiblichen und männlichen «begabten» Kindern: In der Grundschule beträgt es 50 zu 50. In der Junior High-School sind nur noch weniger als 25 Prozent aus der Gruppe der «Begabten» weiblich. Wenn sexuelle Rollenstereotype für diese Veränderung verantwortlich sind, dann verlieren wir ein Viertel unserer potentiell Hochbegabten an den Irrglauben, daß es nicht «weiblich» ist, intelligent zu sein.

Einfluß der Eltern auf Geschlechterrollen

Unsere ersten Worte über ein Baby betreffen sein Geschlecht. «Es ist ein Mädchen!» oder «Es ist ein Junge!» rufen wir aus. Von den ersten Augenblicken des Lebens an hat das Geschlecht einen wichtigen Einfluß auf Identität, Verhalten und Persönlichkeit. Schon bei der Geburt gibt es ein paar offenkundige Verhaltensunterschiede zwischen Jungen und Mädchen: Neugeborene Jungen sind aktiver als Mädchen, sie sind länger bzw. häufiger wach und grimassieren mehr. Außerdem sind sie reizbarer.

Doch kulturelle Einflüsse beginnen schon im Augenblick der Geburt – ja, heutzutage sogar schon vor der Geburt, bei der ersten Ultraschall-Untersuchung. Ob Jungen oder Mädchen rosa Kleider und Spitze tragen oder lieber mit Puppen statt mit Spielzeugautos und -waffen spielen, wird nicht von der Genetik oder den Hormonen bestimmt. Das sind kulturelle Entscheidungen. Im Alter von fünf Jahren ist ein Kind sich der Geschlechtsunterschiede bewußt und versucht, Geschlechtsmodelle nachzuahmen: die Eltern, andere Kinder und Leute aus dem Fernsehen.

Schon einen Tag nach der Geburt neigen Eltern dazu, ihre Söhne als stramm, energisch und entschlossen zu beurteilen, ihre Töchter dagegen als weich, klein und zart, obwohl solche Unterschiede noch gar nicht existieren. Die Eltern interpretieren das Geschrei eines männlichen Babys oft als Wut, das eines Mädchens als Angst, da sie einen Jungen als aggressiv betrachten, ein Mädchen aber als schüchtern.

Überraschenderweise sind sich die Eltern ihrer Voreingenommenheit oft gar nicht bewußt. Eine Studie stellte fest, daß Mütter ein fremdes, sechs Monate altes Baby anders behandeln, wenn sie vorher gehört haben, daß es sich um einen Jungen handelt, als wenn sie annehmen, es sei ein Mädchen (während es in Wirklichkeit ein Junge ist). Nach dem Experiment leugneten sie, sich in den beiden Situationen unterschiedlich verhalten zu haben.

Doch die unterschiedliche Behandlung war offensichtlich, und sie ist typisch. Im Alter von einem Jahr wären Jungen und Mädchen gleichermaßen glücklich mit einer Puppe oder einem Lastauto. Eltern aber geben Mädchen in der Regel Puppen, Puppenhäuser und Plüschtiere, während Jungen Bauklötze,

Autos und Sportgeräte (z. B. einen Ball) bekommen. Erst im Alter von drei Jahren fangen Kinder an, eine deutliche Präferenz für ihrem Geschlecht «angemessene» Spielsachen zu zeigen.

Eltern spielen auch unterschiedlich mit ihren kleinen Söhnen oder Töchtern. Mütter berühren ihre kleinen Mädchen mehr und ziehen es vor, sie dicht an ihrem Körper zu halten; sie sprechen häufiger und länger mit ihren Töchterchen als mit ihren Söhnen. Im Alter von zwei Jahren spielen Mädchen im allgemeinen lieber dichter bei ihren Müttern als Jungen. Kleine Jungen werden herumgeschwungen, gejagt und geschubst. In den meisten Kulturen sind sie auch eher aggressiv als Mädchen und lassen sich schneller auf Konfrontationen ein. Die Eltern von Jungen beginnen früher mit der Erziehung zu Gehorsam und dem Ansporn zu Leistungen, als es die Eltern von Mädchen tun.

Väter beeinflussen die Geschlechtsrolle ihrer Kinder mehr als Mütter. Sie tendieren dazu, ihre Töchter zu belohnen, wenn sie mit anderen Mädchen spielen, ihre Söhne aber zu tadeln, wenn diese mit Mädchen spielen.

Aber nicht nur die Eltern üben sozialen Einfluß aus; die Kinder tun das auch selbst. Kurz nachdem Kinder ihr eigenes Geschlecht identifizieren können, bevorzugen sie Sozialpartner des eigenen Geschlechts, selbst wenn die Eltern sie zum Spielen mit beiden Geschlechtern ermutigen. Im Alter von vier Jahren spielen kleine Mädchen lieber mit anderen Mädchen und kleine Jungen mit anderen Jungen. Tatsächlich entscheiden sich Kinder, die Spielpartner des anderen Geschlechts haben, oft dafür, diese Freundschaft geheimzuhalten. Diese starke Trennung der Geschlechter bleibt bestehen, bis in der Adoleszenz heterosexuelle Aktivitäten beginnen.

Kinder lernen von den Leuten, die sie beobachten, welche Verhaltensweisen gut und welche schlecht sind. Sie identifizieren sich mit Vorbildern des eigenen Geschlechts und übernehmen das «weibliche» oder «männliche» Verhalten, das sie sehen. In einer Studie wurde festgestellt, daß Mädchen, deren Mütter außer Haus arbeiteten, in ihren persönlichen Geschlechtsrollen mehr Flexibilität zeigten, vermutlich, weil sie ihre Mütter in verschiedenen Rollen erlebt hatten.

Rollenmodelle

Heutzutage ist das Fernsehen die Hauptquelle von Rollenmodellen. Im Alter von vier Jahren hat das durchschnittliche Kind bereits mehr als zweitausend Stunden ferngesehen! Fernsehserien und Werbespots liefern sehr starke Geschlechtsstereotype. Wie die Psychologin Diane Halpern mitteilt, werden im Fernsehen «Männer und Jungen als aktive, hart arbeitende, zielorientierte Individuen gezeigt, während Frauen und Mädchen als Hausfrauen bzw. zukünftige Hausfrauen dargestellt werden». Die Männer sind «dominant, aggressiv, autonom und aktiv», während die Frauen «passiv und aufsässig» sind.

Soziale Einflüsse auf die Entwicklung der Geschlechtsrollen beginnen schon bei der Geburt und vielleicht sogar früher. Wenn wir daher über die Bedeutung von biologisch bestimmten Unterschieden zwischen Männern und Frauen nachdenken, sollten wir im Sinn behalten, daß Erfahrungen das Funktionieren des menschlichen Gehirns verändern können. Wir werden das in Kapitel 16 diskutieren.

Schule

Die wenigen beständigen Unterschiede in den geistigen Fähigkeiten könnten ohne weiteres von unterschiedlichen Erfahrungen herrühren. Sobald Kinder in die Schule kommen, könnte man meinen, daß die Lehrer sie ohne Rücksicht auf ihr Geschlecht alle gleich unterrichten. Doch Lehrer behandeln Jungen und Mädchen im Klassenzimmer nicht gleich, und genau wie die Eltern sind sie sich dieser Voreingenommenheiten nicht bewußt.

Eine dreijährige Untersuchung an Schülern der vierten, sechsten und achten Klasse in mehreren Staaten ergab, daß Lehrer die Jungen mehr lobten als die Mädchen und ihnen mehr Aufmerksamkeit schenkten. Sie gaben den Jungen auch bessere Antworten auf deren Fragen. Ein Teil dieser Dominanz der Jungen im Klassenzimmer mag daher rühren, daß die Jungen eine stärkere Tendenz haben, Aufmerksamkeit zu fordern, mehr zu fragen und ungefragt Antworten zu rufen. Ein weiterer Teil der «Vorherrschaft» könnte auf der größeren angeborenen Aggressivität von Jungen beruhen.

Sowohl bei Jungen wie bei Mädchen führt der Einfluß männlicher Hormone vor der Geburt zu einem aggressiveren Spielstil. Zwar können Wissenschaftler Menschen keine Hormone zuführen, um festzustellen, ob die Verabreichung dieser Hormone die Entwicklung beeinflußt, doch zufällige Geschehnisse können diese Beziehungen manchmal erhellen. So führt beispielsweise eine rezessive genetische Störung namens kongenitale adrenale Hyperplasie (CAH) dazu, daß die adrenalen Drüsen in der dritten Woche der fetalen Entwicklung abnorm große Mengen von Androgenen (Hormonen) freisetzen.

Androgene sind zwar, wörtlich genommen, «männliche» Hormone, doch in geringeren Mengen sind sie auch bei Mädchen vorhanden. CAH-Mädchen unternehmen mehr «aggressive Spiele». In den fünfziger Jahren war es nicht ungewöhnlich, schwangeren Frauen synthetische Sexualhormone zu geben, um Fehlgeburten vorzubeugen. Dies führte dazu, daß es eine Gruppe von Mädchen und Jungen gab, die einen extrem hohen pränatalen Androgenspiegel hatten. Die Kinder, sowohl Mädchen als auch Jungen, die im Mutterleib diesem Übermaß an Sexualhormonen ausgesetzt waren, gebärdeten sich aggressiver als andere Kinder. 57 Prozent der CAH-Jungen zeigten überdurchschnittliche Aggression, bei den Mädchen waren es 43 Prozent.

Erkenntnisse bezüglich der Geschlechtsunterschiede

Es gibt also einige durchgehende, wenn auch geringfügige geschlechtsbedingte Unterschiede. Doch wann immer dieses Thema biologisch bedingter Unterschiede zwischen männlichen und weiblichen Eigenschaften aufkommt, brechen viele sozial Engagierte in Protestgeschrei aus. Sie haben die wohlbegründete Angst, die eingehende Beschäftigung mit solchen Unterschieden könnte die gegenwärtigen Versuche unterlaufen, die Diskriminierung der Frauen zu beenden. Und tatsächlich gibt es immer Leute, die um ihrer bigotten Ziele willen Forschungsergebnisse verzerren. Diane Halpern hat diese Sorge in *Sex Differences in Cognitive Abilities* (1992) gut formuliert:

Es ist erschreckend . . ., die Möglichkeit zu erörtern, daß auch nur ein kleiner Teil der Geschlechtsunterschiede bei den kognitiven Fähigkeiten möglicherweise biologischen Faktoren zuzuschreiben ist. Vermutlich liegt das daran, daß viele Menschen biologische Beiträge mit der Idee eines unveränderlichen oder unvermeidlichen Schicksals verwechseln . . . Ich komme zu dem Schluß, daß Jungen in Mathematik wirklich überlegen sind und daß geschlechtsspezifische Hormone oder Gehirnorganisation an diesen Unterschieden beteiligt sind. Das reduziert nicht unbedingt die Bedeutung psychologischer Variablen und impliziert auch nicht, daß die Unterschiede groß sind oder durch angemessenen Unterricht nicht verringert oder beseitigt werden könnten. Was eine solche Schlußfolgerung jedoch erzeugt, ist die Möglichkeit zu falschen Zitaten, Mißbrauch und Fehlinterpretation. Vielleicht ist die bloße Veröffentlichung solcher Forschungsergebnisse ein beträchtliches Risiko.

Diane Halperns Aussage weist auf die wirkliche Bedeutung der Feststellung von Geschlechtsunterschieden hin. Wenn bekannt wäre, daß Männer oder Frauen bei der Geburt Unterschiede in gewissen Fähigkeiten aufweisen, dann könnten wir Trainingsprogramme entwickeln, um diese Fähigkeiten zu verbessern. Bedenken Sie, daß die Aufkärung von geschlechtsbedingten Unterschieden nicht notwendigerweise bedeutet, daß Frauen schlechter abschneiden. Wenn man Millionen von Werten mitteilt, stellt man fest, daß bei einigen Aufgaben die Frauen etwas besser sind, bei anderen die Männer. Die meisten geistigen Unterschiede zwischen Männern und Frauen sind Produkte sozialen Drucks, den wir, wenn wir wollen, verändern können, um sicherzustellen, daß jedes Individuum ermutigt wird, seine oder ihre Fähigkeiten voll zu entwickeln. Was ist nun wichtig an diesen Geschlechtsunterschieden, und was steht dahinter? Zunächst möchte ich noch einmal betonen, daß die Unterschiede extrem gering sind und unsere große Ähnlichkeit bei weitem überwiegt. Die individuellen geistigen Fähigkeiten der Menschen beiderlei Geschlechts hingegen sind überaus verschieden: Der Unterschied zwischen einem Mann von großen und einem von geringen Fähigkeiten oder einer Frau von großen und einer von geringen Fähigkeiten ist weit größer als der zwischen einem durchschnittlichen Mann und einer durchschnittlichen Frau. Wenn wir Menschen nach ihren Eignungen und der Notwendigkeit besonderer Schulung beurteilen, sollten wir daher stets nur die tatsächlich nachweisbaren Fähigkeiten des betreffenden Individuums in Betracht ziehen.

Die sexuelle Identität verrät uns nichts über die individuellen Fähigkeiten. Vielleicht gibt es zur Zeit noch gewisse Unterschiede, doch die werden noch geringer, wenn die Chancen auf Ausbildung und Fortschritte weiter angeglichen werden. Da die Gesellschaft Frauen mehr und mehr Kontrolle über unsere Lebensgrundlagen bietet, wird die historische Rolle des Mannes als «Versorger» immer weniger notwendig werden, und die männliche Dominanz in vielen Bereichen des Lebens wird abnehmen und schließlich verschwinden. Ich glaube andererseits, daß die Unterschiede in Paarungsstrategie und Sexualstil, die eng mit Spermaproduktion und Schwangerschaft verbunden sind, niemals ganz aufgehoben werden. Diese Unterschiede sind im Gegensatz zu den rassischen Unterschieden tiefe Wurzeln des menschlichen Selbst. Doch sogar in diesem Bereich bestimmt die Biologie nicht mehr unser Schicksal. Wenn wir andere Bestandteile des Selbst untersuchen und uns weiter von der Sexualität entfernen, spielt unsere biologische Natur eine immer geringere Rolle.

VIERTER TEIL

Geistige Unterschiede

KAPITEL 13
Die Hand, das Gehirn und
der individuelle Verstand

Linkshänder sind eine Minderheit, doch es gibt sie überall. Sie machen etwa ein Zehntel der Weltbevölkerung aus. Sie haben gewisse Schwierigkeiten, in einer «rechtshändigen Welt» zu leben. Manchen Linkshändern fällt es z. B. schwer, alphabetische Sprachen zu schreiben, weil diese von und für Rechtshänder entwickelt wurden. Selbst die meisten Schulpulte sind für Linkshänder etwas unbequem.

Die Rechts- oder Linkshändigkeit ist für unsere Individualität von Bedeutung wegen der Art und Weise, wie unsere beiden Hirnhälften spezialisiert sind. So werden beim «normalen Muster» – das heißt, bei den meisten rechtshändigen Menschen – Sprache und mit ihr in Zusammenhang stehende Fähigkeiten von der linken Hemisphäre kontrolliert. Dagegen sind räumliche Fähigkeiten und simultanes Denken vorwiegend in der rechten Hemisphäre angesiedelt. Bei linkshändigen Personen kann die Hirnorganisation jedoch anders sein.

Im Jahre 1982 haben meine Kollegen Dr. David Galin und Jeannine Herron und ich am Langley-Porter Neuropsychiatric Institute in San Francisco eine große elektroenzephalographische (EEG) Untersuchung an Linkshändern durchgeführt. Wie in Kapitel 8 erwähnt, hatten Galin und ich ein Jahrzehnt vorher eine Methode entwickelt, die Aktivierung und den Leerlauf der Hemisphären durch Schädelmessungen aufzuzeichnen. Bei den Messungen an Linkshändern, die ziemlich gewöhnliche Dinge taten wie Schreiben, Singen oder Rechnen, fanden wir drei Arten von Hemisphärenorganisation: 1. solche, deren kortikale Organisation der von Rechtshändern ähnlich ist; 2. solche, deren Organisation umgekehrt ist; und 3. solche, die in beiden Hemisphären sprachliche und räumliche Fähigkeiten haben.

Es gibt widersprüchliche Meinungen darüber, ob Linkshändigkeit die geistigen Fähigkeiten beeinflußt und was die Unterschiede in der Gehirnorganisation bedeuten könnten, und es sind einige wichtige Behauptungen zur Langlebigkeit, Intelligenz und zu den Denkprozessen von Linkshändern aufgestellt worden.

Wie wir bei unserer EEG-Studie und andere Forscher durch Injektion von Natriumamytol in die eine oder andere Hemisphäre festgestellt haben, kontrollieren bei manchen Linkshändern beide Hirnhälften die Sprache. Andere Forscher haben ermittelt, daß Linkshänder geringere räumliche Fähigkeiten haben als Rechtshänder. Dies mag zwar für den Durchschnitt zutreffen, doch wie können wir dann z. B. das Phänomen Leonardo da Vinci, der Linkshänder war, erklären oder die Tatsache, daß es unter Architekten mehr Linkshänder gibt, als ihrem Anteil an der Gesamtbevölkerung entsprechen würde?

Es gibt eine kulturelle Voreingenommenheit gegen alles, was links ist. Der englische Ausdruck *gauche* (was «ungeschickt» oder «von schlechtem Geschmack» bedeutet) ist nichts anderes als das französische Wort für links, während das lateinische Wort für links (*sinistra*) zu unserem Wort *sinister* (etwa «unheilvoll», «düster») geworden ist. Die Maori, also die polynesischen Ureinwohner Neuseelands, kennen sogar noch eine viel rigorosere Zuordnung: Die rechte Seite ist für sie die «Seite des Lebens» (und der Kraft), während die linke die «Seite des Todes» (und der Schwäche) ist.

Linkshänder hatten noch nie eine gute Presse. Das englische Wort *left* kommt vom angelsächsischen *lyft*, was «schwach» oder «gebrochen» bedeutet. Zu den Definitionen der Linkshändigkeit in Wörterbüchern gehören «ungeschickt», «tolpatschig», «unheilvoll» und «unheilverkündend». Linkshänder werden in der Schule unter Druck gesetzt, mit der rechten Hand zu schreiben, und sie leben in einer Welt, in der alles – Scheren, Schraubdeckel, Korkenzieher, Geräte und Maschinen – für Rechtshänder entworfen ist. Manche Linkshänder fordern eine «Befreiungsfront» der Linkshänder, um ihre Anliegen ins soziale Bewußtsein zu bringen. Im Augenblick gibt es allerdings kaum Anzeichen dafür, daß dies funktionieren könnte, und Linkshänder werden noch immer so scheel angesehen oder ignoriert wie bei den alten Angelsachsen.

Linkshändigkeit

Um zu verstehen, was Linkshändigkeit bedeutet, müssen wir zuerst fragen, warum es überhaupt Linkshänder gibt. Bei allen anderen Spezies, einschließlich der Schimpansen, bevorzugen die einzelnen Individuen ungefähr zu je 50 Prozent die rechte und die linke Seite. Eine Studie beobachtete 31 gefangene Tieflandgorillas, um festzustellen, welche Pfote sie benutzen, um nach Nahrung zu greifen, und fand ein volles Spektrum von «Handpräferenzen», von strikt links bis strikt rechts orientiert, wobei die meisten Tiere ein mittleres Präferenzniveau aufwiesen.

Menschen jedoch haben nicht nur eine starke Vorliebe für die rechte Hand (9 von 10), sondern auch für den rechten Fuß (8 von 10), das rechte Auge (7 von 10) und das rechte Ohr (6 von 10). Frauen sind stärker «rechtsgerichtet»: 90 bis 91 Prozent der Frauen sind rechtshändig, aber nur 86 bis 87 Prozent der Männer. Die Händigkeit ist jedoch nicht absolut: Einige Rechtshänder (13 Prozent) können mit der linken Hand fester zugreifen, während über die Hälfte der Linkshänder mit der rechten fester zugreifen kann.

Wann tauchte die Tendenz zur Rechtshändigkeit zum ersten Mal auf? Es ist unmöglich, genau festzustellen, in welchem Augenblick bei den Frühmenschen die linke Hirnhälfte und die rechte Hand dominant wurden, aber einige Forschungen legen nahe, daß wir sie schon seit Hunderttausenden von Jahren bevorzugen. Eine Untersuchung von mehr als tausend Bildern, die zwischen 15 000 v. Chr. und 1950 n. Chr. gezeichnet wurden und Menschen zeigten, die etwas mit den Händen taten, ergab, daß 93 Prozent den Gebrauch der rechten Hand abbildeten. Eine mikroskopische Analyse von prähistorischen Werkzeugen, die zweihunderttausend Jahre alt waren, ergab, daß etwa 80 Prozent davon auf der rechten Seite stärker abgenutzt waren. Aus noch früherer Zeit haben wir den Nachweis von zwei Millionen Jahre alten Pavianschädeln: Man nimmt an, daß die Tiere mit Knüppeln erschlagen wurden, die unsere Vorfahren in der rechten Hand hielten.

Die lange Geschichte der Linkshändigkeit deutet darauf hin, daß etwas Wichtiges am Werk ist, wenn immerhin 10 Prozent der Bevölkerung in aller Welt die Linke bevorzugen. Linkshändigkeit könnte genetisch sein wie strohblondes Haar, ein Merkmal, das weniger häufig ist, weil beide Eltern das Gen dafür haben und weitergeben müssen. Ein Blick auf die Familie Kerr aus Schottland, einen Clan, der für seine Linkshändigkeit berühmt ist, unterstützt diese Annahme.

Der Anteil von Linkshändern unter den Mitgliedern der Familie Kerr ist tatsächlich bemerkenswert: 29,5 Prozent von ihnen sind Linkshänder, verglichen mit 10 Prozent bei der allgemeinen Bevölkerung. Der Familie gehören zahlreiche Schlösser und Landsitze, in denen alle Wendeltreppen sich nach links drehen. Sie wurden so entworfen, damit ein linkshändiger Schwertfechter im Vorteil war, wenn er sich vor einem rechtshändigen Angreifer die Treppe hinauf zurückziehen mußte. Die Geschicklichkeit der Familie im Kampf und ihre Linkshändigkeit wurden sogar in einer Ballade gefeiert: «Doch die Kerrs waren die tödlichsten Feinde / Welche die Engländer kannten / Denn alle waren sie linkshändige Männer / Und Hindernisse gab es für sie nicht.» (Linkshändige «Schwertkämpfer» sind offenbar noch immer im Vorteil, auch ohne linksgedrehte Wendeltreppen. Bei den Olympischen Spielen in Moskau 1980 waren die Spitzenfechter allesamt Linkshänder.)

Linkshändigkeit wird von beiden Eltern beeinflußt, aber nicht in gleichem Maße. Viele Studien – z. B. eine Untersuchung an 2000 Familien in Kanada – haben gezeigt, daß eine linkshändige Mutter die Disposition ihrer Kinder zur Linkshändigkeit verdoppelt, während die Händigkeit des Vaters keine Auswirkungen zu haben scheint. Selbst wenn beide Eltern Linkshänder sind – die optimale Bedingung, um ein genetisches Merkmal weiterzugeben –, sind die Aussichten der Kinder, Linkshänder zu sein, nur drei- bis viermal größer als normal. Selbst eineiige Zwillinge haben nur etwa 85 Prozent Chancen, die gleiche Händigkeit zu haben. Das ist unwesentlich mehr als die Chance (78 Prozent), daß zwei beliebige, nicht miteinander verwandte Individuen die gleiche Händigkeit haben. Doch die Genetik spielt eine Rolle bei der Ausgeprägtheit der Händigkeit – gemessen daran, wie viele von etwa einem Dutzend verschiedener Aufgaben, etwa Schreiben oder einen Ball werfen, mit welcher Hand ausgeführt werden. Starke Linkshänder haben Kinder, bei denen die Händigkeit ebenfalls stark ausgeprägt ist, ob diese nun die rechte oder die linke Hand betrifft.

Schon im Jahre 1686 beobachtete ein Philosoph, daß Linkshändigkeit «eine Abweichung oder ein Abirren von der Art» sei, welche «die Natur allgemein beabsichtigt». 1913 stand in einem populären amerikanischen Wissenschaftsmagazin: «Ein gesunder und fähiger Stamm wie ein rechtshändiger bringt eine gute Generation nach der anderen hervor. Dann verschiebt sich plötzlich ein Rädchen im Getriebe, und es erscheint ein linkshändiges Kind, ein schwarzes Schaf oder ein Schwachsinniger.»

Linkshändigkeit rührt jedoch nicht von einem verschobenen Rädchen, sondern vom Gehirn her. Oft wird die Annahme geäußert, bei Linkshändern sei etwas beim Aufbau der Hirnverbindungen «schiefgelaufen». In gewisser Weise ist das auch der Fall. Unter fast allen Gruppen von Menschen mit psychologischen Problemen sind *tatsächlich* mehr Linkshänder als normal.

1921 wurde bei einer Studie in Großbritannien festgestellt, daß von den Kindern in normalen Schulen 7 Prozent linkshändig waren, von der Kindern in Schulen für geistig Zurückgebliebene aber 18 Prozent. Mehr Schizophrene sind Linkshänder, und ihre geistige Beeinträchtigung ist stärker als die von Rechtshändern. Den stärksten Zusammenhang jedoch gibt es bei der Dyslexie (Lesestörung). Linkshänder sind mit zwölfmal höherer Wahrscheinlichkeit dyslexisch als Rechtshänder. Auch unter Epileptikern, Alkoholikern, Depressiven, Drogensüchtigen und an Schlaflosigkeit Leidenden ist der Anteil der Linkshänder größer, als ihrem eigentlichen Bevölkerungsanteil entsprechen würde.

Zum Glück gibt es aber nicht nur den pathologischen Linkshänder. Was ist mit den vielen Linkshändern, die in dem, was sie tun, sehr gut oder sogar hervorragend sind? Damit befaßt sich das Lebenswerk von Dr. Marian Annett an der Universität von Leicester in England. Sie begann vor über zwanzig Jahren, Linkshänder zu untersuchen, weil sie verblüfft war von der überdurchschnittlich großen Zahl von hochintelligenten Linkshändern.

Das Kontinuum der Händigkeit

Wir neigen zwar dazu, Leute als entweder rechtshändig oder linkshändig anzusehen, doch in Wirklichkeit bildet die Händigkeit, wie bereits gesagt, ein Kontinuum von stark rechts orientiert bis stark links orientiert. Annett hat eine Theorie über die Ursprünge der Handpräferenz vorgetragen, bei der drei Faktoren beteiligt sind. Der erste ist eine zufällige Variation in der Entwicklung der beiden Körperhälften. Der zweite ist eine systematische Neigung zur rechten Hand beim Menschen, vermutlich verbunden mit der Tendenz der linken Hemisphäre, der Sprache zu dienen. Der dritte Faktor besteht aus sozialen und kulturellen Einflüssen bei ersten Anzeichen von Linksorientiertheit, so etwa, wenn ein Kind darauf trainiert wird, sich der Mehrheit anzupassen und die bisher bevorzugte Hand zu wechseln.

Hier die Funktionsweise von Annetts Theorie zur «Rechtsverschiebung». Bei unseren nahen Verwandten, den Schimpansen, ist die Händigkeit zufällig; beim Menschen ist das Zufallselement noch immer vorhanden, doch es gibt da einen einzigartigen Faktor: Es existiert ein menschliches Gen, das der linken Hirnhälfte (die die rechte Körperseite kontrolliert) ein Übergewicht gibt und es wahrscheinlicher macht, daß Sprache sich dort entwickeln wird. Für die Händigkeit existiert zwar ein genetisches Element, doch es ist kein Gen für Rechtshändigkeit als solches. Rechtshändigkeit ist nur eine Nebenproduktion der Evolution der linken Hirnhälfte zur Kontrolle der Sprache.

Annett nimmt an, daß folgendes vor sich geht: Etwa 50 Prozent der Bevölkerung erhalten dieses Gen zur Bevorzugung der linken Hirnhälfte (left-brain-bias-gene, LBBG) von einem Elternteil und werden leicht rechtshändig. Etwa 30 Prozent bekommen das Gen von beiden Eltern (LBBG2) und werden ausgeprägte Rechtshänder. Etwa 20 Prozent haben das LBBG überhaupt nicht, und ihre Händigkeit wird genauso bestimmt wie bei den Schimpansen – nämlich durch reinen Zufall. Das bedeutet, daß die Hälfte dieser 20 Prozent linkshändig werden, also 10 Prozent, was tatsächlich der Prozentsatz der Linkshänder an der Gesamtpopulation ist, den die meisten Untersuchungen feststellen. Linkshändigkeit entwickelt sich demnach, wenn das genetische Übergewicht der linken Hirnhälfte fehlt, natürlich und zufällig.

Das LBBG muß Menschen einen Vorteil bringen, sonst wäre es nicht so häufig. Deshalb ist es nicht überraschend, daß leichte Rechtshänder bei der Entwicklung von Sprache besser abschneiden als Linkshänder wie auch ausgeprägte Rechtshänder. Die Probleme für den LBBG2-Typ (der die Gene von beiden Eltern bekommt) rühren von der Art und Weise her, wie das LBBG wirkt, nämlich nicht, indem es die linke Hirnhälfte stärkt, sondern indem es die rechte schwächt.

Rechtshänder haben nicht nur weniger Hirnzellen im Corpus callosum, der Brücke zwischen rechter und linker Seite, sondern auch Teile der rechten Hirnhälfte sind kleiner. Annetts Untersuchungen in Schulen kamen zu dem Schluß, daß die linke Hand um so schwächer und ungeschickter ist, je stärker jemand rechtshändig ist. Dasselbe gilt für Linkshänder nicht: Bei starken Linkshändern ist die rechte Hand nicht viel schwächer.

Dies legt nahe, daß starke Rechtshändigkeit eine Verringerung der Fähigkeiten der rechen Hirnhälfte ohne kompensierende Verbesserung der linken Hirnhälfte anzeigt. Annett betrachtete die Beziehungen zwischen arithmetischer Fähigkeit, Handpräferenz und Handgeschicklichkeit bei Schulkindern von neun bis elf Jahren. Je schwächer die Rechtshändigkeit ausgeprägt war, desto besser waren die Kinder in Arithmetik.

Die Verschiebung auf die rechte Hand und die linke Hemisphäre hat in der Evolution zwar große Vorteile gehabt, etwa das Entstehen von Sprache, doch die Neigung des Menschen zur Rechtshändigkeit hat ihren Preis gekostet – eine Verringerung der Geschicklichkeit linksseitiger Aktionen. Daher haben viele Wissenschaftler angenommen, daß *alle* Linkshänder Probleme haben. Das ist jedoch ganz und gar nicht der Fall. Es gibt zwar eine Gruppe von Linkshändern, die mehr Schwierigkeiten beim Lernen und bei der Koordination haben als Rechtshänder, doch überraschenderweise hat Annett festgestellt, daß «normale» Linkshänder weniger Handicaps beim Lernen und beim Gebrauch der Intelligenz aufweisen als die stark Rechtshändigen. Nicht alle Linkshänder haben eine geschwächte rechte Hirnhälfte wie die Rechtshänder, und diese normalen Linkshänder schneiden bei vielen Aufgaben besser ab, ausgenommen bei der frühen Entwicklung der Sprache.

Die Theorie der Rechtsverschiebung (right-shift, RS) nimmt an, daß die menschliche Vorliebe für die Rechte ein Tauschgeschäft ist: Das System bekommt sprachlich einen Auftrieb, verliert dabei aber vielleicht räumliche Wahrnehmungsfähigkeiten. Das erklärt auch, warum die rechte Dominanz nicht durchgehend ist, was man bei einem ausschließlich vorteilhaften Tausch erwarten würde, und es erklärt ebenfalls das Vorhandensein so vieler hervorragender Linkshänder.

Annett untersuchte Kinder aus sechs Grundschulen und testete sie einzeln auf Handpräferenz, Handgeschicklichkeit und nach Raven's Matrices, einem nichtverbalen Intelligenztest. Die stark rechtshändigen Kinder schnitten bei dem Raven-Test – und ebenso bei ähnlichen Tests – schlechter ab als alle anderen. Starke Rechtshändigkeit war mit schwacher Geschicklichkeit der linken Hand und nicht so guter Geschicklichkeit der rechten Hand assoziiert, was mit der Hypothese übereinstimmt, daß die rechte Hemisphäre, die weniger in die linke eingreift, den Preis für die RS bezahlt. Linkshänder waren auch besser in Mathematik. Dies paßt zu einer Schwächung der rechten Hirnhälfte durch das LBBG2, denn die mathematische Fähigkeit ist beschrieben worden als «eine Sprache zur Schilderung jener Aspekte der menschlichen Erfahrung, die nur in visuospatialen Bildern zu begreifen sind». Mit anderen Worten, mathematische Fähigkeiten haben ihr Zentrum in der rechten Hirnhälfte. Der Effekt, den Annett feststellte, war geringfügig, aber durchgehend. Je stärker die Schüler rechtshändig waren, ob Jungen oder Mädchen, desto schlechter schnitten sie bei Intelligenz- und anderen Tests ab.

Zwillingsstudien bestätigen die Theorie der Rechtsverschiebung. Selbst wenn Zwillinge das LBBG haben, bedeutet das nur, daß es ein Übergewicht der linken Hirnhälfte gibt; bei der Wahl «rechts oder links» spielt noch immer ein Zufallselement mit. Ohne das Gen (non-LBBG) ist die Wahl vollkommen zufällig – erinnern Sie sich daran, daß die Wahrscheinlichkeit gleicher Händigkeit bei Zwillingen nur wenig höher ist als bei zwei nicht verwandten Personen.

Bei unserer Analyse der Schizophrenie haben wir angenommen, daß ein wenig «Lockerheit» einen Zugewinn an Kreativität bedeuten kann, während zuviel leicht zu Störungen führt. In ähnlicher Weise ist die Existenz von Linkshändern von größter Bedeutung für den Genpool, denn es wäre verheerend, wenn jeder nur das LBBG hätte. Ohne Linkshänder würde es wesentlich mehr Personen vom Typ LBBG2 geben, und, wie Annett festgestellt hat, schneiden diese bei intellektuellen und Lernaufgaben eher schlecht ab. Annett nimmt an, daß der Grund, warum Linkshänder mit größerer Wahrscheinlichkeit gut in Schach und Mathematik und in der Regel intelligent sind, nicht darin liegt, daß sie etwas haben, was sie besser macht, sondern daran, daß das LBBG2 Individuen beeinträchtigt.

Das ist noch immer Theorie, erklärt jedoch gut einige der verwirrenden Merkmale von Linkshändern, und es stellt eine Verbindung zwischen unserer Hirnentwicklung und der unserer Primatenvorfahren her. Sie erhielten ihre Rechts- oder Linkshändigkeit in einer genetischen Lotterie, und der Gedanke, daß die Lotterie bei uns noch immer am Werk ist, nur mit einer gewissen Neigung zu einer bestimmten Seite, ist viel wahrscheinlicher als die Annahme, daß von allen Primaten ausgerechnet wir auf Rechtsseitigkeit umprogrammiert worden sind. Die Evolution ist kostenbewußt, und neue Teile wie ein Gen, das der linken Hirnhälfte Auftrieb gibt, werden eher in das eingegliedert, was bereits vorhanden ist, statt daß ein völlig neues System installiert wird.

Nach all den Testreihen an Schulkindern, die Annett durchgeführt hat, ist am bemerkenswertesten die Feststellung, wie gering der Unterschied zwischen normalen Rechts- und Linkshändern ist. Sämtliche Tendenzen – bessere und schlechtere Fähigkeiten in Mathematik und Sprachen – zeigen sich auch, wenn man eine beliebig große Anzahl von Schülern betrachtet, doch individuelle Rechts- oder Linkshänder können sich darüber hinaus in jeder Hinsicht recht ähnlich sein. Es sind die Extreme, die die Gruppen unterschiedlich erscheinen lassen. Wenn Sie also Linkshänder und in den meisten Dingen ziemlich normal sind, gibt es wenig Grund zu der Annahme, daß sich Ihre Persönlichkeit auffallend von der eines Rechtshänders unterscheidet. Was Ihre Karriere betrifft, so könnte zwar Architektur oder Fechten eine etwas bessere Wahl sein als Sprachphilosophie, doch einen derartigen Rat würde man ebenso einem ausgeprägten Rechtshänder geben.

Pathologie und Linkshändigkeit

Nochmals: Es gibt zweifellos gewisse Schwierigkeiten für Linkshänder in einer rechtshändigen Welt. Zeichen und Kontrollen an Maschinen sind für Rechtshänder entworfen. Die Gangschaltung im Auto ist für die rechte und nicht für die linke Hand bestimmt, was vielleicht die größere Zahl von Autounfällen bei Linkshändern erklärt. Auch alle anderen technischen Gerätewerkzeuge sind für Rechtshänder entworfen. Linkshänder machen stärkeren Gebrauch von der größeren Fähigkeit der rechten Hirnhälfte, mit räumlicher Wahrnehmung umzugehen. Kunststudenten beispielsweise sind mit größerer Wahrscheinlichkeit Linkshänder oder beidhändig: 47 Prozent Links- oder Beidhänder im Vergleich zu 22 Prozent aller Studenten. In einer Architekturklasse waren 29 Prozent der Studenten Linkshänder, und 73 Prozent von ihnen schlossen den Kurs erfolgreich ab, verglichen mit nur 62 Prozent der Rechtshänder.

Bedeutet also Linkshändigkeit eigentlich nur, daß man sich mit Scheren und Korkenziehern ein wenig schwerer tut? Werden Linkshänder zu Unrecht als schwächer und weniger kompetent angesehen? Die Antwort darauf lautet: ja und nein.

Was Linkshändern einen schlechten Ruf eingetragen hat, ist, daß einige von ihnen verschiedene Arten von Gehirnschädigungen erlitten haben. Manche werden infolge eines Geburtstraumas Linkshänder, das auch andere Systeme beeinflußt und die Langlebigkeit beeinträchtigt. Wenn die Hemisphären während der Reise durch den engen Geburtskanal gequetscht werden, dann wird ein natürlicher Rechtshänder mit größerer Wahrscheinlichkeit Linkshänder als umgekehrt. Manche Linkshänder sind wegen einer Schädigung der linken Hirnhälfte dazu geworden. Alle Linkshänder haben eine andere Gehirnorganisation, was die Kontrolle von Sprache und Bewegung beeinflußt und viele Immun- und Herzfunktionen durcheinanderbringen kann. Vielleicht führt dies zu ihrer größeren Anfälligkeit für Krankheiten.

Es gibt also verschiedene Quellen von Linkshändigkeit – einige sind harmlos, einige pathologisch. Dies erklärt, warum es einerseits so viele potentielle Probleme gibt, die mit Linkshändigkeit assoziiert sind, und warum andererseits ein großer Teil der Linkshänder überhaupt keine Probleme hat. Nimmt man die Gruppen jedoch zusammen, so weisen die Linkshänder im Vergleich zu Rechtshändern *im Durchschnitt* eine Benachteiligung auf. Für natürliche, leichte Linkshänder ist diese jedoch nicht signifikanter als beispielsweise ein Geburtsmal oder schlanke Finger.

Ein Teil der Erklärung für die Normalität-Pathologie-Schwelle ist, daß genbedingte Linkshänder ohnehin in der Minderheit sind, und so braucht es nur einen kleinen Prozentsatz von Rechtshändern, die durch Geburtsprobleme Linkshänder werden, um deren Gesamtzahl zu verdoppeln. Ein anderer Teil hat mit der Art und Weise zu tun, wie Händigkeit im Gehirn kontrolliert wird.

Es gibt 23 Hirnzentren, die an der Kontrolle unserer Hände beteiligt sind, und sie sind über das ganze Gehirn verteilt, vom Zerebralkortex (der an den höheren Arten von Denken teilnimmt) bis zum Rückenmark (das mit Reflexhandlungen zu tun hat), und es scheint, als könne die Beschädigung irgendeines dieser Zentren eine Verschiebung von Rechts- auf Linkshändigkeit auslösen.

Deshalb scheint Linkshändigkeit mit einem so breiten Spektrum von Problemen verbunden zu sein. Der Schaden, der die Verschiebung von der linken auf die rechte Hirnhälfte auslöst, kann eine Menge Stellen betreffen, und wo immer er auftritt, kann er andere Fähigkeiten beeinflussen, die vom gleichen Gebiet kontrolliert werden. Infolgedessen ist Linkshändigkeit kein Problem an sich, sondern für eine Untergruppe von Personen ein Anzeichen dafür, daß irgendwo irgend etwas im Gehirn schiefgelaufen sein könnte.

Kurzum, es gibt höchstwahrscheinlich zwei Arten von Linkshändern – natürliche und pathologische. Die natürlichen, die in der Mehrzahl sind (obwohl keiner ihren genauen Anteil an der

Gesamtzahl kennt), sind genetisch linkshändig organisiert, während die pathologischen eigentlich Rechtshänder sind, bei denen während der Geburt oder der Entwicklung ein Schaden an der linken Hirnhälfte auftrat. Darum ist bei diesen Individuen die rechte Hirnhälfte dominant geworden, woraus sich Linkshändigkeit ergibt. Selbst im Mutterschoß ist die linke Hirnhälfte gefährdeter. Die rechte Hemisphäre entwickelt sich zuerst, während die linke sich etwas später und langsamer entwickelt, so daß sie anfälliger für Schädigungen ist. Wenn zuviel Testosteron erzeugt wird, kann dies die Entwicklung verlangsamen. Außerdem ist bei der Geburt aufgrund der normalen Position des Babykopfes die Wahrscheinlichkeit größer, daß die Blutzufuhr zur linken Hirnhälfte zeitweilig unterbrochen wird. Jeder Schaden dieser Art an der linken Hirnhälfte kann eine Verschiebung auf die rechte Hirnhälfte zur Folge haben und so einen Linkshänder erzeugen.

Hier kommen die Auswirkungen von Schwangerschaft und Geburt auf die Entstehung von Linkshändern ins Spiel. Es ist ziemlich sicher, daß viele der Probleme von Linkshändern – Zurückgebliebenheit, Schizophrenie oder Alkoholismus – mit Schwierigkeiten bei der Geburt – Kaiserschnitt, Steißgeburt, Zangengeburt, Frühgeburt usw. – zu tun haben. Der erste, der diesen Zusammenhang erforscht hat, war 1973 Paul Bakan. Seine Behauptung, *jede* Linkshändigkeit könne das Resultat von Geburtsproblemen sein, rief Empörung hervor, denn sie implizierte, daß alle Linkshänder «hirngeschädigt» sind. Wie wir gesehen haben, ist dies nicht der Fall.

Es gibt auch einen starken Geschlechtsunterschied: Jungen werden eher von Geburtskomplikationen betroffen als Mädchen und sind mit größerer Wahrscheinlichkeit linkshändig infolge zu langer Wehen, einer Sturzgeburt, zu geringen Geburtsgewichts, eines Kaiserschnitts, einer Mehrlingsgeburt oder einer Rh-Inkompatibilität (wenn Mutter und Kind unterschiedliche Rh-Blutgruppen haben). Bei Mädchen ist eine Verschiebung der Händigkeit wahrscheinlich, wenn sie eine der folgenden Schwierigkeiten erleben: vorzeitige Geburt, zu lange Wehen, Atemschwierigkeiten oder Mehrlingsgeburt. Insgesamt ist bei Frühgeburten die Wahrscheinlichkeit von Linkshändigkeit fünfmal höher, und etwas ältere Mütter, die ohnehin eher Komplikationen haben, gebären mehr Linkshänder. Bei schwangeren Frauen zwischen 30 und 34 Jahren sind linkshändige Babys um 20 Prozent wahrscheinlicher als bei jüngeren Frauen. Bei Müttern zwischen 35 und 39 Jahren springt dieser Anteil auf 69 Prozent, bei Frauen über 40 erreicht er sogar 128 Prozent.

Diese Geburtstraumata beeinträchtigen den Linkshänder sehr viel mehr. Er hat mit doppelt so hoher Wahrscheinlichkeit Schlafprobleme; die Wahrscheinlichkeit, daß er schielt, ist ebenfalls doppelt so hoch, und die Wahrscheinlichkeit, daß er taub ist, ist zweieinhalbmal so groß. Am gefährdetsten scheint das Immunsystem zu sein, das an sich schon durch zuviel Testosteron während der Schwangerschaft lädiert werden kann. Es greift nicht nur die linke Hirnhälfte an, sondern kann auch die Thymusdrüse schädigen – einen entscheidenden Bestandteil der Abwehrmechanismen des Körpers.

Menschen mit geschädigter Thymusdrüse leiden mit wesentlich höherer Wahrscheinlichkeit unter Allergien wie Heuschnupfen und Asthma – Krankheiten, bei denen der Körper normalerweise harmlose Substanzen wie Pollen als potentiell gefährliche Eindringlinge behandelt. Eine Studie in Glasgow im Jahre 1982 ergab, daß Linkshänder mit elfeinhalbmal größerer Wahrscheinlichkeit Heuschnupfen, Asthma und Ekzeme hatten, und eine Allergieklinik in London fand heraus, daß ihre Patienten zu 70 Prozent Linkshänder waren. Amerikanische Forscher haben nachgewiesen, daß doppelt so viele Migränekranke Linkshänder sind wie Rechtshänder.

Ähnlich, aber noch gefährlicher als Allergien sind die sogenannten Autoimmunkrankheiten, bei denen der Körper anfängt, seine eigenen Proteine als gefährlich zu behandeln. Linkshändige Menschen sind besonders anfällig für Diabetes, während der Zusammenhang bei linkshändigen Frauen nicht so deutlich ist. Andererseits ist die Crohnsche Krankheit (die den Dünndarm angreift) bei linkshändigen Frauen dreimal wahrscheinlicher als bei rechtshändigen.

Eine Schädigung des Gehirns kann auch das normale Wachstum verlangsamen. Ein Anzeichen dafür, wie schnell sich jemand entwickelt, ist das Alter, in dem er die Pubertät erreicht. 75 Prozent der nordamerikanischen Frauen haben im Alter von vierzehn Jahren ihre Periode, und 75 Prozent der Männer haben im Alter von sechzehn Jahren beginnenden Bartwuchs und Schamhaare. Linkshänder neigen dazu, dieses Stadium später zu erreichen – mit vierzehn haben erst 40 Prozent der linkshändigen Mädchen ihre Periode, und mit sechzehn haben nur 43 Prozent der linkshändigen Jungen ein normales Körperbehaarungsmuster. Und sie holen diese Verspätung nicht auf. Daher sind Linkshänder schließlich im Durchschnitt etwas kleiner und leichter als Rechtshänder.

Die Folgen eines frühen Schadens breiten sich also aus. Linkshändige Männer sind viermal anfälliger als Rechtshänder und reagieren mit geringerer Wahrscheinlichkeit auf Heilbehandlungen. Linkshänder sind eher Raucher und drogengefährdeter. Den Aufzeichnungen von Gehirnwellenmustern zufolge scheinen Linkshänder durch Drogen auch stärker beeinflußt zu werden als Rechtshänder.

Es ist nicht überraschend, daß Linkshänder dreimal mehr zu Depressionen und Selbstmord neigen, aber verwirrend ist, daß die Kinder von Depressiven mit sechsmal höherer Wahrscheinlichkeit linkshändig sind. Es gibt einen faszinierenden Fall vom Ende des letzten Jahrhunderts: Ein walisischer Matrose war manisch-depressiv. Wenn er in der erregbaren und redseligen manischen Phase war, war er Rechtshänder, doch depressiv und in sich gekehrt, schaltete er um auf Linkshändigkeit. Dies paßt zu der Feststellung, daß Linkshänder vorsichtiger sind, mehr unter Streß leiden und sich mit größerer Wahrscheinlichkeit selbst als introvertiert und distanziert beschreiben als Rechtshänder. Dazu paßt gut die Verteilung des emotionalen Ausdrucks auf die beiden Hemisphären, die ich in Kapitel 8 geschildert habe.

Alle diese Nachweise dafür, daß Linkshänder in einem gewissen Grad hirngeschädigt und daher oft von weniger stabiler Gesundheit sind, führten zu einer Behauptung, die die Linkshänder sehr irritiert hat: Im Durchschnitt sterben männliche Linkshänder zehn Jahre früher als die Gesamtzahl der Männer, weibliche Linkshänder vier Jahre früher. Diese Behauptung wurde teilweise von einer Beobachtung abgeleitet, die Stanley Coren gemacht hat. Im Laufe seiner zwanzig Jahre langen Untersuchung von Linkshändern stellte er fest, daß von einer Gruppe Zwanzigjähriger 13 Prozent Linkshänder waren; im Alter von fünfzig Jahren war der Anteil auf 5 Prozent gefallen, und im Alter von achtzig Jahren waren es nur noch 1 Prozent.

Coren untersuchte die auf der Hand liegende Erklärung für die «verschwindenden Linkshänder» – nämlich, daß der Druck in der Schule, mit der rechten Hand schreiben zu lernen, oder einfach die Mühe, in einer rechtshändigen Welt zu leben, die meisten Linkshänder an irgendeinem Punkt ihres Lebens veranlaßt, die Hand zu wechseln. Obwohl er feststellte, daß in vielen Schulen tatsächlich massiver Druck ausgeübt wurde – ein katholisch erzogener Mann berichtete, eine Nonne habe erklärt: «Jedesmal, wenn X. seine linke Hand benutzt, tut er das im Dienst des Teufels» –, stellte Coren auch fest, daß die Anzahl der Linkshänder im Laufe unseres Jahrhunderts ziemlich konstant geblieben ist. Er stellte außerdem fest, daß man bis zu vier von fünf Linkshändern beibringen kann, mit der rechten Hand zu schreiben, wenn ein entschlossener Lehrer früh genug damit beginnt, doch diese neuerdings rechtshändig Schreibenden putzten sich die Zähne noch immer mit der linken Hand und handhaben auch eine Schere links.

Dann untersuchte Coren die Statistiken, die es über Baseballspieler gibt, und stellte fest, daß Linkshänder in jedem Alter eine um 2 Prozent höhere Sterbewahrscheinlichkeit hatten als Rechtshänder. Anschließend führte er eine Studie in Kalifornien durch, die zeigte, daß die Händigkeit eines Menschen eine größere Auswirkung auf seine Lebenserwartung hatte als sein Geschlecht.

Ein Faktor, der zur höheren Sterblichkeit der Linkshänder beiträgt, ist zweifellos ihre höhere Unfallrate. Linkshändige Studenten hatten mit 89 Prozent höherer Wahrscheinlichkeit Unfälle, die medizinische Behandlung erforderten. Die Wahrscheinlichkeit, an unfallbedingten Verletzungen zu sterben, war sechsmal größer, und viermal größer war die, bei einem Unfall auf der Straße ums Leben zu kommen. Dies sind zwar beeindruckende Hinweise, doch andere Studien haben solche auffallenden Unterschiede nicht gefunden. Es ist zwar kaum wahrscheinlich, daß Corens Feststellungen über die Sterblichkeit von Linkshändern sich insgesamt als falsch erweisen werden, doch das Ausmaß der Unterschiede zwischen Links- und Rechtshändern ist möglicherweise kleiner.

Nutzen der Linkshändigkeit

All diese bedrückenden Funde könnten uns zu der Frage veranlassen, wieso es überhaupt Linkshänder gibt, die nicht zu langen Krankenhausaufenthalten verurteilt sind. Andererseits sind, wenn man all diese größeren Risiken und bedrohlichen Prozentsätze betrachtet, damit noch nicht die erfolgreichen Linkshänder erklärt – z. B. waren in den USA alle drei Präsidentschaftskandidaten der Wahlen von 1992 Linkshänder! Und nicht nur die Architekten und Künstler haben, wie bereits erwähnt, als Linkshänder die Nase vorn. Sie dominieren außer im Fechten auch noch in ein paar anderen Sportarten. Es heißt sogar, sie beherrschten den Baseballsport, aber wissenschaftliche Untersuchungen haben das nicht bestätigt. Nur Personen, die beidhändig sind, haben beim Basketball und im Hockey Vorteile. Dafür scheinen Linkshänder in der Tat bessere Boxer zu sein, vermutlich aus dem gleichen Grund, aus dem die Kerrs gute Schwertkämpfer waren.

Eine der spezifischsten Fähigkeiten von Linkshändern betrifft die visuospatialen Fertigkeiten. Es gibt einen Test in der Psychologie, bei dem die Mitwirkenden gebeten werden, eine unregelmäßige Figur zu betrachten – sagen wir, eine «L»-Form, bei der an einem Ende im rechten Winkel ein Stück angesetzt ist –, und sich dann vorzustellen, wie dieses Gebilde in einer anderen Position aussehen würde. Linkshänder erzielen bei dieser Aufgabe deutlich bessere Ergebnisse als Rechtshänder, was nahelegt, daß sie eine bessere visuelle Vorstellungskraft haben – ein Talent, das in Physik, Chemie und Technik nützlich ist, und einer Studie zufolge gibt es in all diesen Berufen eine Menge Linkshänder. Diese Fähigkeit ist auch beim Schach brauchbar, und entsprechend zahlreich sind unter den großen Schachspielern die Linkshänder.

Eine weitere Eigenschaft von Linkshändern – daß nämlich ihre Reaktionen auf Drogen extremer sind –, scheint ein Beispiel für ihre allgemein stärkere Tendenz zu Extremen zu sein. Eine Studie an hochintelligenten Kindern in den Vereinigten Staaten kam zu der Feststellung, daß diese Gruppe doppelt so viele Linkshänder enthält wie die allgemeine Bevölkerung.

Linkshändigkeit entstammt der geteilten Natur des Gehirns, aber sie ist nicht der einzige Hirnunterschied, der sich in unterschiedlichen Fähigkeiten manifestiert. Wenn wir genauer hinschauen, können wir sehen, daß das Gehirn sehr viele verschiedene «Talente» birgt, jedes verschieden vom anderen – und jedes leistet einen Beitrag zur Einzigartigkeit des Selbst.

KAPITEL 14
Unterschiede bei Erinnern und Denken

Menschliche Wesen verbringen eine Menge Zeit damit, sich selbst und andere begreifen zu wollen, doch unsere Komplexität macht allein schon das Selbstverständnis zu einem schwierigen Abenteuer. Wir verkörpern eine zusammenhanglose, wenn nicht inkohärente Mischung aus unterschiedlichen Reaktionen und Tendenzen. Es gibt überbrückende Faktoren in unserer Individualität – etwa, wo wir auf den Kontinua von Gewinn, Bedächtigkeit-Lockerheit und Annäherung-Rückzug stehen –, doch diese scheinen nicht gut miteinander zu kooperieren. Und keiner dieser Faktoren ist mit der Familie assoziiert oder damit, ob wir rechts- oder linkshändig, männlich oder weiblich sind.

Darüber hinaus haben wir alle individuelle «Talente» – spezielle Fähigkeiten, die bei einigen überlegen sind, bei anderen weniger, z. B. die «Gabe», schön zu singen oder gut Basketball zu spielen. Das Problem liegt darin zu bestimmen, welche dieser Fähigkeiten eine zentrale Bedeutung für das Selbst haben, wie vielleicht die Fähigkeit zu rechnen, und welche peripher sind, wie die Fähigkeit, die Zunge einzurollen. In diesem Kapitel werden wir viele dieser kleineren Bestandteile des Selbst betrachten.

Bedenken Sie, daß das Gehirn aus verschiedenen Bereichen besteht, von denen einige ganz spezifische Aufgaben haben. Es gibt zwar Gruppenunterschiede – Variationen zwischen Rechts- und Linkshändern, zwischen Männern und Frauen –, doch die meisten Unterschiede zwischen Leuten kommen nicht von der Händigkeit oder vom Geschlecht, sondern von einer Vielzahl verschiedener «Talente».

Man hat viele Tests durchgeführt, um ein einheitliches, verbindliches Maß der Intelligenz zu bestimmen. Im letzten Jahrhundert dachten manche, ein Maßstab sei die Kraft des Händedrucks einer Person. Heutzutage testen Forscher das Gedächtnis, die Sprachfähigkeit und analytische Fertigkeiten. Man schätzt, daß in den Schulen unseres Landes jährlich drei bis vier Millionen IQ-Tests durchgeführt werden. Doch dieser Test mißt nicht wirklich die «Intelligenz» (obwohl er den Schulerfolg vorhersagen soll) und verrät uns nicht viel über unsere Natur. Zwei innovative Psychologen, Robert J. Sternberg und Howard Gardner, versuchen inzwischen, die Art und Weise zu verändern, wie wir Geist messen.

Der Yale-Psychologe Robert J. Sternberg wurde in der sechsten Klasse einem IQ-Test unterzogen. Er schnitt so schlecht ab, daß man ihn den Test ein zweites Mal in der Gesellschaft von Fünftkläßlern machen ließ. Da er sich jetzt, von jüngeren Schülern umgeben, sehr viel sicherer fühlte, erzielte er bei diesem zweiten Versuch ein hervorragendes Ergebnis. Seither (angefangen in der siebten Klasse, als er seine eigene Version eines IQ-Tests für ein schulwissenschaftliches Projekt entwikkelte) hat er viele spezielle Tests entwickelt und den Aussagewert von Standardtests im allgemeinen angezweifelt.

Selbst diejenigen, die nichts gegen die heutigen IQ-Tests haben, glauben, daß diese den Erfolg nicht immer richtig vorhersagen. Arthur Jensen, Professor für Erziehungswissenschaften an der Universität von Kalifornien in Berkeley, der mehrere Bücher über die Verwendbarkeit von IQ-Tests geschrieben hat, sagt über Mensa, den «Verein» jener Personen, deren IQ-Wert nur 2 Prozent aller getesteten Menschen erreichen: «Sie sind eine eigenartige Gruppe. Man trifft auf Leute, die einen IQ von 160 oder so haben, und sie haben das College abgebrochen und arbeiten als Fahrstuhlführer oder Parkplatzaufseher. Ihr hoher IQ ist ihre einzige Auszeichnung, und sie machen viel Aufhebens davon.»

Die Amerikaner haben eine voreingenommene Auffassung von Intelligenz. Sie nehmen nämlich an, sie habe damit zu tun, daß man in der Schule prima zurechtkommt, bei Prüfungsarbeiten gut abschneidet. Diese Annahme beruht darauf, daß die meisten Tests in der Tat auf den Schulerfolg programmiert sind. Doch Sternberg sagt in *The Triarchic Mind (1989)*: «Ich behaupte nicht, daß Intelligenz nichts mit der Arbeit in der Schule zu tun hat, sondern daß sie mit sehr viel mehr zu tun hat.» Bei seinem Intelligenzmodell ist «mentales Selbstmanagement» die Art von Intelligenz, die Menschen in ihrem Alltagsleben hilft. Diese Art der Intelligenz basiert eher auf Strategie als auf analytischen Fähigkeiten.

Sternberg unterteilt Intelligenz in drei deutlich verschiedene Aspekte, die er jeweils einzeln testet und bewertet. Diese Aspekte sind 1. *analytische Intelligenz*, die nützlich ist zum akademischen Lernen, 2. *kreative Intelligenz*, nützlich zum Finden und Lösen von Problemen und dazu, alte Gedanken oder Erkenntnisse auf neue Weise anzuwenden, und 3. *praktische Intelligenz*, die nützlich ist zum Managen, zum Erledigen von allen möglichen Angelegenheiten und zum Überleben auf den Straßen von New York.

Die meisten von uns verfügen über eine Kombination aller drei Elemente, doch jeder von uns ist auch in einem davon besonders stark. Leute, die vor allem in der «realen Welt» erfolgreich sind (die auf ihre Flexibilität setzen und Hindernisse und Störungen umgehen), nutzen diese voll aus und kompensieren damit irgendwelche Schwächen, die sie in anderen Bereichen haben.

Howard Gardner hat noch mehr Unterteilungen der Intelligenz vorgenommen als Sternberg. Er postuliert sechs wichtige «geistige Rahmen». Er glaubt, die zahlreichen mentalen Fähigkeiten der Menschen seien getrennt und potentiell unabhängig voneinander. Zu diesen Fähigkeiten gehören linguistische Intelligenz, musikalische Intelligenz, logisch-mathematische Intelligenz sowie räumliche Intelligenz, worunter er die Fähigkeit versteht, einen Tisch oder ein Modellflugzeug zu bauen, eine Büroetage zu entwerfen oder seinen Weg durch die Stadt zu finden.

Eine weitere von Gardner betonte Fähigkeit ist körperliche oder kinästhetische Intelligenz. Diese Fähigkeit, seinen Körper geschickt zu Ausdruckszwecken zu benutzen, wie es ein Tänzer tut, umfaßt auch die Fähigkeit, geschickt mit Gegenständen umzugehen, wie es ein Künstler tut, und dabei die feinmotorischen Bewegungen von Fingern und Händen zu nutzen. Leute mit einem hohen Maß an «Körperintelligenz» können sich auch im Sport auszeichnen. Der Besitz dieser Fähigkeit schließt Intelligenz auf anderen Gebieten natürlich nicht aus.

Am Ende von Gardners Liste steht die persönliche Intelligenz, die Fähigkeit, die Gefühle und Absichten anderer zu «lesen». Menschliche Wesen haben von Geburt an Bindungen; daher ist diese Fähigkeit sehr wichtig. Ist er wütend? fragen wir uns. Werde ich sie verletzen, wenn ich das sage? Ist das ein guter Zeitpunkt, um eine Gehaltserhöhung zu fordern? Unser Überleben in der modernen Welt hängt vom Verständnis der Absichten und Gefühle anderer Leute ab.

Sternbergs und Gardners Ideen haben in der akademischen und der Erziehungswelt viel Interesse gefunden, und es wäre durchaus möglich, daß sie zu besseren Tests und Erziehungs- und Ausbildungsabläufen führen. Ich bin jedoch der Meinung, daß unsere diesbezüglichen Methoden zwar ein wenig von der IQ-Psychologie und der Standardpsychologie der weißen Ratten* befreit sind, sich aber immer noch zu sehr auf eine «intellektuelle» Auffassung von unserer Natur konzentrieren.

Wenn wir statt dessen die verschiedenen kleinen Talente des Menschen betrachten, für die es psychologische, psychometrische und umweltbezogene Nachweise gibt, dann bekommen

* Historisch waren die meisten Psychologen weiße Männer der Mittelklasse, und das waren auch die Teilnehmer an psychologischen Studien. (Eine Arbeit über die Geschichte der Psychologie trägt den treffenden Titel: *Sogar die Ratte war weiß.*) Infolgedessen wurden die meisten interessanten Verhaltenstheorien von weißen Männern entwickelt, basierend auf der Untersuchung von weißen Männern. An weißen Männern ist an sich nichts auszusetzen, sehr wohl aber an der Annahme, daß Feststellungen über weiße Männer auf alle Menschen übertragen werden können.

wir ein anderes Bild von den Komponenten unserer Natur. Diese scheinen auf verschiedene Individuen nämlich unterschiedlich verteilt zu sein und können daher Licht auf unser Selbstgefühl werfen. Wir haben einige der größeren Komponenten in den Kapiteln über Temperament behandelt, doch auch andere, kleinere Aspekte kennzeichnen unsere Individualität. Statt sich also den Geist als eine einzige, intellektuelle Einheit vorzustellen, die viele verschiedene Arten von Ereignissen richtig beurteilen kann, sollten wir neu nachdenken. Der Geist ist ungeheuer komplex. Er enthält eine veränderliche Auswahl von unterschiedlichen Arten von Temperamenten und Talenten – fixierte Reaktionen oder allgemeine Tendenzen, auf eine bestimmte Art zu reagieren –, und diese verschiedenen Möglichkeiten werden je nach Bedarf benutzt (oder, wie ich in meinem Buch *Multimind* sagte, «ins Bewußtsein gerollt») und nach Gebrauch gewöhnlich wieder beiseite geschoben.

Fokus des Geistes

Ein zentraler Punkt der modernen Analyse des Geistes besagt, daß er in «Module» unterteilt ist – separate, spezialisierte Mechanismen, die spezifische Aufgaben erledigen, etwa visuelle Informationen analysieren, Bewegungen kontrollieren, auditive Informationen in Sprache umsetzen, Gerüchte analysieren und dergleichen. Es gibt beispielsweise deutlich verschiedene Module für unterschiedliche Arten von Erinnerung. Wir alle kennen Menschen, die anscheinend ein gutes Gedächtnis für Gesichter haben, aber nicht für Zahlen. Andere können sich Geschichten gut merken, aber keine Richtungen. «Zerstreute Professoren» mögen sich an spezifische Details des Peloponnesischen Krieges erinnern, vergessen aber, ihren Anzug aus der Reinigung abzuholen. 1874 führte Francis Galton im Rahmen seiner rationaleren Beschäftigungen mit der Individualität eine Untersuchung darüber durch, welche Arbeitsmittel herausragende britische Wissenschaftler benutzten. Er stellte fest, daß sich einige hauptsächlich auf Gesehenes verließen, um sich Dinge zu merken, während andere mehr auf Worte vertrauten. Eine neuere Untersuchung unter Leitung von Ulric Neisser deckt acht Arten von Erinnerungsleistung auf. Die erste ist Auswendiglernen. Manche Leute wirken wie Computer in ihrer Fähigkeit, sich an Adressen und Telefonnummern zu erinnern. Hat man ihnen einmal eine Adresse gegeben, behalten sie sie für immer. Andere müssen sie sich nicht nur aufschreiben, sondern sich dann auch noch erinnern, wo sie sie aufgeschrieben haben.

Zerstreutheit ist vermutlich eine Funktion der Frontallappen, wie auch viele andere der Bemühungen des Geistes, «am Ball zu bleiben». Zu den Funktionen der Frontallappen gehört ferner die Fähigkeit oder Unfähigkeit, sich an Namen zu erinnern, Individuen an ihrem Aussehen wiederzuerkennen, sich Witze, Geschichten und Gespräche zu merken, Orte zu kennen und Dinge wiederzufinden. Obwohl es sich bei diesen Erkenntnissen mehr um Annahmen handelt, legen sie doch nahe, daß das Gedächtnis eines Individuums aus diesen Komponenten bestehen könnte. Die eine Person hat vielleicht ein gutes Gedächtnis für Witze und Namen, vergißt aber Dinge, die sie erledigen muß. Jemand anderer erinnert sich leicht daran, wo Dinge sind, hat aber Schwierigkeiten, sich daran zu erinnern, warum ihm ein bestimmtes Gesicht vertraut ist. Weitere Forschungsarbeit deckt möglicherweise auf, welche dieser Komponenten des Gedächtnisses miteinander assoziiert sind.

Talente

Ich nenne gewisse gut definierte, anatomisch verwandte Fähigkeiten «Talente», weil sie bis zu einem gewissen Grade ererbt sind, weil manche Leute in der Regel mehr von dem einen als von einem anderen haben und weil sie, wie z. B. die Fähigkeit, sich anmutig zu bewegen oder flüssig zu sprechen, anscheinend kohärente mentale und verhaltensmäßige Einheiten bilden sowie als spezifische anatomische Einheiten existieren. Die biologisch ähnlichsten Talente sind die *Motivatoren*, angesiedelt in den Hirnzentren, die Hunger, Durst und verschiedene Formen des Appetits, von Nahrung bis Sex, regulieren. In älteren Büchern über Psychologie werden sie als «Triebe» bezeichnet. Manche Leute also sind stark «getrieben», um jeden Preis Erfolg zu haben, reich zu werden, oft oder gut zu trinken, zu essen und Sex zu haben. Die verschiedenen Arten von Appetit scheinen bei den Menschen unterschiedlich zu sein. Wir können uns leicht jemanden vorstellen, der stark von Hunger, Sex oder Durst dominiert wird.

Fundamental sind auch die *Informatoren*, die in den informationssammelnden Systemen des Nervensystems zentriert sind. Jeder von uns muß wissen, was innen und außen passiert. Wir müssen in der Lage sein, Geräusche in der Umgebung, die Bewegung von Objekten, die Position unserer eigenen Gliedmaßen und vor allem Schmerz in interpretieren. Alle diese Informationen müssen gesammelt und analysiert werden, ehe wir etwas unternehmen. Natürlich unterscheiden sich Leute darin, wie gut sie wahrnehmen, was innerhalb und außerhalb ihrer selbst passiert. Vor kurzem wurde eine Frau mit Bauchkrämpfen eilig ins Krankenhaus gebracht, wo man entdeckte, daß sie im Begriff war zu gebären. Sie hatte nicht einmal gewußt, daß sie schwanger war. Bei anderen haben innere Schmerzen und Störungen starken Zugang zum Bewußtsein und können unmöglich ignoriert werden. Manche Leute können zwischen zwei Tönen unterscheiden, die für jemand mit durchschnittlichem Gehör gleich sind. Scharfschützen verfügen oft über eine außergewöhnliche sensorische Wahrnehmungsfähigkeit.

Eng verbunden mit den informierenden Talenten, höchstwahrscheinlich aber das Produkt einer separaten Entwicklung, ist das Talent des *Riechens*. Die Physiologie des Riechens ist von anderen Systemen getrennt. Die Nerven der Nase sind insofern einzigartig, als sie direkt, ohne irgendwelche intermediäre Synapsen, mit dem Gehirn verbunden sind. Manche

Leute sind Meister im Riechen, andere völlig indifferent gegenüber Gerüchen.

Die ungeheure Aufgabe des *Bewegens* umfaßt die Koordination von vielen Wahrnehmungen – Bildern, Geräuschen, Farben, Geschmäcken und inneren Empfindungen –, während man sich gleichzeitig seines Standorts bewußt ist. Diese Fähigkeit sitzt eindeutig und vollständig im Zentralkortex. Sie besteht aus einem schmalen Band spezialisierter Neuronen, die die Information aus den Sinnen empfangen und in Bewegungen umsetzen; dieses schmale Band wird oft als «sensorisch-motorischer Streifen» bezeichnet. Wenn wir ein Baby beobachten, das laufen lernt, werden wir daran erinnert, was für eine Riesenaufgabe die körperliche Bewegung ist: Das Gehirn muß die Bewegung eines Arms, dann eines Beins, dann des anderen koordinieren, und die ganze Zeit über schauen wir abwechselnd in die Ferne und hinunter auf unsere Füße. Manchen Leuten scheint das Gefühl für Körperhaltung und Koordination offensichtlich zu fehlen; bei anderen ist die Fähigkeit, sich anmutig zu bewegen und die Bewegungen anderer vorherzusehen, ein ausgeprägtes Talent. Es ist weder auf Worte noch auf Geräusche, noch auf Gerüche zu reduzieren.

Dies wurde zwar von vielen Hirnforschern heftig diskutiert, aber heute ist klar, daß es wichtige Unterteilungen des Gehirns gibt. In beiden Hemisphären des menschlichen Zerebralkortex scheinen sich bestimmte Talente zu konzentrieren, zumindest bei den meisten Menschen. Zu diesen Talenten gehören die Funktionen des Lokalisierens und Identifizierens.

Raumkenntnis beispielsweise ist ziemlich wichtig für uns. Manchen bereitet die Aufgabe, ein großes Sofa um eine Ecke in einen kleineren Raum zu schieben, erhebliche Probleme, während sie anderen überaus leichtfällt. Andere räumliche Fähigkeiten kommen, wie wir bereits erwähnt haben, bei der Herstellung oder der Deutung einer Skulptur ebenso ins Spiel wie beim Zimmerhandwerk und in der Architektur.

Ein verwandtes Talent ist die Fähigkeit der *Ortskenntnis*, das heißt, die Fähigkeit zu erkennen, wo man sich befindet und wie man den Weg zurückgeht, den man gekommen ist. Bringen Sie Menschen mit «Ortstalent» in eine neue Stadt, und sie wissen sofort, wie man zu den Museen kommt. Andere können rechts nicht von links unterscheiden und den Norden nicht vom Westen. Das Talent, *Gesichter wiederzuerkennen*, ist etwas, das die meisten von uns besitzen. Wir scheinen fähig, uns an ein Gesicht zu erinnern, aber nicht unbedingt an einen Namen, denn diese Fähigkeiten sind unterschiedlicher Art und in verschiedenen Teilen des Gehirns angesiedelt. Es ist wichtig zu wissen, ob man jemanden schon einmal gesehen hat, und die nonverbale Kommunikation entziffern zu können, die Gesichter bieten. Diese Fähigkeit ist angeboren; sie tritt früh in der Entwicklung des Kindes und fast ohne Anstoß zutage. Sie ist von einem extrem komplexen Kreislauf in den Schläfenlappen abhängig. Denken Sie an die riesige Zahl von Menschen, die Sie «auseinanderhalten» können. Hirnschäden, vor allem in den Schläfenlappen, können bewirken, daß man die Fähigkeit zum Erkennen von Gesichtern verliert – eine «Prosopagnosie» genannte Störung.

Ein bemerkenswertes Talent ist das *Rechnen*. Es ist etwas, das wir ständig tun und nicht etwa nur, wenn wir unsere Hausaufgaben machen oder unseren Kontoauszug nachprüfen. Wir berechnen die Bewegung von Objekten, unsere eigenen Bewegungen und die Anstrengung, die erforderlich ist, um etwas zu bewegen, sowie den wahrscheinlichen Gewinn unseres Tuns. Stark ausgearbeitet wird dieses Talent zu einer Begabung für formale Mathematik. Es ist unabhängig von verbaler Ausdrucksfähigkeit und sogar von Logik. Mathematik scheint eine stärker räumliche und weniger verbale Komponente zu haben, als die meisten Leute meinen.

Reden scheint die Funktion zu sein, die der konventionellen Auffassung von Intelligenz am nächsten kommt, und zwei separate Bereiche der linken Hemisphäre kontrollieren das Verstehen und die Produktion von Worten. Bei manchen Individuen erzeugt eine Schädigung eines dieser Bereiche ganz unterschiedliche Arten von Aphasie (Verlust der Sprache). Der erste Bereich des Gehirns etwa, der mit einem bestimmten Talent in Verbindung gebracht wurde, war das Brocasche Sprachzentrum in der linken Hemisphäre, wo eine Schädigung den Sprachfluß beeinträchtigen oder sogar zerstören kann, aber nicht das Erfassen der Bedeutung von Sprache. Ein Mensch mit einem Schaden in diesem Bereich hat einfach nicht mehr die Fähigkeit, die richtigen Worte auszuwählen, um auszudrücken, was er «im Sinn hat».

Das *Entziffern von Sinn* ist ein vom Reden getrenntes Talent, und es hängt ebenfalls von den Interpretationen und Schlüssen der Wissenszentren im Gehirn ab. Lesen und Schreiben sind höher entwickelte und künstliche Talente.

Es gibt zumindest zwei, wahrscheinlich mehr separate Talente, die allgemeines Wissen betreffen. Das eine, mit der *Verarbeitung von minuziösen Details* befaßt, benutzt die linke Hemisphäre; ein anderes, das *Beobachtungen zu einem Ganzen verbindet*, benutzt die rechte. Die Verarbeitung von Details bei der logischen Analyse scheint von den Talenten des Sprechens und des Rechnens unabhängig zu sein. Die Fähigkeit, aus Beobachtungen vernünftige und kritische Schlüsse zu ziehen, kann durch einen Hirnschaden oder Schlaganfall zerstört werden, obwohl sie eindeutig kein so hoch organisiertes Talent ist wie etwa das, Worte aneinanderzureihen.

Es gibt auch eine *intuitive* Fähigkeit. Mit ihr kann man bestimmen, wie die zusammenhanglosen Teile eines Puzzles – wörtlich oder metaphorisch gemeint – zusammenpassen und wie man Elemente wie einzelne, unverbundene Linien zu einem Rechteck zusammensetzen kann. Viele Menschen scheinen sofort zu wissen, wie sie für einen bestimmten Zweck die richtige Person auswählen, wie sie ihren Weg aus dem Wald finden oder sogar, wann der richtige Augenblick ist, das Richtige zu kaufen. Dies ist das Talent des Künstlers und des Finanzmanagers, nicht das des Krämers und des Buchhalters.

All diese Einzelteile werden schließlich vom organisierenden Zentrum zusammengesetzt, dem Sitz der Talente zum *Mana-*

gen, Entscheiden, Interpretieren und *Kontrollieren.* Hier stellen wir vermutlich auch all die Beobachtungen, Schlüsse und Berechnungen zusammen, die wir über uns selbst anstellen. Eine Schädigung gewisser Teile dieses Frontalbereichs kann zu der Unfähigkeit führen, Pläne umzusetzen und die normalen Routinen des Alltagslebens zu strukturieren. In gewissen Fällen beeinträchtigt eine Schädigung dieses Bereichs sogar die Fähigkeit eines Menschen, sicher zu wissen, «wer» er oder sie ist.

Wie man nach unserer Diskussion von Bedächtigkeit-Lokkerheit erraten kann, ist eine Person mit frontalen Defiziten oder Schäden vielleicht durchaus in der Lage, komplexe Aktivitäten fast wie normal durchzuführen, weiß aber nicht, warum sie dies tut – warum Rechnungen bezahlt werden, warum eine Gruppe von Leuten sich zu einer Party versammelt und dergleichen. Erinnern Sie sich an die französischen Patienten Pierre und Marie, die Frontalschäden hatten und sich beide im Sprechzimmer des Arztes oder auf einer Party nicht angemessen verhalten konnten und einfach Routineaktionen ablaufen ließen, die nicht paßten.

Dieses Talent der Selbstkontrolle bildete sich beim Menschen wahrscheinlich ungefähr um dieselbe Zeit wie die Fähigkeit zu planen, Informationen zu interpretieren und Schlüsse zu ziehen. Es wurde spät in der Evolution ausgearbeitet, vermutlich beim Auftauchen des modernen Menschen, in der Periode des schnellen Hirnwachstums, das in den letzten vier Millionen Jahren erfolgt ist.

Ich glaube, daß die meisten unserer Talente in hohem Maße erblich sind, und der zuvor schon erwähnte Psychologe Auke Tellegen scheint den wichtigsten Nachweis für die konstante Leistung dieser verschiedenen Puzzleteile geliefert zu haben.

Wie wir sahen, messen die meisten Theorien der Erfahrung großes Gewicht bei, und wir haben festgestellt, daß die Familie beispielsweise keine so große Rolle spielt. Tellegen und seine Kollegen untersuchten 350 Zwillingspaare, von denen einige zusammen, andere getrennt aufgewachsen waren. Wenn wir die zusammen und die getrennt Aufgewachsenen miteinander vergleichen, bekommen wir eine bessere Sicht auf die Auswirkungen von Vererbung. Die Studie kam zu dem Ergebnis, daß getrennt aufgewachsene Zwillinge sich in bestimmten Bereichen auffallend ähnlich waren – etwa darin, wieviel Führertalent sie an den Tag legten, nach wieviel Leistung sie strebten, wieviel Intimität sie sich wünschten und sogar, wie «traditionell» sie waren – das heißt, wie eng sie sich an die Praktiken hielten, die sie in ihrer Jugend erlernt hatten. Tatsächlich waren die getrennt aufgewachsenen Zwillinge sich in vielen Fällen genauso ähnlich wie zusammen aufgewachsene.

Natürlich versuchen einige Zwillinge, die zusammen leben, so unterschiedlich wie möglich zu sein, was sicherlich gewisse Auswirkungen auf diesen Vergleich hat. Trotzdem strebten diese Individuen entweder nach hohen Leistungen oder kümmerten sich nicht sonderlich darum, was sie taten; sie folgten Autoritäten oder nicht, sie beschlossen, mit anderen intim zu werden, oder blieben distanziert. All diese Züge schienen sich ohne große Rücksicht auf die Lebensumstände der Zwillinge entwickelt zu haben. Das führt zu zwei Schlüssen: Diese Bereiche sind wichtige Aspekte unserer Individualität, und sie scheinen von Erfahrung unabhängig zu sein.

Das Selbst

Was wir «das Selbst» nennen, ist in Wirklichkeit nur eines von den vielen Modulen des Geistes, unabhängig vom Rest und in Unkenntnis dessen, was vor sich geht – ein Modul, das seine eigenen Schlußfolgerungen, richtig oder falsch, über die Person treffen muß. Wir haben keinen besonderen oder direkten Zugang zu dem, was in uns selbst vor sich geht. Oft erraten, erschließen oder berechnen wir das. Wir haben indessen über uns nicht die gleichen Informationen wie über andere Menschen und Dinge, da unser Zugang zu uns selbst sowohl besonderer Art als auch begrenzt ist. Einerseits besitzen wir eine große, ausgedehnte Erfahrung unserer selbst, denn das kontrollierende Zentrum ist immer am Werk, ob wir denken, schlafen, gut oder schlecht handeln. Das Selbst hat Zugang zu Informationen über Schwierigkeiten und mildernde Umstände, die es über andere Personen nicht besitzt. Wir können sagen: «Im Geist bin ich zu dieser Sache schon entschlossen.» Es scheint vernünftig, daß wir unseren eigenen Geist kennen, und das tun wir auch, gewiß besser als den anderer. Andererseits kennen wir ihn nicht direkt, nicht «von Angesicht», und im Grunde wissen wir nicht viel mehr über ihn als etwa über das Funktionieren unserer Bauchspeicheldrüse. «Erkenne dich selbst» – das ist, kann man wohl sagen, weitaus schwieriger, als selbst Platon es sich vorstellte.

Doch das Selbst hat einen besonderen Ort. Es gehört zur obersten Ebene des Geistes, auf der die kontrollierenden Funktionen des Bewußtseins ausgeführt werden. Unsere Sprache beschreibt diese Ebene und die auf ihr zu leistenden Aufgaben sehr präzise mit den Ausdrücken Selbstreflexion, Selbstverständnis und Selbstbeobachtung. Es sind die eminent wichtigen Talente oder stark beeinträchtigenden Faktoren in der Ausstattung eines jeden Individuums.

Doch obwohl das Selbst im Geist einen privilegierten Platz einnimmt, ist es isolierter, als wir vielleicht denken. Es ist einfach ein weiteres unabhängiges Talent, angesiedelt in einem bestimmten Abschnitt des Gehirns. Es hat weniger speziellen Zugang zu anderen, ebenso wichtigen Teilen des Gehirns, als wir vermuten. Alle unterschiedlichen Talente und Fähigkeiten einer Person können also unabhängig arbeiten und zu größeren Einheiten kombiniert werden – so, wie verschiedene Mitglieder einer Mannschaft auf einem Sportplatz zum Einzelkampf oder zur Teamleistung aufgerufen werden können.

Um ein Architekturbüro zu leiten, sind beispielsweise sowohl räumliche als auch logische Fähigkeiten erforderlich. Emotionale Talente und die Bewegungsfähigkeit können zu einem Ausdruckstanz kombiniert werden. Die Schutz suchenden Aspekte von Emotionen und unsere logischen Fähigkeiten können sich zusammentun und eine Paranoia erzeugen. Man kann sich Hunderte von wahrscheinlichen Kombinationen dieser unabhängigen Puzzleteile vorstellen. Das Fehlen eines Talents kann entscheidend sein, da, wie wir gesehen haben, die Unterentwicklung gewisser emotionaler Reaktionen zu antisozialem Verhalten oder sogar Kriminalität beitragen kann. Talente aller Art sind daher wichtige Teile des Puzzles unseres Selbst.

FÜNFTER TEIL
Sich selbst vervollständigen –
über das Ererbte hinausgehen

KAPITEL 15
Von Affenhirnen, Fischhierarchie, zahmen und wilden Katzen, fehlenden Bindegliedern und der erstaunlichen Wachstumsmöglichkeit des Gehirns

Menschliche Wesen werden nicht ein für alle Male geboren an dem Tag, an dem ihre Mütter sie zur Welt bringen ... Das Leben zwingt sie immer wieder, sich selbst zu gebären.

Gabriel García Márquez

In diesem kurzen Buch haben wir einen langen Weg zurückgelegt – von der Stelle aus, an der ich menschliche Wesen als «unfertige Tiere» beschrieb, deren Entwicklung erst in der Welt vollendet wird. Inzwischen haben wir uns angeschaut, wie Temperament, Familie, Rasse, Geschlecht und Hirnunterschiede die Wurzeln unserer Individualität bilden. Vielleicht haben Sie, während Sie das lasen, mehr und mehr wie Tess gefühlt – daß Ihr Leben in seinem Verlauf festgelegt, vielleicht gänzlich vorherbestimmt ist. Doch wir sind in Wahrheit keineswegs völlig festgelegt.

Wie stark können wir unsere Natur verändern? Darauf gibt es zwar keine definitive Antwort, da die wissenschaftliche Klärung dieser Frage noch längst nicht abgeschlossen ist und verschiedene Aspekte unserer selbst zu verschiedenen Zeiten in unterschiedlichem Maße veränderbar sind, doch noch sind wir nicht tot, und daher sind wir durch unsere Natur nicht endgültig festgelegt. Wir können sie sowohl ein bißchen verändern als auch unser Leben so einrichten, daß es ihr entspricht.

Ich habe zu zeigen versucht, daß wir die menschliche Persönlichkeit neu analysieren und uns selbst auf eine neue Weise kennenlernen müssen, und zwar basierend auf Physiologie statt auf Ideologie. Das Wissen, wie unsere Physis uns dem Leben gegenüber disponiert, kann uns eine Möglichkeit liefern, wirkliche Veränderung zu bewirken, die mit unserem Charakter übereinstimmt statt mit irgendeinem künstlichen oder willkürlichen System. Gehirn und Nervensystem sind nicht unwandelbar; sie wachsen und verändern sich mit den Lebenserfahrungen. Daher können wir eine aktive Rolle bei der Veränderung unserer eigenen Hirnprozesse spielen und die Art und Weise verbessern, wie wir mit uns selbst umgehen.

Lebenserfahrungen spielen bei der Hirnentwicklung des Menschen eine größere Rolle als bei jedem anderen Lebewesen. Bis vor kurzem nahmen Physiologen und Psychologen an, daß bei der Geburt Neuronen anfangen, Verbindungen herzustellen, und daß diese Verbindungen mit Alter und Erfahrung zunehmen. Tatsächlich aber ist das Gegenteil der Fall. Im Gehirn eines Säuglings gibt es viel mehr Verbindungen als in dem eines jungen Erwachsenen, und ein junger Erwachsener hat immer noch mehr als ein älterer Erwachsener.

Entwicklung scheint eine Sache des «Beschneidens» der ursprünglichen Verbindungen statt des Herstellens neuer zu sein. Im letzten Drittel der Schwangerschaft (sechster bis neunter Monat) hat ein Baby ungefähr 2,5 Millionen Zellen hinter der Netzhaut der Augen, und diese Zellen leiten die verarbeitete visuelle Information zum Gehirn weiter. Ein Erwachsener hat bloß noch 1,25 Millionen Zellen, um diese Informationen zu analysieren. Ähnlich wie beim Beschneiden eines Baumes ist es der Tod von Zellen, durch den unsere Individualität wie eine Skulptur aus der Fülle unserer Erbmasse herausgearbeitet wird.

Das Gehirn ist ein besonders heikles Gewebe, und es ist schwierig, die relevanten Hirnuntersuchungen an Menschen durchzuführen, aber Studien, die Katzengehirne verglichen, stellten während ihrer Entwicklung einen Volumenverlust von mindestens einem Drittel fest. Ungenutzte Verbindungen welken und sterben, und neue Verbindungen werden möglich. Vielleicht ist der Tod von Zellen auch eine Art schneller Anpassung, da eine Wildkatze sehr viel mehr Farbsichtigkeit behält als eine zahme Katze. Sowohl die Wildkatze als auch die Hauskatze haben ursprünglich dieselbe Anzahl von Hirnzellen, aber bei jeder Spezies verschwinden unmittelbar vor der Geburt gewisse Zellen. Dieser Unterschied hat sich vermutlich deshalb entwickelt, weil Wildkatzen Bedrohungen und Nahrungsquellen identifizieren müssen; darum behalten ihre Gehirne mehr von den Zellen, die bei der Analyse der Komplexität der Welt helfen.

Meine eigene alte Katze hat gelernt, daß sie sich bloß vor ihren Napf setzen und jämmerlich dreinschauen muß, damit eine Büchse Futter für sie geöffnet wird. Da die Umgebung einer Hauskatze sehr viel überschaubarer und der Ablauf ihres Lebens vorhersehbarer ist, haben diese Katzen 30 bis 50 Prozent der Gehirnzellen verloren, die eine Wildkatze noch entwickelt. Ich bin sicher, daß beim Menschen eine ähnliche «Devolution» stattgefunden hat, doch darüber gibt es bislang noch keine Untersuchungen.

Jeder Mensch beginnt sein Leben mit der Fähigkeit, jede beliebige Sprache der Welt zu sprechen, auch solche, die längst verschwunden oder noch nicht erfunden sind. Da wir jedoch im frühen Leben einer bestimmten Umgebung ausgesetzt sind, brauchen wir nur die Sprache(n) unserer eigenen Gemeinschaft zu lernen. In den ersten Monaten des Lebens gibt ein Baby fast jeden Laut aus jeder möglichen Sprache von sich. Später verliert das Individuum die Fähigkeit, Geräusche zu erzeugen, die nicht in der Sprache vorkommen, welche es zu sprechen gelernt hat. Zur Zeit unserer Geburt steht uns also ein Universum potentieller Lautmuster zur Verfügung, doch wir erlernen nur ein paar davon. Nachdem wir das getan haben, entstehen neue Verbindungen zwischen den existierenden Zellen, wenn wir neue Sätze und neue Fakten lernen und uns entwickeln. Mehr als andere Tiere reifen Menschen biologisch außerhalb des Mutterleibes weiter. Der «Fertigstellungsprozeß» beginnt früh: Kinder unterscheiden sich schon bei der Geburt, und Eltern reagieren darauf, indem sie für sie total unterschiedliche Welten schaffen. Unterschiede in der Ernährung und darin, wieviel die Eltern mit dem Baby sprechen, sowie in der Stellung innerhalb der Familie können signifikante Persönlichkeitsunterschiede erzeugen, vor allem, wenn unsere ethnische Gruppe ihre eigenen spezifischen Praktiken hat.

Kleine Unterschiede in der frühen Entwicklung können später zu sehr großen Unterschieden führen. Wenn man beispielsweise die eigene «Eingeborenensprache» früh und viel spricht und reichlich Stimulation durch Geräusche und Licht erfährt, so bringt dies das Gehirn sozusagen auf die Schnellspur, während die Tatsache, daß man lange fest eingewickelt bleibt oder, wie die Babys der Navajo-Indianer, an der Mutter festgebunden, die Wurzel einer friedfertigen, unbeteiligt wirkenden Persönlichkeit sein kann.

Es gibt noch viele andere Arten, wie die frühere Umgebung die Gehirnentwicklung beeinflußt. Freudlos aufwachsende Kinder wachsen langsamer und können in ihrer geistigen Entwicklung zurückbleiben. Je länger Kinder in den frühen Lebensjahren daran gehindert werden, eine Sprache zu erlernen, desto schwerer fällt es ihnen, jemals sprechen zu lernen. Kinder können sich jedoch in bemerkenswertem Maße von Deprivation, also Mangel an Zuwendung, erholen. Eine Gruppe von Kindern in einem besonders erbärmlichen Waisenhaus erhielt nahezu keine Stimulierung; sie lagen den ganzen Tag in kahlen Bettchen in einem kalten Raum auf dem Rücken. Sie wurden nur berührt, wenn man ihre Windeln wechselte. Im Alter von einem Jahr entsprach ihre Entwicklung der sechsmonatiger Kinder. Einige dieser Babys wurden adoptiert, und Wissenschaftler verglichen ihre Entwicklung mit der von Kindern, die noch immer im Waisenhaus waren. Diese waren deutlich zurückgeblieben, doch die adoptierten Kinder holten in vielen Aspekten die Entwicklung normaler Kinder nach. Diese und viele andere Studien zeigen, daß wir fähig sind, frühe Deprivation zu überwinden, *wenn spätere Erfahrung sie kompensiert.* Bei der Geburt ist das Gehirn vielleicht darauf eingerichtet, unzählige verschiedene Dinge zu tun, doch wir schaffen nur ein paar davon, und daher verringern sich unsere Kapazitäten. So formt die Erfahrung aus einem spezifischen genetischen Erbe ein spezialisiertes, unverwechselbares Individuum.

Kultivieren des Gehirns

Einer der hoffnungsvollsten Funde der Neurowissenschaft ist die Erkenntnis, daß die Art und Weise, wie wir unser Gehirn – selbst als Erwachsene – benutzen, einen ungeheuren Einfluß auf seine Struktur hat, bis herunter zur Arbeit der Neuronen. Ich halte es für wichtig, einen näheren und beinahe technischen Blick auf dieses Material zu werfen.

Menschliche Wesen beginnen ihr Leben wie viele andere Tiere mit unkultivierten Gehirnen. Die Fähigkeit des Gehirns, seine Struktur zu verändern, die man Plastizität nennt, ist um die Zeit der Geburt herum, wo uns fast unendliche Möglichkeiten offenstehen, am größten. Die Verzweigungen der Nerven, die mit den Sinnesorganen verbunden sind, Augen, Ohren und Hautsensoren, sind über den ganzen Kortex verteilt, die äußere Oberfläche des Gehirns, wo die Signale verarbeitet werden. Gewisse Ziele sind vorherbestimmt; die Augen beispielsweise sind mit dem visuellen Kortex auf der Rückseite des Gehirns verbunden.

Nur durch ständige Übung, Anstrengung und Stimulierung aber entwickeln sich die hochspezialisierten Bereiche des Kortex des erwachsenen Gehirns zu ihrer vollen Ausdehnung. Im erwachsenen visuellen Kortex gibt es Zellmodule, die man okulare Dominanzkolumnen nennt. Die Zellen in einer Gruppe von Kolumnen reagieren nur auf Eingaben von den Nerven des linken Auges; die Zellen in der anderen Gruppe reagieren nur auf Eingaben aus dem rechten Auge. Diese Kolumnen wechseln sich in einem Teil des visuellen Kortex ab. Bei der Geburt jedoch gibt es ein solches Muster noch nicht. Alle Neuronen in diesem Gehirnbereich reagieren gleichermaßen auf visuelle Stimulierung von beiden Augen. Das ist nicht bloß eine Sache unvollständiger oder unreifer Entwicklung, die durch das Vergehen von Zeit im Leben des individuellen Tieres automatisch berichtigt wird.

Das Gehirn muß Erfahrungen sammeln.

Wenn die Neuronen des visuellen Kortex keine Eingaben erhalten, dann treten auch keine Dominanzkolumnen auf. Wenn alle Neuronen exakt die gleichen Eingaben bekommen (was durch künstliche Stimulierung der Sehnerven getestet wurde), treten ebenfalls keine Kolumnen auf. Die Kolumnen entwickeln sich nur dann, wenn das Tier eine normale visuelle Vorstellung von der Welt erhält – das heißt, wenn rechtes und linkes Auge leicht unterschiedliche Szenen sehen.

Was ein Auge sieht, bewirkt auch eine Veränderung darin, welche Gruppen von Neuronen durch verschiedene Stimulationsquellen eingeschaltet werden. Zu Beginn des Gehirnlebens erzeugt jede visuelle Eingabe ausgedehnte Aktivität im visuellen Kortex. Mit der Zeit aber organisiert visuelle Erfahrung den Kortex in Bereiche, die auf Linien, Bewegung, Hell und Dunkel spezialisiert sind. Das geschieht so: Neuronen, die gleichzeitig aktiv sind, werden verbunden. So werden Neuronen, die mit dem linken Auge verbunden sind, indem sie häufig «feuern», stark miteinander verknüpft, und sie verlieren viele der Verbindungen zu Neuronen aus dem rechten Auge, die weniger mit ihnen synchronisiert sind. Carla Shatz, Neurobiologin an der Universität von Kalifornien in Berkeley, faßte diesen Prozeß des «Beschneidens» von Neuronenverbindungen so zusammen: «Zellen, die zusammen feuern, verdrahten sich.»

Wie kommt das zustande? Wie kann Erfahrung Neuronen verändern? Neuronen, die Grundbausteine des Gehirns und des Nervensystems, übermitteln Informationen aus einem Teil des Gehirns oder Körpers an einen anderen, indem sie elektrische Signale an sich entlang weitergeben und einander an den Enden chemische Botschaften mitteilen. Eine Verbindung zwischen dem Ende eines Neurons und dem Beginn eines anderen nennt man Synapse, und dort findet der chemische Austausch zwischen Neuronen statt.

Die anhaltende Plastizität des Gehirns rührt auch von seinem weitreichenden Netz neuronaler Zwischenverbindungen her. Erfahrung verändert das Gehirn, indem sie Verbindungen zwischen Neuronen re- oder deaktiviert. In der späten Kindheit reduziert das reifende Gehirn die Gesamtzahl seiner Verbindungen im Kortex. Es kommt zu einem deutlichen synaptischen Beschneiden. Wenn man die Synapsen zählt (bei Hirnuntersuchungen an Toten), findet man in älteren Gehirnen weniger Synapsen. Durch magnetische Resonanzaufzeichnungen (MRI) stellt man fest, daß der Kortex zwischen dem Alter von fünf und fünfzehn Jahren *tatsächlich schrumpft.*

Damit Erfahrung das Gehirn verändern kann, muß sie die Neuronen verändern. Neuronen vervielfältigen sich nicht; wir werden mit einer bestimmten Anzahl geboren und verlieren im Laufe des Lebens viele. Es ist jedoch nicht die Anzahl der Neuronen, sondern ihr Verbindungsmuster, das durch Erfahrung verändert wird. Neuronen, die gleichzeitig aktiv sind, haben starke Verbindungen miteinander – die an den Synapsen erfolgen. Dies mag durch chemische Botschaften geschehen, die das Wachstum weiterer Synapsen zwischen Neuronen stimulieren, vielleicht auch durch die Ausdehnung von mehr Verzweigungen eines Neurons, um mehr Verbindungen mit anderen Neuronen zu gestatten. Umgekehrt werden Verbindungen zwischen Neuronen, die nicht simultan aktiv sind, spärlicher und schwächer.

Ein Teil dieser Nachweise kommt aus weiter Ferne, nämlich von Rattenhirnen, Affenpfoten und der Dominanz unter Fischen. Marion Diamond hat gezeigt, daß die Umgebung eines Tiers die Form seines Gehirns verändern kann. In einer Serie von Experimenten erhielten Ratten einen «bereicherten» Lebensraum (zwölf Ratten in einem großen Käfig mit viel Spielzeug, das täglich gewechselt wurde); diese Ratten hatten am Schluß einen dickeren Kortex und mehr neurale Verzweigungen als Ratten in einer «verarmten» Umgebung, die allein oder zu dritt in langweiligen Käfigen ohne Spielzeug gehalten wurden.

Unterschiede in der Dicke des Kortex wurden sogar bei Ratten festgestellt, die man nur vier Tage lang getrennt und in eine bereicherte oder verarmte Umgebung gesetzt hatte. Und diese Veränderungen traten bei reifen Ratten ebenso auf wie bei jungen, die noch in der Entwicklung waren. Dies spricht stark dafür, daß die Welt um uns herum durch unsere Sinne unser Wachstum beeinflußt. Die bereicherte Umgebung der Ratten gab ihnen also ein breiteres Spektrum von sensorischen Erfahrungen, ermöglichte mehr Verhaltensvariationen und stellte vermutlich auch mehr spezifische Probleme, die zu lösen waren, als die verarmte Umgebung.

Einführende Lehrbücher illustrieren die sensorischen Bereiche des Gehirns mit einem darübergelegten, grotesken «Homunculus». Diese Figur, die enorme Lippen und Finger und einen relativ winzigen Rücken und Rumpf hat, repräsentiert die Menge von Gehirnkortex, die taktilen Empfindungen an diesen Teilen der Hautoberfläche gewidmet ist. Einst dachte man, die «Körpervorstellung» des Gehirns sei ein ererbtes Merkmal, bei dem alle Details feststünden, doch die Entdeckung eines breiten Spektrums von angeborenen neuronalen Verbindungen, die dann durch Erfahrung beschnitten werden, hat die Nützlichkeit der Theorie der «harten Verdrahtung» verringert. Und die Umprogrammierung von Zellen kann sehr schnell vor sich gehen. So kann jemand einen Monat, nachdem er bei einem Unfall einen Arm verloren hat, diesen Arm fühlen, da das Gehirn die Landkarte des Körpers mit Stimulierung aus anderen Bereichen «ausfüllt». Wange und Kinn etwa sind auf der Karte, die das Gehirn vom Körper hat, nahe an den Armen. Daher kann eine Stimulierung der Wange das Fühlen des verlorenen Arms hervorrufen.

Michael Merzenich, William Jenkins, Gregg Recanzone und andere Forscher an der Universität von Kalifornien in San Francisco deckten faszinierende Details darüber auf, wie sensorische Erfahrung Gehirne beeinflußt. Merzenich und seine Kollegen demonstrierten, daß die Landkarten des Gehirns vom Körper durch Gebrauch veränderbar sind, sogar bei erwachsenen Säugetieren. Wenn ein bestimmter Hautbereich wiederholt stimuliert wird, reagiert ein immer größerer Teil des Kortex auf die Berührung dieses Hautbereichs, und er wird vom Gehirn in feineren Details repräsentiert.

Diese Erkenntnis rührt von einem Experiment her, bei dem Affen lernten, daß sie sich eine schmackhafte Mahlzeit verdienen konnten, wenn sie mit dem Mittelfinger mit genau dem richtigen Druck den Rand eines sich drehenden Rades berührten. Das Tier mußte spüren, daß es den richtigen Finger mit dem richtigen Druck an die richtige Stelle hielt, und der Teil des Fingers, der dem Affen dieses Empfinden verschaffte, gewann einen vergrößerten «Kartenbereich» im sensorischen Kortex des Tieres. Die Repräsentationen der anderen Hand- und Fingerbereiche wurden umgestellt, um zu dieser neuen Fingerkarte zu passen. Die Wissenschaftler bestimmten die Anlage der Körperkarte des Gehirns, indem sie maßen, welche Zellen elektrische Impulse gaben, wenn spezifische Hautbereiche berührt wurden. Andere Experimente zeigten, daß die Handkarte des Gehirns sich je nach Veränderungen in den Eingaben von der Haut an die Hand wandelte. Wenn zwei Finger chirurgisch verbunden wurden, so daß sie sich immer zusammen bewegten und dieselben Dinge berührten, bekamen sie im Gehirn eine einzige, miteinander verschmolzene Karte, wo zuvor eine separate Karte für jeden der Finger gewesen war.

Wenn die Forscher ein Segment von der Haut der Affenhand an eine andere Stelle der Hand verpflanzten, ohne dabei irgendwelche Nerven zu durchtrennen, bewegte sich die Repräsentation der versetzten Hautstelle auch im Gehirn, so daß es sich auf der Gehirnkarte neben den Standorten oder Repräsentationen seiner neuen benachbarten Hautzonen befand. Hautrepräsentationen im Gehirn werden danach angeordnet, wie oft die Aktivität aus ihren Neuronen sich zeitlich entspricht. Zwei Hautstellen nebeneinander werden wahrscheinlich häufiger gleichzeitig stimuliert als zwei weit entfernte. Also liegen die Karten der beiden ersteren im Gehirn nebeneinander, die der beiden letzteren sind getrennt.

Die Plastizität der Hirnrepräsentationen des Körpers ist von wesentlicher Bedeutung, um sich von gewissen Arten von Hirnschädigungen zu erholen. Wenn der Teil eines Affenhirns, der auf den Handbereich reagiert, geschädigt wird, dann übernehmen nahe gelegene Teile des Gehirns die Aufgabe, die Information von der Hand zu verarbeiten.

Wie wandelbar ist das Layout des Gehirns? Man hat allgemein angenommen, das Layout spezialisierter Bereiche bei einer Spezies würde sich von der Landkarte einer anderen Tierspezies unterscheiden, so wie sich ja auch ihre tatsächliche Körperstruktur unterscheidet.

Merzenich hat jedoch festgestellt, daß die Variation in den Gehirnkarten der Hände zwischen Individuen einer Spezies größer ist als die mittlere Variation zwischen verschiedenen Spezies von Affen. Alle Affen haben «Hände». Doch jeder individuelle Affe hat eine einzigartige Lebenserfahrung, die sich darin widerspiegelt, wie er seine Hände benutzt hat, und sich deshalb auch aus den Handkarten seines Gehirns ablesen läßt. Dieser individuelle Unterschied in der Erfahrung erzeugt einen größeren Unterschied in den Gehirnen der Affen als genetische Unterschiede zwischen den Spezies.

Eine faszinierende Möglichkeit, die Merzenich vorgetragen hat, ist, daß die Zuweisungen kortikaler Hirnbereiche nicht, wie unsere Entwicklungs-Neurobiologen geglaubt haben, genetisch ererbt ist. Vielleicht richtet sich das Layout der Empfindungskarte des Gehirns gänzlich nach den durch die Sinne gelieferten Erfahrungen! Ein Affe hat vielleicht die Gene für einen Schwanz geerbt; wenn jedoch das Gehirn des Affen niemals irgendeine sensorische Information von diesem Schwanz erhält, dann wird er nie die Hirnrepräsentation für den Schwanz entwickeln.

Die für Bewegung verantwortlichen Hirnbereiche werden ähnlich von Erfahrung beeinflußt. Die motorischen Bereiche der bevorzugten Hand haben komplexere Layouts im Gehirn als die der nicht bevorzugten Hand. Merzenich weist in diesem Zusammenhang auf den Schreibkrampf hin, einen Zustand, bei dem Menschen nicht mehr schreiben können, weil ihre Hand sich in steifer Haltung verkrampft, sobald sie einen Stift ergreifen. Einen Gipfelpunkt erreichten solche Beschwerden im Viktorianischen Zeitalter, was ein Forscherpaar «dem Erfolg des British Empire mit seinem enormen Stab von Verwaltungsangestellten und dem anstrengenden Umgang mit dem Federkiel» zuschreibt. Indem sie endlose Stunden damit zubrachten, winzige Zahlen in Hauptbücher einzutragen und zahllose Formulare auszufüllen – mit anderen Worten, indem sie ihre dominante Hand immer wieder auf dieselbe Weise benutzten, so daß das Gehirn von dieser Hand immer nur die gleichen Stimuli erhielt –, haben diese Büroangestellten der Fähigkeit ihrer Gehirne, beim Schreiben die Hände zu kontrollieren, vielleicht jede Flexibilität ausgetrieben. Am Ende blieb nur noch der überwältigende Impuls übrig, die Feder zu ergreifen. So war der Schreibkrampf vielleicht keine bloße Muskelerschöpfung, sondern spiegelte in Wirklichkeit eine durch Erfahrung ausgelöste Veränderung in der Körperkarte des Gehirns wider.

Soziale Faktoren bei der Entwicklung des neuronalen Systems

Soziale Faktoren verändern das Gehirn ebenfalls, sogar bei Fischen. Die Neurophysiologen Mark Davis und Russ Fernald entdeckten, daß bei der Entwicklung des neuronalen Systems einer Fischspezies ein sozialer Faktor die Haupttriebfeder des Verhaltens war: Das erwachsene Männchen einer afrikanischen Buntbarschart verteidigt sein Revier wütend gegen alle anderen erwachsenen Männchen. Die Forscher stellten fest, daß junge männliche Buntbarsche normalerweise bis zur sexuellen Reife etwa zwei Jahre brauchten, daß sie aber innerhalb von drei Monaten reiften, wenn es in der Nachbarschaft keine erwachsenen Männchen gab.

Die verlangsamte sexuelle Entwicklung der Männchen wurde verursacht durch das unterdrückte Wachstum der Neuronen im Gehirn, die für die Produktion der zur sexuellen Entwicklung notwendigen Hormone verantwortlich waren. Die Sinne der Jungfische entnahmen der Gegenwart älterer Männchen irgendeine Information, die eine bestimmte Gruppe von Neuronen in ihren Gehirnen am Wachsen hinderte.

Was können Fische uns über uns selbst lehren? Die Existenz eines solchen sozialen Mechanismus, der das strukturelle Wachstum des Gehirns reguliert, weist darauf hin, daß ähnliche Geschehnisse auch bei anderen Spezies möglich wären. Wir teilen mit den Fischen ein gewisses grundlegendes genetisches Erbe. Wie wir sind sie Wirbeltiere und haben komplexe zentrale und periphere Nervensysteme.

Uns selbst formen, indem wir unser Gehirn formen

Wir kommen mit dem grundlegenden menschlichen Erbe zur Welt. Um aber Individuen zu werden, brauchen wir menschliche Erfahrung. Unsere Umgebung und unsere Handlungen gestalten die inneren Verbindungen unseres Gehirns, die Art, wie wir Informationen von den Sinnen verarbeiten, und bestimmen sogar, welche Aspekte der Welt wir wahrzunehmen fähig sind. Die Fundamente unserer Wahrnehmungsfähigkeiten, so etwa, ob wir die Welt mit beiden Augen sehen, werden in den ersten paar Jahren unseres Lebens gelegt. Für den Rest des Lebens jedoch wandelt sich unser Gehirn ständig und spiegelt unsere Lebenssituation, unsere Umwelt und die Aktivitäten wider, für die wir uns entscheiden. Angesichts des Wissens, daß wir sind, was wir tun, können wir unsere außergewöhnliche menschliche Fähigkeit zum Denken und Vorhersehen benutzen, um zu wählen, wie wir unser eigenes Gehirn programmieren möchten.

Eine Methode, sich die Auswirkung von Erfahrung auf das Gehirn zunutze zu machen, ist die Rehabilitation. Frühe Unterernährung führt zu einer Unterentwicklung des Gehirns, doch bei Ratten kann dies rückgängig gemacht werden, indem man ihnen eine stimulierende Umgebung verschafft. Die Opfer von Schlaganfällen können mit der Zeit Funktionen zurückgewinnen, die durch Gehirnschäden verlorengingen, da andere Gehirnbereiche die Funktionen übernehmen, die vorher von den beschädigten Bereichen ausgeübt wurden. Wenn wir entdecken können, wie Training die Landkarten unseres Gehirns verändert, dann sind wir vielleicht auch in der Lage, Therapieprogramme zu entwickeln, die die Wiedererlangung verlorener Fähigkeiten beschleunigen. Und diejenigen unter uns, die ein normales, gesundes Gehirn haben, könnten lernen, wie man Fähigkeiten verbessert, die uns in der komplexen modernen Welt von Nutzen sind.

Kulturelle Unterschiede in der Reaktion auf Schmerz

Wie weit nun können wir uns verändern? Die diesbezüglichen Nachweise sind nicht leicht zusammenzustellen. Mark Zborowski interviewte eine Anzahl von Krankenhauspatienten in New York City und stellte fest, daß Menschen aus verschiedenen Kulturen ihren Schmerz verschieden erlebten.

«Ein alter amerikanischer Protestant sprach so über seinen Schmerz: ‹Ich klage nicht – ich will meinen Schmerz hinnehmen wie ein Mann –, ich will ein richtiger Mann sein und meinen Schmerz für mich behalten. Ich sitze einfach da und nehme es hin. Ich kämpfe nicht, ich sitze bloß da. Was kann man machen? Zwecklos, herumzuschreien oder sich dagegen zu wehren.›»

Jüdische Patienten dagegen verhielten sich anders: «Gestern waren die Schmerzen höllisch. Ich habe geweint wie ein Baby, darum kam die Schwester herein. Ich weiß nicht, was ich gemacht hätte, wenn sie mir nicht geholfen hätte.» Ein anderer:

«Ich habe einmal geweint, als ich schlimme Schmerzen hatte, es war ein Gefühl der Hilflosigkeit. Bei Licht traten mir noch mehr Tränen in die Augen, ich fühlte mich so hilflos.» Irische Amerikaner waren ähnlich wie Protestanten. «O nein, ich würde mich nie beklagen. Ich würde einfach warten, bis es vergeht, das ist alles. So schlimm wäre das nicht.» Italienische Patienten waren expressiver: «Nein, nein, man kann das nicht verbergen. Es ist zu schlimm. Man muß einfach stöhnen oder schreien. Oh, wenn der Schmerz kommt, ich ... ich meine, ich kann ihn einfach nicht aushalten, er treibt mir die Tränen in die Augen.»

Hier die Beschreibung, die der britische Arzt P. S. Brown von Mandeloperationen in China gab. Sie zeigen zumindest leichte kulturelle Unterschiede zu denen bei uns.

Beim Besuch eines Kinderkrankenhauses sahen wir eine Schlange lächelnder Fünfjähriger vor dem Raum stehen, in dem in rascher Folge Mandeloperationen vorgenommen wurden. Jedes Kind bekam ein paar Minuten, bevor es allein in den Operationssaal trat, von einer Krankenschwester etwas Anästhesiespray in den Hals gesprüht. Ein Kind nach dem andern kletterte auf den Tisch, lehnte sich zurück, lächelte den Chirurgen an, öffnete weit den Mund, und in der ungewöhnlichen Zeit von weniger als einer Minute wurden ihm die Mandeln herausgeschnitten. Die einzigen Instrumente, die der Chirurg benutzte, waren eine Schere und eine Zange. Das Kind verließ den Tisch und ging in den Erholungsraum, wo es Blut in einen Wattebausch spuckte. Ein Eimer mit Wasser zu Füßen des Chirurgen, der vierunddreißig Mandeln aller Größen enthielt, war der Beweis für die Akkordarbeit eines Morgens.

Es hat physiologische Untersuchungen über die Reaktion verschiedener Völker auf Schmerz gegeben. Bei einem Experiment wurden weibliche Freiwillige ermutigt, sich immer stärkeren elektrischen Schocks auszusetzen, bis ihnen diese unerträglich wurden. Dabei stellte sich heraus, daß Frauen italienischer Herkunft schon bei viel geringeren Intensitäten Unbehagen äußerten als Frauen irischer oder protestantischer Herkunft. Die protestantischen Frauen waren viel entspannter als die anderen, während sie die Schocks erhielten. Vielleicht war es die sachliche Einstellung dieser Gruppe zu Schmerz, die ihnen half, ihn zu ertragen. Die irischen Frauen zeigten jedoch keine entspannte physiologische Reaktion; sie waren offensichtlich nicht so anpassungsfähig.

Bei einer anderen Studie setzten die Forscher jüdische und christliche College-Studenten Schmerz durch eine Blutdruckmanschette aus. Jüdische wie christliche Probanden erhöhten ihre Schmerztoleranz beträchtlich, wenn man ihnen vorher sagte, man halte die Schmerztoleranz ihrer religiösen Gruppe für geringer als die der anderen.

Um im einzelnen zu sehen, wie extrem die Veränderungen sind, die in menschlichen Gehirnen auftreten können, müssen wir außergewöhnliche Ereignisse betrachten. Es ist z. B. unmöglich zu messen, was tief im Innern des Gehirns eines Menschen in mittleren Jahren vor sich geht, wenn er versucht, das Gitarrenspiel zu erlernen. Wir können im Labor auch nicht die Effekte eines grausamen Krieges auf Individuen duplizieren. Doch durch Lebenserfahrungen ausgelöste Veränderungen im Gehirn können manchmal recht schnell vor sich gehen und mit ebenso dramatischen Effekten, wie man sie von einem physischen Schlag auf den Kopf erwarten könnte. Kriegsveteranen, Geiseln und Opfer von Vergewaltigung, Kindesmißbrauch, Körperverletzung oder Naturkatastrophen leiden manchmal unter lang anhaltenden Symptomen, die man als posttraumatische Streß-Störung (posttraumatic stress disorder, PTSD) bezeichnet.

Posttraumatische Streß-Störung

Menschen mit PTSD überreagieren auf die sie umgebende Welt. Gelindes Erschrecken kann ein Wiedererleben des Traumas auslösen, etwa die Halluzination, wieder in der Kampfzone zu sein. Häufig neigen die Opfer zu aggressiven Ausbrüchen; sie können die Erinnerung an das schreckliche Erlebnis einfach nicht loswerden. Sie haben wiederkehrende Alpträume. Personen mit PTSD ziehen sich aus sozialen und emotionalen Bindungen zurück, arbeiten unzuverlässig, zeigen außer bei ihren Ausbrüchen wenig Gefühle, kommen vielleicht mit dem Gesetz in Konflikt und haben kaum noch Freude am Leben. Diese Schwierigkeiten können über Jahrzehnte anhalten. Ein Vietnam-Veteran, 1985 in dem Bericht über eine Studie von Bessel van der Kolk und Kollegen zitiert, beschrieb seinen Zustand so:

> Von einem bestimmten Moment an fühlst du dich wie bei einem permanenten Hundertmeterlauf. Ich brauche all meine Energie, um das durchzustehen. Ich muß mich von allen absondern, um nicht zu explodieren. Alles kommt immer wieder zurück. Die Alpträume kommen eine Zeitlang zwei- bis dreimal in der Woche ... Man darf nie wütend werden, weil es keine Möglichkeit gibt, das zu steuern. Man kann nie nur ein bißchen was fühlen. Es ist entweder alles oder nichts. Ich bin ständig total damit beschäftigt, nicht die Kontrolle zu verlieren.

PTSD-Patienten leben in einem Dauerzustand der Bereitschaft, sich gegen die Gefahr zu verteidigen, die ursprünglich das Problem verursachte. Damit ein so bleibender Schaden auftritt, muß ein Mensch wirklich etwas ganz Entsetzliches erlebt haben, und zwar mit dem Gefühl, keine Kontrolle darüber zu besitzen. Wissenschaftler, die Angststörungen untersucht haben, haben bei Labortieren einen der PTSD ähnlichen Zustand herbeigeführt, indem sie sie schmerzhaften Schocks aussetzten, denen sie nicht entkommen konnten. Drogen, die bestimmte Botenstoffe des Gehirns verringern, erzeugen bei Tieren ähnliche Verhaltensweisen wie die durch unvermeidbare Schocks herbeigeführten.

Hinweise wie diese haben Forscher veranlaßt, nach ungewöhnlichen Merkmalen in der Gehirnchemie von Menschen mit PTSD Ausschau zu halten. Die Chemikalien, die das Gehirn benutzt, um die «Kampf oder Flucht»-Reaktion auf Gefahr einzuleiten, sind bei PTSD-Patienten chronisch in hoher Dosierung vorhanden. Eine dieser Chemikalien, Norepinephrin, hat weitreichende Einflüsse: Sie verringert die Fähigkeit zu schlafen, erhöht die Wachheit, beschleunigt den Herzschlag, steigert den Blutdruck, fördert die Freisetzung von Hormonen, die die körperweite Reaktion auf Streß übermitteln, und verursacht möglicherweise «Rückblenden» und Alpträume, die die traumatischen Ereignisse duplizieren.

Einige Teile von Gehirn und Körper passen sich an die hohen Hormonspiegel an, indem sie ihre diesbezügliche Empfindlichkeit verringern; andere tun das dagegen nicht, was Unruhe im Nervensystem verursacht und es in Richtung auf ständige Angst und Überreaktion treibt. Das Ausströmen dieser Chemikalien kann dazu führen, daß sie in einigen Teilen des Gehirns nach Angstperioden fehlen, und dieses Fehlen wiederum kann zu Verhaltenssymptomen wie geringer emotionaler Reaktionsbereitschaft, Händezittern, fahrigen Bewegungen, übertriebenen Schreckreaktionen und Sprechschwierigkeiten führen.

Ein weiteres Hirnsystem, das mit Streß verbunden und bei PTSD gestört ist, ist der endogene, schmerzreduzierende Opiatkreislauf. Starke Furcht oder Angst setzt Ströme von Substanzen, darunter Opiate, im Gehirn und im Körper frei, um unangenehme Empfindungen zu verringern, vermutlich, damit der Mensch oder das Tier funktionieren und kämpfen kann, um Schaden zu vermeiden. Bei einer Untersuchung wurde festgestellt, daß Kriegsveteranen mit PTSD eine verringerte Schmerzempfindlichkeit aufwiesen, nachdem sie einen Ausschnitt aus dem Film *Platoon* (über den Vietnam-Krieg) gesehen hatten. Die PTSD-Patienten berichteten, es sei ein Horror gewesen, den Film zu sehen. Probanden in dieser Studie, die keine PTSD hatten, fanden die Gewaltszene bedrückend, wiesen aber hinterher keine Erhöhung ihrer Schmerzschwelle auf. Dagegen war die Schmerzempfindlichkeit der Probanden mit PTSD so stark reduziert, als hätten sie eine Injektion von acht Milligramm Morphin bekommen.

Im Grunde reagierten die Kriegsveteranen mit PTSD auf den Filmausschnitt so, als befänden sie sich in einer lebensbedrohlichen Situation. Der PTSD-Forscher Bessel van der Kolk nahm an, daß die an posttraumatischem Streß Leidenden bei geringer Provokation so viele natürliche Schmerzkiller in ihr System pumpen, daß sie nach ihren eigenen inneren Narkotika süchtig werden. Es gibt eine Ähnlichkeit zwischen den Symptomen von Opiatentzug (etwa von Heroin) und PTSD; beide sind gekennzeichnet durch Angst, Reizbarkeit, unvorhersehbare Wutanfälle, Schlaflosigkeit und übergroße Wachheit. Außerdem ist das opioide System im Gehirn eng verbunden mit dem Norepinephrin-(Adrenalin-)System, und beide sind an der Reaktion auf Gefahr beteiligt. Die beiden Systeme, die bei PTSD gestört sind, wirken vermutlich bei der Erzeugung der unangenehmen Symptome zusammen.

Manche Menschen, die Katastrophen ausgesetzt waren, verbringen den Rest ihres Lebens mit der Suche nach weiteren traumatischen Ereignissen, bringen sich in Notfallsituationen oder ergreifen gefährliche Berufe wie Soldat, Feuerwehrmann oder Polizeibeamter. Möglicherweise sind diese Menschen süchtig nach dem Fluß der inneren Opiate und brauchen häufige Angstzustände, um das Auftreten von Entzugssymptomen zu vermeiden. Vielleicht müssen sie sich ständig Erregung durch Horrorfilme, durch gefährliche Sportarten wie Wildwasserfahren oder durch rasendes Autofahren verschaffen. Diese Sensationssucher brauchen die Stimulation, die erforderlich ist, um ihre eigenen inneren Opiate zu erzeugen, nicht die RAS-Stimulation, die Extravertierte anstreben.

Diese Veränderung in den Gehirnen von Personen, die Katastrophen ausgesetzt waren, können durch einen Prozeß zustande kommen, den man als neurale Zündung bezeichnet und der an Ratten studiert wurde. Elektrische Stimulation der Amygdala in der Schläfenregion von Ratten führt schließlich zu einer permanenten «Aufheizung» der Reaktionsbereitschaft. Wenn man eine Ratte dreißig bis sechzig Tage lang täglich einer sekundenlangen Stimulierung unterzieht, beginnt das Tier, spontane Krämpfe zu entwickeln, die vom limbischen System ausgehen, und zwar auch dann noch, wenn die elektrische Stimulierung nicht mehr vorgenommen wird. Wenn gehemmte Kinder einen stärker reizbaren Kreislauf von der Amygdala zum Hypothalamus haben, so könnte ein erschreckendes Ereignis in der Umwelt auf ähnliche Weise als zündender Reiz wirken. Das Trauma, das den posttraumatischen Streß auslöst, hat im Gehirn vielleicht auch einen zündenden Effekt, der dafür sorgt, daß zukünftige Aktivitäten einen bereits «vorgewärmten» Weg nehmen. Möglicherweise sind Personen mit PTSD deshalb so reizbar und überempfindlich gegen Pannen, die auf der Welt passieren.

Die PTSD zeigt, daß eine Erfahrung, wenn sie intensiv genug ist, die Funktionsweise des Gehirns verändern kann, selbst bei Erwachsenen. Zur Zeit des Ersten Weltkrieges glaubten manche, traumatische Symptome nach den Kämpfen seien auf «Bombenschocks» zurückzuführen, ausgelöst durch physische Erschütterungen des Gehirns. Heute wissen wir, daß die Wirkung tatsächlich die Neuronen des Gehirns betrifft, daß sie aber einen ebenso überwältigenden Einfluß auf die Überlebenden des Schreckens hat wie eine physische Verletzung und fast jeden Aspekt der Funktionsfähigkeit in der menschlichen Gesellschaft berührt. Es fällt diesen Menschen nicht leicht, ihre normalen Funktionen zurückzugewinnen, weil das ganze Nervensystem aus dem Gleichgewicht geraten und darauf programmiert ist, nur mit schrecklichen Bedrohungen umzugehen. Man ist dabei, Verhaltenstherapien und medikamentöse Behandlungsmethoden zu entwickeln, die die Balance der Gehirnchemikalien wiederherstellen, damit PTSD-Patienten ein normales, produktives Leben führen können.

Unsere Gehirne wandeln sich ständig und passen sich unserem Leben an. Natürlich sind Veränderungen im Erwachsenenalter gewöhnlich nicht so umfassend wie in der Kindheit, also in der Phase, in der wir die Sprache und die Sitten unserer lokalen Welt erlernen, aber Veränderung ist aufgrund der Selektion und Deselektion neuraler Pfade jederzeit möglich. Dazu braucht man nicht einmal eine so dramatische Erfahrung wie ein schweres Trauma zu machen.

Es gibt keinen Punkt im Leben, an dem wir nicht wachsen und uns entwickeln könnten, selbst wenn dieses Wachstum eine der Wurzeln des Selbst betrifft. Wir können nicht viel an der Welt ändern, auch nicht an unseren grundlegenden Stimmungsprädispositionen, aber wir können unsere Einstellung zu den Gegebenheiten ändern, indem wir Dinge tun, die uns glücklich machen, und uns auf optimistische Interpretationen konzentrieren.

Ich weiß, das hört sich etwas zu simpel an, aber es wird durch viele Forschungsergebnisse gestützt: Selbst wenn man sich nur im stillen Sätze wiederholt wie: «Jeden Tag geht es mir in jeder Hinsicht besser und besser», hat dies lang andauernde Wirkungen. Das gleiche gilt, wenn wir lernen, die zurückliegenden Ereignisse unseres Lebens auf positivere Weise zu interpretieren, wie es in der kognitiven Therapie geschieht. Optimisten leben länger, sind seltener krank und erholen sich nach Operationen schneller. Ist das schlicht angeboren? Nein, denn Menschen, die lernen, optimistischer zu werden, verstärken dadurch ihre Immunität gegen Krankheiten! Das ist der Grund, warum die Annahme neuer Herausforderungen in jedem Lebensalter am stärksten mit besserer Gesundheit assoziiert ist. Es zeigt auch, daß die größeren Veränderungen im Leben ebenfalls eher möglich sein werden, wenn wir immer wieder kleine Veränderungen vornehmen. Im letzten Kapitel werden wir kurz einige der Arten diskutieren, wie wir einen Wandel herbeiführen können, und dabei berücksichtigen, was wir heute über unsere grundlegende Natur wissen.

KAPITEL 16

Über die allgemeine menschliche Natur und die individuelle menschliche Natur

In einigen meiner früheren Bücher habe ich über die ewig wandelbare, eigenständige Natur des Selbst geschrieben. Ein Buch habe ich dem Thema gewidmet, über welche verschiedenen Reaktionen der Geist verfügt, um unterschiedliche Situationen zu handhaben. Das vorliegende Buch beschäftigt sich mit den Ursprüngen dieser Vielfalt: Wie kommt es, daß jedes Individuum sich so unterschiedlich entwickelt? Wie jeder weiß, sind individuelle menschliche Wesen geistig individuell organisiert, haben verschiedene Temperamente und Vorlieben.

Meiner Meinung nach leiten sich die Hauptdimensionen von den archaischen Hirnsystemen ab. Sie sind Kontinua von hohem und geringem Gewinn, Bedächtigkeit-Lockerheit und Annäherung-Rückzug. Diese drei alles überspannenden Systeme bilden die Wurzeln des *Wie* unserer Handlungen – ob wir leicht überkochen oder lächeln, ob wir in der Welt hektisch nach Unterhaltung suchen oder ruhig in uns selbst verharren, ob wir unser Leben planen oder die Dinge so nehmen, wie sie kommen. Doch andere, völlig unabhängige Faktoren kommen ebenfalls ins Spiel, beispielsweise unsere Hemisphärenorganisation, wie sie sich in unserer Händigkeit darstellt, die tiefgreifenden Geschlechtsunterschiede und das bunte Gemisch unserer Talente. Aufgrund dieser Komplexität ist niemand ganz genauso wie irgend jemand anderer.

Die Tatsache der Individualität ist ein Fundament unseres Daseins. Es ist für uns von zentraler Bedeutung, daß wir lernen, die Individualität anderer Menschen zu unterscheiden und unser eigenes einzigartiges Potential zu nutzen. Man sollte also annehmen, daß hier die psychologische Wissenschaft ansetzt, doch zumindest die amerikanische Psychologie und andere verwandte Disziplinen wie Neurobiologie und Psychiatrie haben sich um Individualität bisher nicht allzuviel gekümmert. Sie haben sich statt dessen auf die Regelmäßigkeiten in menschlichem Denken und Handeln konzentriert. Statt sich *individuelle* Gehirne anzusehen, haben die Wissenschaftler untersucht, wie «das Gehirn als solches» arbeitet.

Vor allem die Psychologen haben das Generelle dem Individuellen vorgezogen. Statt den Versuch zu unternehmen, die einzigartige Logik der Entscheidungsfindung eines einzelnen Individuums zu verstehen, halten sie nach der Logik in den allgemeinen Regeln zur Entscheidungsfindung Ausschau. Dasselbe gilt für die Kreativität, die Regulierung von Verhalten und alles andere.

Es ist eine Ironie, daß die amerikanische Kultur, die individuelle Anstrengung in Sport, Wissenschaft und Business so hoch einschätzt, keine Tradition darin hat, die fundamentalen Kriterien zu erforschen, durch die Individuen sich voneinander unterscheiden. Dieses Fehlen einer Vorstellung von den Ursachen unserer Vielfalt und Variabilität bewirkt auch, daß wir eine etwas eigenartige und allzu begrenzte Auffassung davon haben, was Normalität ist. In Amerika sind wir schnell bei der Hand mit der Entscheidung, daß jemand an einer schweren Störung leidet, während solche Urteile in anderen Kulturen nicht so schnell gefällt werden, vor allem nicht in England, wo die Tradition, individuelle Unterschiede zu respektieren, sehr ausgeprägt ist.

Wir sollten uns selbst sehr differenziert betrachten, wenn wir von «menschlicher Natur» reden. Ein erster Schritt ist ein Blick auf den Faktorenkomplex, den ich in Kapitel 3 unter Verwendung von Don Browns Konzept der «Universalen Völker» beschrieben habe. Zwar erbt natürlich jeder von uns die Basis der «menschlichen Natur», und die Gesetzmäßigkeiten des Lebens auf der Erde bringen den Rest dieser Merkmale hervor – das allgemeine Bedürfnis zu atmen, sich zu ernähren, sich fortzupflanzen, gemeinsame Erfahrungen wie der Anblick des Mondes oder die Begegnung mit der Schwerkraft –, aber wir erben auch eine individuelle menschliche Natur. In diesem Buch habe ich mich bemüht, die alles überspannenden Dimensionen der Individualität sowie das vielfältige Gemisch anderer Faktoren zu beschreiben, die uns so komplex machen.

Würden wir uns einige dieser Informationen zu Herzen nehmen, so könnte sich unsere Gesellschaft in einigen spezifischen Bereichen durchaus verändern. Da das Gehirn sich nach der Geburt ständig verändert und sich im frühen Leben am stärksten seinem Habitat anpaßt, sollte die Hauptstrategie zur Beseitigung von Ungleichheiten sich auf eine frühe Intervention konzentrieren. Erzieherische Förderungsprogramme mögen zwar notwendig sein, um die Auswirkungen von Diskriminierung zu korrigieren, aber das effektivste Programm, die beste Förderung wäre diejenige, die am frühesten einsetzt.

Wenn eine Gruppe von Menschen – ganz gleich, ob diese durch Hautfarbe, ethnische Herkunft oder irgendein anderes Merkmal definiert ist – ein niedrigeres durchschnittliches Geburtsgewicht und unvorteilhafte frühe Lernerfahrungen aufweist, dann würde ein Programm, das im Augenblick der Empfängnis eingreift (sogar spätestens dann!), die größten Veränderungen hinsichtlich Kopfumfang, Geburtsgewicht und Anfälligkeit für künftige Krankheiten bewirken. Da man beispielsweise weiß, daß ein intaktes Nervensystem wichtig ist, kann man davon ausgehen, daß massive Immunisierungen und pränatale Interventionen sich am meisten auszahlen. Kinder, die mit Mängeln zur Welt kommen, können sich nicht so entwickeln, wie sie es sonst vielleicht tun würden.

Wenn wir die Prioritäten unserer Gesellschaft recht betrachten, dann könnten Unterschiede, die wir gegenwärtig als rassische Unterschiede interpretieren, durchaus verschwinden. Meine Hoffnung ist, daß unsere Gesellschaft Menschen verschiedener Hautfarben gleiche Chancen gibt, damit wir aufhören können, uns über die Einflüsse der Rasse auf den IQ zu streiten. In vielen Bereichen, von Schach über Sport bis zum Geschäftsleben, verringern sich die Geschlechtsunterschiede, doch im Gegensatz zu Rassenunterschieden werden diese zentralen Unterschiede nie ganz verschwinden, auch wenn sie aufgrund von Geburtenkontrolle und sozialer Freiheit in Zukunft immer weniger wichtig sein sollten. Die Unterschiede zwischen Männern und Frauen sind nicht auf allen Gebieten oberflächlich, vor allem nicht, was die Fortpflanzung und einige Fähigkeiten, z. B. die räumliche Wahrnehmung, angeht, und wir sollten uns daher nicht auf politische Programme zur völligen Identität der Geschlechter einlassen.

Auch im Bereich der Familie gibt es Lektionen, die wir lernen sollten. Eltern sollten anerkennen, daß Unterschiede in der Art, wie sie ihre einzelnen Kinder behandeln, einen Einfluß auf die gesamte Entwicklung jedes Kindes haben. Wenn wir viele der unter unseren Nachkommen häufigen Ressentiments vermeiden wollen, dann sollten wir die Unterschiede in ihrer Behandlung soweit wie möglich minimieren. Das Ziel, allen seinen Kindern gegenüber dasselbe zu empfinden und sie gleich zu behandeln, verlangt allerdings mehr, als menschenmöglich ist. Ich meine daher nur, daß die Kenntnis der Auswirkungen bevorzugter Behandlung Eltern helfen könnte, einige der Gründe zu verstehen, warum ihre Kinder sich so verhalten, wie sie es tun.

Individuelle menschliche Natur

Unsere individuelle menschliche Natur ist aus unabhängigen Faktoren zusammengesetzt. Ob wir hohe Gewinner sind und wenig äußere Stimulation brauchen oder niedrige Gewinner sind und viel brauchen, hat nichts damit zu tun, ob wir weiblich oder linkshändig oder zweites Kind sind. Doch sobald wir einmal einen bestimmten Weg eingeschlagen haben, können wir unsere Vergangenheit nicht ungeschehen machen. Wenn Sie weiblich geboren sind, werden Sie immer eine Frau sein, und dasselbe gilt für die Dimensionen des Temperaments und die Rechts- oder Linkshändigkeit. Wenn Psychologen und andere Theoretiker versucht haben, Persönlichkeit als ein Ganzes zu beschreiben, wollten sie sich nur zu oft auf ein einziges beschreibendes Merkmal wie «egozentrisch» oder «athletisch» verlassen. In gewissem Sinne hat die Vorstellung, jede Person habe «ein einziges Selbst», unsere essentielle Verschiedenheit in den Hintergrund gedrängt.

Die primäre Frage ist, welche beschreibenden Merkmale, welche Teile des Selbst, signifikant sind. Der eine findet es vielleicht hilfreich, wenn man ihn als Wassermann oder als orale Person mit starken libidinösen Tendenzen beschreibt. Man kann auch sagen, daß man eine antisoziale Persönlichkeit mit paranoider Tendenz oder daß man ein pyknischer Typ ist. Man betrachtet sich vielleicht als mißbraucht, aber auf dem Wege der Genesung. Für mich ist all das, wie mein Lieblingsyogi Berra gesagt haben könnte, «déjà lu»: Man hat das alles schon mal irgendwo gelesen. Ich bin nicht davon überzeugt, daß diese allzu simplen Beschreibungen der Persönlichkeit uns wirklich helfen, etwas zu verstehen, was wir noch nicht wüßten.

Wenn wir so verschieden voneinander sind und so unterschiedliche Determinanten in uns haben, die bestimmen, wie wir handeln, von unserem Geschlecht bis zu unseren regulatorischen Fähigkeiten, warum haben wir dann das Gefühl, beständig und quasi aus einem Guß zu sein? Manchmal mag der Ursprung einer Handlung eine höchst überlegte Reihe von Regeln sein, manchmal ein sexueller Drang; eine dritte Handlung resultiert vielleicht aus unserer Stellung in der Familie ... Wir *lernen*, Menschen und Dinge als konstant zu interpretieren. Der Grund, warum Kinder solche Schwierigkeiten haben, die Welt kennenzulernen, ist, daß sie die Regeln erlernen müssen, wie man Dinge über einen Kamm schert. Das heißt: Sie brauchen viel Zeit, um ihre Standards zu fixieren. Während des größten Teils der frühen Jahre, nämlich bis sie ein

Mittel entwickelt haben, um herauszufinden, was in ihnen selbst passiert, wissen sie nicht einmal, daß sie denken oder was sie denken.

Einfach ausgedrückt, wir alle geben uns der Illusion hin, daß Gegenstände, Personen und wir selbst konstant seien. Das ist eine nützliche Illusion. Ohne sie wüßten wir nicht, mit wem wir reden oder was wir reden oder welche Tür wir benutzen sollten. Doch das System bricht zusammen, wenn wir versuchen, uns selbst zu verstehen, wenn wir versuchen, Beobachter unseres eigenen Lebens zu sein. Das ist besonders schwierig, weil wir gar keinen direkten Zugang zu unseren eigenen Entscheidungen haben – obwohl selbstverständlich ein jeder glaubt, er wisse, was er tut. Da wir keinen direkten Zugang zu uns haben, müssen wir uns eine Vorstellung von uns zurechtlegen, genau, wie wir uns eine Methode zurechtlegen, Menschen in Kategorien einzuteilen.

Der Teil von uns, der das «eigentliche Selbst» ist, bildet in Wirklichkeit nur eine Komponente des Gehirns, angesiedelt in den Frontallappen. Sie sammelt Informationen und konstruiert unsere Vorstellung von uns selbst. Es ist, wie Kurt Vonnegut sagte: Wir müssen vorsichtig sein mit der Annahme, wer wir seien, denn genau das werden wir. Wenn wir irgendeine Art von direkter Kenntnis unseres Geistes und unseres Selbst hätten, würden die Dinge anders liegen. Doch diese Art Tier sind wir nicht.

Wie passen nun die «höheren» Aspekte des Selbst wie Großzügigkeit, Bescheidenheit, Intuition, Kreativität und dergleichen in das von mir dargestellte Schema? Warum habe ich diese Charakteristika nicht diskutiert? Ich habe von den «Wurzeln» des Selbst gesprochen, um auszudrücken, daß wir erst am Anfang eines Verständnisses von Individualität stehen. Wir müssen uns daher zunächst auf jene Elemente konzentrieren, die durch physiologische Studien, durch Tests und durch klinische oder alltägliche Beobachtung festzustellen sind. Leider sind wichtige menschliche Eigenschaften wie Großzügigkeit, Intuition usw. vom wissenschaftlichen Standpunkt aus eher ephemer oder drittrangig, obwohl sie vom persönlichen Standpunkt aus keineswegs nebensächlich sind. Gewinn, Bedächtigkeit-Lokkerheit, Annäherung-Rückzug – das sind meine Kandidaten für die Wurzeln und nicht – um im Bilde zu bleiben – für die Blüten des Selbst. Es sind gute Ausgangspunkte.

Ich glaube nämlich, daß die Betrachtung der Wurzeln deshalb ein guter Anfang ist, weil die psychologischen Analysen in großem Maßstab, etwa die der Allgemeingültigkeit von Funktionen, der Hirnprozesse, der Informationsflüsse und Entscheidungsvorgänge, die in den letzten hundert Jahren durchgeführt wurden, uns nicht viel geholfen haben. Vielleicht sind sie von gewissem Nutzen, um die allgemeine menschliche Natur zu beschreiben, aber sie taugen nicht dazu, die Natur eines individuellen menschlichen Wesens zu erklären. Individuen interessieren sich dafür, warum sie so sind, wie sie sind, und nicht dafür, warum jedermann so ist, wie er ist. Schließlich ist die Beschreibung, jemand sei ein «aufrecht auf den Hinterbeinen gehendes Wesen mit Familie, eingebettet in eine soziale Organisation mit Handlungsregeln», nicht sonderlich aufregend.

Wenn die drei aufgezeigten Kontinua Hilfe zum Verständnis unserer selbst und anderer bieten, dann vielleicht deshalb, weil sie die Merkmale beschreiben, die am schwersten zu verändern sind – ob wir Dinge vorsichtig und ruhig oder fröhlich und waghalsig tun usw. Mit dem «Was» eines Lebens – unseren Zielen, Karrieren und dergleichen – haben sie nicht viel zu tun.

Wir verwechseln oft das «Wie» mit dem «Was» einer Person. Wir denken vielleicht: «Er hat so hingebungsvoll Geld für die Bedürftigen gesammelt – wie kann er da so miesepetrig oder so sensationslüstern oder so gefühllos sein?» Wir sind immer wieder von neuem überrascht: In keinem Bericht über Siziliens gefürchtetsten «Paten» versäumt die Presse mitzuteilen, daß Corleone schüchtern, still und höflich ist. Wir erwarten nicht, daß der Signore psychisch ein hoher Gewinner ist; wir stellen uns vielmehr einen Bruder im Geiste des extravertierten New Yorker Mafiabosses John Gotti vor. Beide haben den gleichen «Beruf», und beide sind erfolgreich. Aber *wie* sie ihre Arbeit erledigen – darin liegt der Unterschied.

Andererseits haben die meisten Psychologen und Psychiater versucht, die normale Psyche und das normale Selbst anhand eher ungewöhnlicher Exemplare zu verstehen. Sie haben sich angesehen, was mit der Erinnerung schiefgeht, mit den Hirnfunktionen, was es mit Illusionen und psychischen Störungen auf sich hat, kurz, mit dem, was Freud als «Psychopathologie des Alltagslebens» bezeichnete, also mit Fehlern oder Fehlleistungen und deren Beziehung zu Psyche und Bewußtsein.

Nachdem ein Jahrhundert lang so gearbeitet wurde, ist es vielleicht an der Zeit, das Programm zu überdenken und Störungen als Extreme der Norm zu betrachten, die aber noch innerhalb des Kontinuums der normalen Hirnprozesse angesiedelt sind. Natürlich hat es triftige strategische und auch praktische Gründe dafür gegeben, die Störungen ins Scheinwerferlicht zu rücken. Die vor einem Jahrhundert verfügbaren wissenschaftlichen Informationen waren sehr begrenzt und größtenteils entweder lächerlich oder schlicht falsch. Freud und seine Zeitgenossen schrieben ihre Bücher in einer Ära, in der die Natur, Psychologie und Evolution des Gehirns noch nicht verstanden wurden, in der es keine Tradition der kognitiven oder Neurowissenschaften gab, und die umfangreichen Daten, die heute aus Persönlichkeits- und intellektuellen Tests vorliegen, waren nicht verfügbar und schon gar nicht kodifiziert. Als Freud vor hundert Jahren seine *Traumdeutung* verfaßte, wurde das Gehirn noch als eine einzige Masse betrachtet. Selbst Jahrzehnte später galt die Entdeckung des Neurons immer noch als Ketzerei.

Unter solchen Umständen wurde die Verfügbarkeit ausgeprägter Fälle von Hysterie, Depression, Katatonie, Schizophrenie, Amnesie oder Autismus sicher als Chance angesehen, eine unmittelbare Analyse dessen vornehmen zu können, was bei diesen Leuten schiefgegangen war.

Seither sind bestenfalls geringe Fortschritte erzielt worden.

Ein weiterer Grund dafür ist das Kästchendenken der Wissenschaft. Die Psychiatrie hat eine andere Datengrundlage, andere Zeitschriften, andere Anliegen und interne Kontroversen als die Psychologie, und für Neurobiologie und Genetik gilt das in noch stärkerem Maße. So überschreiten Fortschritte im Verständnis der Gehirnevolution selten die Fachgrenzen. Die Arbeit über obsessiv-kompulsive Störungen beeinflußt nicht die Analyse der Entscheidungsfindung. Ein neues Verständnis der Natur der Wahrnehmung schafft es nicht, bis in die psychiatrische Diskussion vorzudringen. Ich glaube, unser künftiger Fortschritt hängt von einer vollständigeren, ganzheitlichen Perspektive ab, die das Gehirn, das Selbst, die Gene, die Gesellschaft und ein Modell wie die von mir vorgeschlagenen Kontinua einbezieht. Meine spezifischen Kontinua werden sicherlich von einer umfassenderen Analyse überlagert werden, aber vielleicht bleibt das Grundkonzept erhalten. Wenn es so ist, werden wir uns allmählich eine recht gute Vorstellung sowohl von der allgemeinen menschlichen Natur als auch von der individuellen menschlichen Natur machen können.

Wo wir uns verändern können

Man kann die allgemeine menschliche Natur nicht verändern, das ist richtig. Und im wesentlichen können Sie auch Ihre individuelle menschliche Natur nicht verändern. Wenn Sie ein Mann sind, sind Ihre «Chancen», das Geschlecht zu wechseln, gering – nicht inexistent, aber doch sehr gering. Dasselbe gilt selbstverständlich auch, wenn Sie eine Frau sind, und es gilt desgleichen für Rechts- oder Linkshändigkeit, die Fähigkeit, sich Gesichter zu merken, und sprachliche Fähigkeiten. Aber es gibt etwas mehr über Veränderungen zu sagen, wenn wir uns die drei Dimensionen Gewinn, Bedächtigkeit-Lockerheit, Annäherung-Rückzug ansehen.

Zwar sind viele unserer Reaktionen angeboren, aber wir können uns ihnen entweder anpassen oder versuchen, unsere

Welt unserer Natur anzupassen, was ein anderer Ansatz ist als der normale therapeutische oder beratende. Gordon Claridge, dessen Arbeit recht wichtig ist zum Verständnis der grundlegenden Dimensionen unseres Charakters, diskutiert einen Fall aus einer Therapie.

Die Möglichkeit, in einer Behandlungssituation die Tatsache der Temperamentsunterschiede zu benutzen, wurde mir vor einigen Jahren klar, als ich Verhaltensänderungen bei zwanghaften Spielern anstrebte. Damals benutzte ich eine therapeutisch unbefriedigende Mischung aus Dekonditionierung, Amateurpsychotherapie und Ermahnungen. Endlich entschloß ich mich angesichts eines speziellen, scheinbar unbehandelbaren Falles verzweifelt dazu, eine andere Strategie auszuprobieren. Der betreffende Mann war vorher ein ziemlich erfolgreicher Unternehmer gewesen, der jedoch die meisten Einkünfte aus seinen Geschäften auf dem Rennplatz verloren hatte. Was seine Persönlichkeit betraf, war er wie die meisten zwanghaften Spieler ein impulsiver, sensationsversessener Mann, der gern Risiken einging – und das sagte ich ihm. Ich erklärte ihm unverblümt, gegen sein Temperament könne er nicht viel tun, doch seine Disposition für das Spielen könne er ausnutzen, indem er sie auf persönlich (und finanziell) befriedigendere Ziele richte, also etwa versuche, sein Geschäft wieder in Schwung zu bringen, ehe es zu spät sei. Merkwürdigerweise hatte keiner der vielen Therapeuten, bei denen er Rat suchte, ihm vorgeschlagen, auf diese Weise an sein Problem heranzugehen. Dennoch erwies sich dies als der Weg zur «Heilung» von seiner Spielsucht; eine ansonsten psychologisch und häuslich destruktive Tendenz wurde in eine persönlich erfüllende und sozial akzeptable Form gebracht.

Gordon Claridge, *Origins of Mental Illness*

Wenn wir begreifen, daß unser grundlegendes Temperament ziemlich festgelegt ist, sind wir vielleicht in der Lage, anders mit uns selbst umzugehen. Das ist ein bißchen so, wie wenn man die Natur des Pferdes kennt, das man reitet. Man kann mit einem friedlichen Pferd einige riskante Manöver ausprobieren, die man mit einem schreckhaften gar nicht erst versuchen würde. Andererseits muß man sich selbst recht gut kennen, um auf die für uns optimale Weise durchs Leben zu «reiten».

Wenn man das Selbst so betrachtet, wird es vielleicht einfacher, Entscheidungen darüber zu treffen, wie wir unser Leben organisieren. Wenn Sie die Art von Person sind, die viel Stimulierung braucht, und sich diese verschaffen, indem Sie häufig Affären haben, die Ihren Partner in Rage bringen, oder indem Sie sich mit Arbeitskollegen streiten, dann sollten Sie versuchen, ob Sie nicht vielleicht dieselbe Erregung gewinnen, indem Sie statt dessen eine mit ungewöhnlichen Abenteuern und Gefahren verbundene Sportart ausüben. Wenn Sie nicht erkennen, daß es bei Ihrem Verhalten um Stimulierung geht, bleiben Sie möglicherweise in nutzlosen Diskussionen über Freiheit und das Bedürfnis nach Selbstverwirklichung stecken.

Da wir uns normalerweise je nach den wechselnden Umständen auf dem Kontinuum auf und ab bewegen, besteht eine gute Methode, nützliche Veränderungen herbeizuführen, darin, die Situation zu verändern, in der man sich befindet. Sie könnten beispielsweise daran denken, eine andere Arbeit anzunehmen, damit die Situation Ihrem Temperament besser entspricht. Menschen mit niedrigem Gewinn können einen Teil der Stimulation, die sie brauchen, dadurch bekommen, daß sie etwa einen Job bei der Feuerwehr, als Notarzt, als Börsenmakler oder dergleichen annehmen. Oft stellen Leute mit niedrigem Gewinn, die auch ein wenig desorganisiert (oder salopp) sind, fest, daß der Streß solcher Situationen sie dazu anregt, klar und organisiert zu arbeiten, selbst wenn sie, sobald der Druck vorbei ist, zu ihrem eher lockeren Stil zurückkehren.

Wenn Sie dagegen ein gründlicher Mensch mit hohem Gewinn sind, dann erleben Sie bei der Arbeit vielleicht Streß, wo niemand anderer ihn empfindet. Wie Präsident Truman sagte: «Wenn Sie die Brathitze nicht aushalten können, dann verlassen Sie halt die Küche.» Ich würde in diesem Fall raten, in einer Bibliothek, an Computern oder im Buchhaltungswesen zu arbeiten.

Es gibt ein paar Bereiche, wo es nützlich sein könnte, gegen unsere angeborenen Reaktionen anzukämpfen. Wenn Sie feststellen, daß Sie sich chronisch auf der Seite der negativen Emotionen befinden, sollten Sie sich vielleicht daran erinnern, daß Leute mit positiverer Einstellung im allgemeinen länger leben und gesünder bleiben. Sie könnten versuchen, Dinge zu tun, die Ihre Stimmung aufhellen, und wenn das einfach nur bedeutet, sich heitere Videos anzusehen und dergleichen. Ähnlich sind Extravertierte glücklicher als Introvertierte. Ein Introvertierter, der das weiß und aus seinem Wissen Konsequenzen ziehen möchte, sollte sich vielleicht vornehmen, häufiger auszugehen, als in sich zu gehen.

Wenn unterschiedliche Temperamente sich mischen, kommt es zu vielen Mißverständnissen. Ein Hochgewinntyp in einer Ehe empfindet die Tatsache, daß sein Partner dauernd ausgehen möchte, statt still und entspannt zu Hause zu sitzen, leicht als Egoismus und persönliche Kränkung. «Was stimmt nicht mit mir? Warum will er (oder sie) nicht mit mir zu Hause bleiben?» In der Anfangszeit einer Beziehung oder einer Ehe neigen wir alle dazu, unsere eigene Natur zu vergessen, und die erotische Hochstimmung genügt, um das gemeinsame Leben eine Weile harmonisch erscheinen zu lassen. Läßt die Hochstimmung jedoch nach, dann wollen wir zu der uns gewohnten Lebensweise zurückkehren. Es ist wichtig, entweder die Individualität des Partners zu verstehen und zu akzeptieren oder zu erkennen, daß jeder Versuch, sie zu ändern, Groll erzeugen und die Beziehung entsprechend beeinträchtigen wird.

Eine Kombination von hohem Gewinn und starker Negativität würde zu Vermeidungsverhalten und Verunsicherung führen, genau wie bei den scheuen und gehemmten Kindern, die Jerome Kagan untersucht hat. Niedriger Gewinn und negative Emotionalität könnten gefährliche Sensationsgier auslösen. Boris Jelzin schreibt in seiner Autobiographie, in seiner Jugend sei er dauernd in Schwierigkeiten geraten. Als er noch ein Kind war, stahlen er und seine Freunde ein paar Handgranaten, um herauszufinden, wie sie funktionieren, und er verlor dabei zwei Finger. Er fuhr als blinder Passagier auf Güterzügen mit und spielte übermäßig, wobei er einmal alle seine Kleider loswurde. Doch Individuen, die nach dieser negativen und gefährlichen Stimulierung streben, können auch heldenhaft handeln. Jelzins größter Augenblick war nach seinen Worten der, als er bei dem russischen Staatsstreich von 1991 auf einem Panzer der Regierungstruppen stand und sein Leben riskierte. Andererseits ist es freilich, wie Bull Meacham in *The Great Santini* konstatierte, schwierig, «ohne Krieg ein Kriegsheld zu sein».

Ob wir die hier vorgetragenen Informationen nützen können, um unseren individuellen Charakter zu ändern und das richtige Vorgehen in dieser Richtung zu erkennen, hängt natürlich davon ab, wie angemessen die Analyse ist. Entweder funktioniert mein Konzept von den «Wurzeln des Selbst», oder es funktioniert nicht. Lassen Sie uns beispielsweise schauen, ob die von mir präsentierten Faktoren uns helfen können, ein individuelles menschliches Wesen zu beschreiben – wobei ich einräume, daß das nur in groben Zügen möglich ist.

Hier das erste: weiblich, zweites Kind mit einer zwei Jahre älteren Schwester und zwei jüngeren Brüdern, Eltern nicht geschieden, rechtshändig, rechtsäugig, niedriger Gewinn, sehr vernünftig, positive Emotionen, musikalische Begabung, gutes verbales Gedächtnis, gutes räumliches Denken, kann sich hingegen Orte und Gesichter schlecht merken.

Und hier das zweite Individuum: männlich, linkshändig, einziges Kind, hoher Gewinn, ängstlich, schlampig, persönlich desorganisiert, emotional neutral bis leicht negativ, hält sich von Bedrohungen fern, scheu, ausgesprochen intellektuell, schlechtes verbales Gedächtnis, hochkreativ, kurzsichtig, kann sich Gesichter gut merken, erinnert sich aber schlecht an Namen.

Ich denke, alles läuft auf die Frage hinaus, ob diese Beschreibungen, die auf Physiologie und Tests beruhen, zum Verständnis anderer Menschen und unserer selbst nützlich sind oder nicht. Diese Beschreibungsmerkmale erschöpfen die Liste der Fähigkeiten einer Person natürlich nicht (es gibt auch noch Fleiß, Ausdauer, Konkurrenz, Feindseligkeit usw.), aber ich behaupte dennoch, daß wir weniger Schwierigkeiten hätten, jemanden wiederzuerkennen, der so beschrieben wurde, als wenn wir ihn nur aufgrund seines Archetyps oder seines Sternzeichens «kennen» würden.

Und darum geht es mir. Ich plädiere sowohl für die Anerkennung der Komplexität des Individuums als auch für den Versuch, sie zu vereinfachen, indem wir eine beträchtliche Menge von Informationen darüber auswerten, wie wir uns unterscheiden.

Es ist möglich, einander zu «verstehen», indem wir die Kontinua und die Talente, die Position in der Familie usw. benutzen, genauso, wie wir mit den Daten der Astrologie oder mit dem Wissen von den Körpertypen versuchen können, Harmonie herbeizuführen und Verständnis zu erreichen. Die Hoffnung ist jedoch ein bißchen größer, daß wir bei der Untersuchung der Individualität einen neuen Anfang machen können, indem wir das umfangreiche Material aus Persönlichkeits- und Intelligenztests, aus Untersuchungen über die Gehirnevolution und -organisation sowie aus klinischen Beobachtungen kombinieren – und diese Kombination wiederum führt vielleicht zu einer wissenschaftlich besser begründeten Vorstellung von den «Wurzeln des Selbst».

Wäre es anders, könnte ich ebensogut noch ein paar Jahrzehnte darauf warten, der «Super-Adler» zu werden.

Anmerkungen

Zu Kapitel 2 :
Wie das Selbstverständnis heranwächst

Zu Beginn des 19. Jahrhunderts gab es innerhalb der Biologie noch eine weit größere Spaltung als die im Text erwähnte zwischen Biologie und Anthropologie. Francis Galtons Ideen dominierten das intellektuelle Klima jener Zeit. Die «andere Seite» repräsentierten Thomas H. Huxley und E. Ray Lankaster (Direktor des British Museum of Natural History), die beide Anhänger des Darwinschen Denkens waren.

In *Evolution and Ethics and Other Essays* (1894) beschreibt Huxley «die Geschichte der Zivilisation» als eine Serie von Stadien, die Menschen durchlaufen haben beim «Aufbau einer künstlichen Welt innerhalb des Kosmos ... ein Prozeß, der sich wesentlich von dem unterscheidet, den die Evolution der Spezies im Rahmen der Natur durchgemacht hat». Lankaster konzentrierte sich auf die Erziehbarkeit von Menschen im Gegensatz zu Affen und machte einen Unterschied zwischen der Erziehbarkeit an sich, die ein ererbtes Merkmal ist, und den Ergebnissen von Erziehung, die nicht ererbt werden können, sondern vom Individuum *erworben* werden müssen. Lankaster benutzte den Begriff *Tradition* für die Ergebnisse von Erziehung; der entsprechende Begriff bei Boas und seinen Kollegen lautete *Kultur.*

Obwohl Boas' akademischer Hintergrund hauptsächlich das Gebiet der Physik sowie der Naturwissenschaften allgemein war, entwickelte er schon als Student ein starkes Interesse an humanistischer Philosophie. Er war hauptsächlich von den

Vertretern der deutschen Aufklärung beeinflußt: von Johann Gottfried Herder (der behauptete, daß die Menschen die Welt schaffen, in der sie wohnen), von Friedrich Schiller (unterschiedliche Sitten bewirken die gesellschaftliche Trennung zwischen Menschen) und Immanuel Kant (obwohl Menschen ein Produkt der Natur sind, haben sie die Fähigkeit der Wahl und sind daher imstande, sowohl sich selbst als auch die Gesellschaft zu formen).

Zwei weitere historische Gestalten gewannen Boas für die Sache des kulturellen Determinismus. Die eine, Rudolf Virchow, in der zweiten Hälfte des 19. Jahrhunderts Deutschlands berühmtester Mediziner und Anthropologe, war gegen die Darwinsche Theorie, sofern sie auf den Menschen angewandt wurde. Er konnte die Auffassung nicht unterstützen, daß Menschen phylogenetische Bande zu anderen lebenden Geschöpfen hatten, und hielt die Kombination von Evolutionismus und sozialistischer Revolution für gefährlich.

Die andere Persönlichkeit war Theodor Weitz, ebenfalls ein deutscher Anthropologe, der an die Vererbung von physischem und geistigem erworbenem Charakter glaubte. In seiner Einführung in die Anthropologie schrieb er sogar von der Vererbung von Kriegsnarben. Er vertrat stark die Auffassung, daß Menschen formbar und nicht durch physischen Determinismus eingeschränkt sind, und ging sogar so weit zu sagen, die Form des Schädels sei überall im wesentlichen von der geistigen Kultur abhängig. Er meinte, die (scheinbar) veränderten Körperproportionen ausländischer Einwanderer seien direkt von finanzieller Panik verursacht.

Margaret Mead hatte ein romantisches, vorgefaßtes Bild vom Leben in der Südsee. Diese Vorstellung teilten die meisten Westler, seit Forscher gegen Ende des 18. Jahrhunderts jenen Teil der Welt besucht hatten und mit herrlichen Beschreibungen üppigen Grüns, eines idyllischen Lebens, des balsamischen Klimas, der Freizügigkeit der Menschen usw. zurückgekehrt waren. Mead begann mit dem Studium der Eingeborenensprache erst nach ihrer Ankunft in Samoa, und bis sie sie einigermaßen beherrschte, hatte sie bereits einen großen Teil ihrer Forschung beendet. Sie war nie in der Lage, die Feinheiten der Sprache zu meistern.

Samoaner selbst haben von der Wahrscheinlichkeit gesprochen, die jugendlichen Informanten hätten Mrs. Mead absichtlich falsche Informationen geliefert. Für die phantasievollen Samoaner ist die Irreführung von Leuten ein Spaß, und es gibt in ihrer Sprache sogar ein bestimmtes Wort dafür. Es scheint sich dabei um eine Art spielerischer Flucht aus den vielen Einschränkungen des Alltagslebens zu handeln. Die jungen Mädchen, die Mead interviewte, hatten natürlich keine Ahnung von dem ungeheuren Einfluß, den der Bericht der Anthropologin haben würde. Sie wußten nichts von Darwin und der von Galton vorgeschlagenen «Erbverbesserung»; sie hatten keine Ahnung vom Sinn der Studie, die Margaret Mead durchführte, und wußten nicht, daß das, was sie ihr sagten, veröffentlicht werden würde.

Boas war so begeistert, den erwünschten «Beweis» für kulturellen Determinismus zu bekommen, daß er Meads Funde niemals von jemand anderem durch eine zweite Studie erhärten ließ. Er versäumte es auch, sich über andere, frühere Berichte über das Leben in Samoa zu informieren. Dabei war diese ethnographische Literatur leicht zugänglich und hätte gezeigt, daß Meads Ermittlungen und Schlußfolgerungen sich erheblich von früheren Beobachtungen samoanischen Verhaltens unterschieden.

Im heidnischen Samoa wurde Jungfräulichkeit bei Mädchen hoch bewertet und für eine ehrbare Ehe sogar gefordert. *Taupous* waren zeremonielle Ehrenjungfrauen und hatten einen hohen Rang; sie wurden erotisch anziehend geschmückt und galten als Preise, die man heiraten konnte. Das *Taupou*-System gab es als Brauch noch zu Meads Zeit, aber sie erklärte es im Licht ihrer eigenen Annahmen mit der freien Einstellung der Samoaner zum Sex. Sie sagte, es sei Teil der Konvention der

«Promiskuität vor der Ehe», weil es die «Last der Jungfräulichkeit» von der «gesamten jungen weiblichen Bevölkerung» nehme und sie den *taupou* auferlege.

Tatsächlich war die Bewahrung der Jungfräulichkeit vor der Ehe für alle heranwachsenden Mädchen in der inzwischen streng christlichen Umgebung obligatorisch. Im heidnischen Samoa hatte es öffentliche Deflorationszeremonien gegeben, und obwohl sie zu Meads Zeit nicht mehr durchgeführt wurden, hatte der «Jungfräulichkeitskult» einen dauerhaften Einfluß auf die samoanischen Werte. So wurde beispielsweise ein heiratsfähiges junges Mädchen im allgemeinen von ihren Brüdern bewacht, vor allem nachts, um sie vor Männern zu schützen, die sie vielleicht ihrer Jungfräulichkeit berauben wollten. Das paßt kaum zu der freizügigen Welt, die Margaret Mead beschrieben hat.

Als 1871 Edward B. Tylors bahnbrechendes Werk *Die Anfänge der Kultur* (dt. 1873) erschien, war die Anthropologie hauptsächlich vom Evolutionismus beeinflußt, also von der Überzeugung, die Prozesse der biologischen Evolution seien für den Verlauf der menschlichen Kulturgeschichte verantwortlich. Daß die Komplexität kultureller Erfahrung so naiv den Gesetzen der Biologie und «Natur» zugeschrieben wurde, empörte Gelehrte wie Boas, der später seine Karriere auf der Leugnung und Widerlegung dieser These aufbaute.

Zu einer größeren Verschiebung im Evolutionismus kam es 1889, als August Weismann von der Universität Freiburg/Brsg. und ein weiterer Experimentalbiologe den Untergang der Theorie der Vererbung erworbener Merkmale bewirkten. Bis dahin war diese Art der Vererbung, in gewissem Maße sogar von Darwin, als Hauptmodus sozialer Evolution angesehen worden, charakterisiert durch rasche Veränderung. Diese Verschiebung führte zur Bildung zweier unterschiedlicher Denkschulen hinsichtlich der Entwicklung menschlicher Gesellschaften. «Sozialdarwinisten» sahen die natürliche Selektion als den Prozeß an, der die Natur allen Lebens auf der Erde und im

Kosmos bestimmte. Benjamin Kidd, ein namhafter Sozialdarwinist, faßte um 1890 seinen Standpunkt mit den Worten zusammen: «Der kosmische Prozeß triumphiert nicht nur allenthalben, sondern getrennt von ihm hat auch unser ethischer und moralischer Fortschritt keinen Sinn. Sie sind bloß Phasen davon, entwickelt, wie jede Phase des Lebens von Anfang an, unter den striktesten und strengsten Bedingungen der natürlichen Selektion.» Die entgegengesetzte Ansicht lautete, daß die Dynamik der Kultur von biologischen Prozessen getrennt sei und die Sozialgeschichte der Menschheit nicht von der natürlichen Selektion bestimmt.

Dennoch sollte die Unterscheidung zwischen dem, was biologisch, und dem, was kulturell ist, nicht aufgegeben werden. Sie ist notwendig, um Ursachen und Mechanismen von Veränderung zu verstehen. In seiner Studie über Margaret Mead und Samoa benutzt Derek Freeman als Exempel die samoanische «Respektssprache». Sie besteht aus vielen respektvollen Ausdrücken, die anscheinend eigens geprägt worden sind für die Häuptlingsversammlungen, bei denen Konflikte gelöst wurden und manchmal starke Spannungen herrschten. Die Verwendung dieser höflichen Begriffe und Ausdrücke («sie bezogen sich auf Körperteile, Besitztümer, Eigenschaften und Aktionen des Häuptlings, des den Fall vortragenden Sprechers und der Mitglieder ihrer Familien») konnte in Zeiten wachsenden emotionalen Aufruhrs potentielle Ausbrüche von Wut oder sogar Gewalt eindämmen.

Freeman stellte fest, daß mit zunehmender Benutzung dieser Spezialsprache bei Häuptlingsversammlungen physiologische Veränderungen, die auf Gereiztheit und schwelende Wut schließen ließen, immer offensichtlicher wurden. Wenn auch die zeremoniell-förmliche Sprache die Situation nicht mehr unter Kontrolle halten konnte, nahmen die beteiligten Personen ihre Zuflucht zu unbeherrscht aggressivem, «tierähnlichem» Verhalten. Daher kann der Ursprung der samoanischen Respektssprache verstanden werden als Reaktion zur Bewältigung von Spannungen, die durch die samoanische Sozialstruktur hervorgerufen wurden (gekennzeichnet durch Rang und Dominanz). Die durch diese Spannungen provozierte Wutreaktion jedoch ist offenbar genetisch programmiert und ererbt.

Daß schließlich die Bedeutung sowohl der Biologie als auch der Kultur für die menschliche Natur anerkannt wurde, läßt sich an einem interessanten Beispiel darstellen. Für eine Hälfte davon waren Mead und Ruth Benedict (eine ehemalige Studentin von Boas und Mentorin von Margaret Mead) verantwortlich. In ihrem Eifer, Kultur als «Persönlichkeit, großgeschrieben» zu porträtieren, entlieh sie aus Nietzsches kulturhistorischer Schrift *Die Geburt der Tragödie* (1872) den Begriff *apollinisch*, um diejenigen zu beschreiben, die «zerstörerischen psychologischen Zuständen» entgehen und die Ideale von Gleichmut und Mäßigung erreichen. Mit Benedicts Segen beschloß Mead, die Samoaner mit diesem Begriff zu beschreiben, wobei sie die «ausgefeilte, unpersönliche Struktur» ihrer Gesellschaft und deren harmonische Auswirkungen auf das Volk pries. Doch sowohl Mead als auch Benedict hatten nicht begriffen oder ignorierten bewußt, daß Nietzsche eine Partnerschaft zwischen dem Apollinischen und dem Dionysischen postuliert hatte. Letzteres bezog sich auf den irdischen, primitiven und nicht weiter reduzierbaren Aspekt der menschlichen Natur und stand in Verbindung mit der Vorstellung von Ordnung, Gleichgewicht und höherer Vernunft, so wie die Götter Dionysos und Apollo zusammen im Tempel von Delphi wohnten. Die Annahme scheint logisch, daß weder Nietzsche noch die alten Griechen viel von Boas' Paradigma gehalten hätten.

Zu Kapitel 4:
Frühe Unterschiede

Niedriges Geburtsgewicht (LBW) ist in ärmeren Gegenden häufiger. Viele der Merkmale von LBW-Kindern sind dieselben wie die von Kindern, die unter relativ entbehrungsreichen Umständen aufgezogen werden: Sie sind mit größerer Wahrscheinlichkeit nicht optimal ernährt, haben ein höheres Infektionsrisiko, unzulängliche medizinische Versorgung, einen Mangel an intellektueller Stimulierung, schlechte Ausbildung und geringen Antrieb. Das sicherste Vorzeichen für LBW ist, daß die Mutter in Armut lebt. In Großbritannien sind 4,8 Prozent aller Babys von Müttern der «Oberklasse», aber 15,2 Prozent der Babys von Müttern der «Unterklasse».

Frühgeburten, die das für ihre Tragzeit angemessene Gewicht haben, holen auf, während solche, die nicht das für den Zeitpunkt der Schwangerschaft angemessene Gewicht haben (small-for-date, SFD), eher nicht aufholen. Es gibt keinen deutlichen Unterschied zwischen den Prognosen für die geistige Entwicklung von Frühgeburten im Vergleich zu SFD-Babys. Beide tendieren zu Lese- und Lernschwierigkeiten. Ähnlich haben beide mit größerer Wahrscheinlichkeit Verhaltensprobleme. Unter LBW-Babys gibt es mehr mißhandelte Kinder.

Wir können die Babys mit niedrigem Geburtsgewicht in drei Kategorien unterteilen: 1. Kinder von Müttern mit Blutvergiftung, Nierenerkrankungen, chronischem Bluthochdruck oder Diabetes – diese Babys haben generell eine gute Prognose; 2. Frühgeburten, die ein anderes Problem haben, aber einem ähnlichen Muster folgen (manche wurden vielleicht infolge medizinischer Probleme zu früh geboren); 3. Kinder mit Chromosomen-Abnormitäten, Tetragenen (für werdende Mütter toxische Substanzen) oder intrauterinen Infektionen, besonders Röteln – bei diesen ist die Prognose schlecht.

Eine Untersuchung an zu früh geborenen Babys ergab, daß die Mütter Probleme mit der spontanen Bindung an ihre Kinder hatten, die in der ersten Zeit in Brutkästen mit Röhren, Drähten, hellen Lichtern usw. lagen. Außerdem bedeutet eine Frühgeburt oft eine Krise für die Mutter, bei der Erinnerungen an frühere Fehlgeburten oder Kindstode wieder wachgerufen werden. Auch dadurch kann es zu einer Distanzierung von dem neuen Baby kommen, wenn nicht physisch, so doch psychologisch. Viele Mütter berichteten von dem Gefühl, ein so kleines

Kind sei «nicht ich», nicht menschlich, hätte eher etwas von einem gehäuteten Kaninchen, und sie mochten das Baby nicht anfassen. Solche Ängste blieben bei vielen Müttern bis zum Schulalter der Kinder bestehen. LBW-Babys von Müttern der Mittelklasse, die eine gute Beziehung zu einer Pflegeperson hatten, entwickelten sich ziemlich zufriedenstellend.

Später im Leben leidet die Intelligenz von LBW-Babys. Zwillinge haben ein geringeres Geburtsgewicht als Einzelkinder und erreichen bei Tests im Durchschnitt neun IQ-Punkte weniger als einzeln geborene Kinder. LBW-Babys besitzen auch geringere Widerstandskraft gegen Infektionen und haben eine höhere Sterberate. Ein Drittel der Überlebenden weist signifikante motorische und geistige Behinderungen auf. Die Wahrscheinlichkeit von Abnormitäten ist höher. Je geringer das Geburtsgewicht, desto kleiner wird das Kind später seinem Alter entsprechend sein.

Zu Kapitel 5: Drei Dimensionen des Temperaments

Hier habe ich eine Fülle von Arbeiten einbezogen, aber meine Darlegung unterscheidet sich nicht radikal von dem, was durch die Analyse von Testresultaten ermittelt wurde. Eine Zusammenfassung von Werken über die vielen tausend, wenn nicht hunderttausend oder sogar Millionen Menschen, die dem MMPI (Minnesota Multiphase Personality Inventory) sowie anderen Tests unterzogen wurden, bekräftigt die Auffassung, der die meisten Psychologen zustimmen, daß es nämlich fünf Hauptbereiche gibt, die «Persönlichkeit» definieren:

Extraversion/Introversion ist ein Faktor; Neurotizismus ist ein weiterer; Offenheit für Erfahrung ist ein dritter; Geselligkeit ein vierter; Pflichtbewußtsein ein fünfter.

Menschen unterscheiden sich auch in ihrer Tendenz, ihr eigenes Verhalten als von innen oder von außen kontrolliert wahrzunehmen. Julian Rotter ermöglichte die systematische Untersuchung dieses wahrgenommenen *Kontrollortes* durch die Entwicklung der Skala von Intern-Extern. Dieser Fragebogen untersucht das Gefühl einer Person bezüglich ihrer Kontrolle über persönliche Leistung und über andere soziale und politische Vorgänge. Der Proband muß zwischen zwei Möglichkeiten wählen wie etwa:

Erfolg ist eine Sache harter Arbeit; Glück hat wenig oder nichts damit zu tun.

oder

Einen guten Job zu bekommen, hängt im wesentlichen davon ab, ob man zur richtigen Zeit am richtigen Ort ist.

Ganz gleich, wie sehr man sich bemüht – manche Leute mögen einen einfach nicht.

oder

Leute, die andere nicht dazu bewegen können, sie zu mögen, verstehen nicht, mit anderen richtig umzugehen.

Menschen, die Ereignisse als von der Situation ausgelöst oder zufällig wahrnehmen, sind *Externe*. Dagegen glauben *Interne*, daß die Geschehnisse unter persönlicher Kontrolle stehen. Ein *Interner* würde höchstwahrscheinlich wählen: «Erfolg ist eine Sache harter Arbeit . . .» und «Leute, die andere nicht dazu bewegen können, sie zu mögen . . .»

Es gibt einige sehr interessante Unterschiede zwischen Externen und Internen: Bei Externen ist die Wahrscheinlichkeit geringer, daß sie sich ein Vergnügen versagen, sie sind empfänglicher für Manipulation, und sie nehmen ihre Umgebung weniger wahr (Lefcourt, 1976). Demographisch gesehen sind Männer interner als Frauen. Internalität wächst mit dem Alter, und Minoritäten sowie sozioökonomisch tiefer stehende Gruppen sind externer als sozioökonomisch höhere Gruppen.

Betrachten wir zwei Personen an den Extremen. Ein älterer, weißer, reicher Mann glaubt mit ziemlicher Wahrscheinlichkeit, daß er persönlich eine Kontrolle über die Geschehnisse hat. Eine junge, arme, schwarze Frau glaubt mit geringerer Wahrscheinlichkeit, daß sie Kontrolle über ihr Leben hat. Sie nimmt eher an, daß das, was ihr zustößt, Zufall oder durch externe Kräfte verursacht ist. Und leider haben vermutlich beide recht!

Zu Kapitel 8:
Positive Annäherung – negativer Rückzug

Manche Menschen scheinen einfach ihr ganzes Leben lang starke Gefühlsausbrüche zu haben. Ist das nur unsere Annahme, oder ist emotionale Explosivität tatsächlich etwas Konstantes? Bar-Lev Caspi gab einen Überblick über eine fünfzigjährige Studie an Personen, deren Daten in Berkeley gesammelt wurden. Er fand heraus, daß Menschen, die in früher Kindheit explosiv gewesen sind, auch so bleiben. Dieses Merkmal formt in gewissem Ausmaß ihr ganzes Leben. Sie werden leicht gefeuert, die Wahrscheinlichkeit einer Scheidung ist bei ihnen doppelt so hoch wie bei anderen, und sie erhalten weniger Ausbildung. Ob das Naturell ererbt ist, ist noch unklar, aber es könnte durchaus mit dem Aktivitätsniveau in der Säuglingszeit zusammenhängen. Dies ist vielleicht nur eine geringfügige Dimension der Persönlichkeit, zeigt aber doch, daß gewisse Verhaltensweisen bei Menschen beständig sind.

Zu Kapitel 9:
Störungen an den Enden des Kontinuums

In den vierziger Jahren trug der Psychiater William Sheldon seine «Körpertyp»-Theorie der Persönlichkeit vor, in der er drei Grundtypen von menschlichen Individuen klassifizierte. Ektomorphe sind schlanke, zarte Menschen, die ruhig und nicht selbstbehauptend sind; Endomorphe sind drall und friedlich; Mesomorphe sind muskulös und kämpferisch. Außerdem maß Sheldon die Proportionen von Hunderten von Jungen, die er als jugendliche Delinquenten kategorisierte, und kam zu dem Schluß, daß sie überwiegend mesomorph waren. Sheldons Kritiker zweifelten seine Daten an.

Eine weitere biologische Verbrechenstheorie lautet, daß Männer mit einem zusätzlichen Y-Chromosom (XYY) stärker zu Straftaten neigen als XY-Männer. Es gibt jedoch keine überzeugenden Nachweise, die dies stützen, und zumindest *ein* Genetiker hat postuliert, daß der Zustand häufiger vorkommt, als wir vielleicht annehmen. Etwa einer von jeweils 250 Männern hat ein zusätzliches Y-Chromosom. In einigen wenigen Mordprozessen ist der XYY-Status zur Verteidigung des Täters herangezogen worden, doch ohne Erfolg.

Ende des vorigen Jahrhunderts wurde die psychologische Grundlage von Straftaten zum Gegenstand von Untersuchungen. Die Theorien zerfielen in zwei Kategorien: Verbrechen als Mittel, um Geisteskrankheit fernzuhalten, und Verbrechen als Resultat von Geisteskrankheit. Im ersten Fall nahm man an, Menschen würden Verbrechen begehen, um ihre Frustration zu äußern, ihre Fähigkeit zur Kontrolle des Schicksals unter Beweis zu stellen und so ihre geistige Gesundheit zu bewahren. Freud behauptete, der wahre Motor von Verbrechen seien Schuldgefühle. Zu diesem Schluß kam er, nachdem eine Reihe seiner offenherzigen Patienten gestanden hatte, Verbrechen begangen zu haben, manche als Kinder, manche als Erwachsene. Durch Psychoanalyse kam Freud zu dem Schluß, daß sie dies aus einem Wunsch heraus getan hatten, Verbotenes zu tun, und daß die unidentifizierbaren Schuldgefühle, die jeder vor dem Verbrechen empfunden hatte, nach Begehen der Straftat gemildert waren.

Andere Psychoanalytiker betrachten das Bedürfnis nach Selbstbestätigung als Auslöser. Karl Menninger berichtet von einem neunzehnjährigen Australier, der nach dem Versuch, einen Politiker zu ermorden, zur Polizei sagte: «Mir wurde klar, daß ich mein Leben lang ein Niemand bleiben würde, wenn ich nicht etwas Ungewöhnliches tun würde.» Ähnlich rechtfertigte der alte Grieche Herostrat die Brandstiftung im Tempel der Artemis in Ephesos mit den Worten, er habe seinen Namen in die Geschichte einprägen wollen, auf daß man sich für immer an ihn erinnere.

Daß Schizophrenie in und rings um Großstädte häufiger ist als in ländlichen Regionen, wurde stets damit begründet, daß es Schizophrene im Frühstadium in die Städte drängt. Eine Studie schwedischer Forscher jedoch hat gezeigt, daß die städtische Umgebung selbst ein Risikofaktor für die Krankheit ist. Das bedeutet, daß Schizophrenie sowohl eine biologische als auch eine soziale Krankheit sein kann.

Die entsprechenden Forschungen basieren auf zwei Gruppen von Daten. Die eine war ein Bericht über psychiatrische Hospitalisierungen zwischen 1970 und 1983; daraus wählten die Forscher diejenigen Personen aus, die zum ersten Mal Schizophreniepatienten waren. Dann lieferten Daten über achtzehn- und neunzehnjährige schwedische Männer aus den Jahren 1969 und 1970 Informationen darüber, wo diese hospitalisierten Individuen aufgewachsen waren. Diejenigen mit städtischem Hintergrund repräsentierten einen signifikant höheren Anteil der Schizophreniepatienten als diejenigen, die aus den Wäldern kamen. Geisteskrankheiten in der Familie, ökonomische Belastung und Scheidung der Eltern waren dabei kontrollierte Variable.

Zu Kapitel 10:
Hautfarbe, kulturelle Unterschiede und Individualität

Es scheint einen Zusammenhang zwischen Kurzsichtigkeit und IQ zu geben. Berichte über Kurzsichtigkeit unter intellektuellen Gruppen lassen sich schon aus dem Jahre 1813 finden, als man beobachtete, daß die britische Marine mehr kurzsichtige Offiziere als Männer niedrigerer Ränge hatte. In Island tragen fast die Hälfte aller Personen mit hervorragenden College-Abschlüssen eine Brille. An der University of California in Berkeley ist die Hälfte der Studenten kurzsichtig, während es in der allgemeinen Bevölkerung nur 10 Prozent sind. Kurzsichtige haben eine um etwa eine Standardabweichung höhere Intelligenz als die übrige Bevölkerung, und ihre IQ-Werte liegen sogar sehr viel höher. Interessanterweise haben Studenten, die im Alter von 17 bis 18 Jahren kurzsichtig werden, ihren vollen IQ-Vorteil schon mit 8 Jahren erreicht. Das bedeutet, daß der Intelligenzgewinn von etwas verursacht sein muß, das auch Kurzsichtigkeit verursacht, und nicht, daß Kurzsichtigkeit einen Intelligenzgewinn verursacht. Es ist keine Frage, daß Kurzsichtigkeit von Erbfaktoren abhängt, weil es eine völlige Konkordanz zwischen Kurzsichtigkeit und eineiigen Zwillingen gibt, während die Korrelation bei Zwillingen, die nicht so viele identische Gene haben, viel geringer ist. Kurzsichtigkeit folgt also dem klassischen Vererbungsmuster.

Zu Kapitel 12:
Körperliche Unterschiede – Fragen des Geschlechts

Männer auf dem «Gipfel ihrer Fruchtbarkeit» zu finden, ist für partnersuchende Frauen nicht relevant, weil Männer während ihres ganzen postpubertären Lebens eine ziemlich stabile Fortpflanzungsfähigkeit bewahren. Hingegen ist es biologisch wohlbegründet, daß Männer sich als Partnerinnen solche Frauen wünschen, deren physische Merkmale den Gipfel ihrer fruchtbaren Jahre anzeigen, das heißt, die solche Merkmale der Jugend aufweisen wie «glatte Haut, guter Muskeltonus, glänzendes Haar und volle Lippen» – und daß sie nach Verhaltensmerkmalen Ausschau halten wie «hoher Energiepegel und forscher Gang». All das sind Standardmerkmale, die mit körperlicher Attraktivität in Zusammenhang stehen.

Es gibt zwei Möglichkeiten hinsichtlich des Alters der Frauen, das die Männer bevorzugen. Männer könnten Frauen auswählen, die gerade erst die Pubertät erreicht und all ihre fruchtbaren Jahre noch vor sich haben. Sie könnten aber auch Frauen als Partnerinnen vorziehen, die sich auf dem Gipfel der Fruchtbarkeit befinden und wahrscheinlich schon sehr bald Nachkommen hervorbringen. In beiden Fällen wäre die «beste Partnerwahl» eine Frau, die dem Alter maximaler Fortpflanzungsfähigkeit nahe ist.

David Buss nimmt an, daß sich genetisch motivierte Partnerpräferenzen in unserer Gesellschaft dadurch manifestieren, daß die Männer miteinander in der Zurschaustellung ihrer Energien vor den Frauen wetteifern, während Frauen darin wetteifern, Männern ihre Gebärfreudigkeit vorzuführen. Obwohl es bislang noch keinen wissenschaftlichen Beweis für dieses Verhalten gibt, können Sie anhand Ihrer eigenen Beobachtungen beurteilen, ob der folgende Gedanke etwas für sich hat: Männer konkurrieren beispielsweise stärker um sozialen Status als Frauen, was sich an ihren höheren Sterblichkeitsraten aufgrund auffällig risikobereiten Verhaltens ablesen läßt, wie etwa Prügeleien oder Autorennen.

Ein Grund, warum Männer dominieren müssen, liegt nicht nur in ihrer Verletzlichkeit (in jedem Alter sterben mehr Männer als Frauen, und Männer leben weniger lange), sondern auch in der Tatsache, daß sie nicht völlig sicher sein können, wer der Vater eines Kindes ist. Die Identifikation mit der eigenen genetischen Nachkommenschaft ist wesentlich, um angemessen in diese Nachkommenschaft zu investieren. Frauen wissen immer, wer ihre Kinder sind, außer in den seltenen Fällen, in denen es im Krankenhaus zu Verwechslungen kam.

Männer dagegen können erst dann ganz darauf vertrauen, daß eine bestimmte Frau ihr Kind trägt, wenn sie den sexuellen Zugang zu dieser bestimmten Frau kontrollieren. Daher müssen Männer, um ihre Rechte auf ihre Kinder zu sichern, zuerst ihre Rechte auf Frauen sichern. Physische Dominanz und der Gewinn anderer wertvoller Sicherheiten ist eine Möglichkeit, Zugang zu Kindern zu gewinnen.

Wenn es stimmt, wie einige annehmen, daß Männer eher

Vergewaltigungen begehen, weil das zu ihrem genetisch bedingten Wunsch paßt, sich häufig reproduktiv zu verhalten, so ist das dennoch auch bei bestem Willen nicht zu billigen. Es liegt vollkommen innerhalb der Fähigkeiten menschlicher Wesen, Triebe bewußt zu kontrollieren, ob deren Quelle nun in evolutionären biologischen Tendenzen, unmittelbaren Antrieben wie Hunger oder Durst oder psychologisch begründeten Wünschen liegt.

Danksagung

Dieses Buch behandelt ein weites Gebiet, von der Vererbungs-lehre-Kontroverse über Studien zur Beziehung zwischen Familie und Schizophrenie, die Auswertung psychologischer Tests, Untersuchungen der Händigkeit bis zu Ansichten über psychiatrische Störungen. Um über die neuesten Arbeiten auf all diesen Gebieten auf dem laufenden zu sein, hatte ich den Vorzug, mit vielen Menschen zu arbeiten, denen ich meine Anerkennung zum Ausdruck bringen möchte.

Lynne Levitan hat souverän wie immer einen Überblick über komplexe biologische Forschungen zusammengestellt, während Jerome Burne viel zu den Themen «Händigkeit» und «Temperament» beitrug, Denise Winn über die familiäre Umgebung, Christina Lepnis über Vererbungslehre und kulturellen Relativismus und Pat Williams über Fallgeschichten. Ihnen allen sage ich meinen herzlichsten Dank.

Bei der unvermeidlichen Überarbeitung der ersten Fassung haben mir viele Personen hilfreiche Dienste geleistet. Siebzehn baten darum, anonym zu bleiben, aber namentlich danken darf ich (in umgekehrter alphabetischer Reihenfolge) Fred Zlotnick, Pat Williams, David Widdicombe, Brian Taylor, Alan Parker, Evan Neilsen, Shane deHaven und Brent Danninger für ihre sorgfältige Manuskriptlektüre, Sally Mallam für ihre Korrekturen und Vorschläge zu Bereichen, die weiter ausgearbeitet werden mußten, und ihre Nachsicht während der Niederschrift.

Literaturverzeichnis

Adler, A.: *Praxis und Theorie der Individualpsychologie.* Berlin 1924.

Albert, M. A., und Obler, L. K.: *The Bilingual Brain.* New York 1978.

Allen, L. S., und Gorski, R. A.: »Sexual Orientation and the Size of the Anterior Commissure in the Human Brain.« *Proceedings of the National Academy of Science,* 89 (15), 1992, S. 7199–7202.

American Psychiatric Association: *Diagnostic and Statistical Manual of Mental Disorders,* Washington, DC. 1980, 3. Aufl.

Annett, M.: «Speech Lateralization and Phonological Skill.» *Cortex* 27 (4), 1991, S. 583–593.

Annett, M.: «Laterality and Cerebral Dominance.» *Journal of Child Psychology and Psychiatry* 32 (2), 1991, S. 219–232.

Annett, M., und Annett, J.: «Handedness for Eating in Gorillas.» *Cortex* 27 (2), 1991, S. 269–275.

Annett, M., und Manning, M.: «The Disadvantages of Dextrality for Intelligence.» *British Journal of Psychology* 80, Teil 2, 1989, S. 213–226 Unique.

Annett, M., und Manning, M.: «Arithmetic and Laterality.» *Neuropsychologia* 28 (1), 1990, S. 61–69.

Baddeley, A.: *So denkt der Mensch. Unser Gedächtnis und wie es funktioniert.* München 1988.

Bahrick, H. P., Bahrick, P. O., und Whittlinger, R. P.: «Fifty Years of Memory for Names and Faces: A Cross-sectional Approach.» *Journal of Experimental Psychology: General* 104, 1975, S. 54–75.

Barsley, M.: *Left-handed People.* North Hollywood, Kalif., 1979.

Baumeister, R. F.: «How the Self Became a Problem: A Psychological Review of Historical Research.» *Journal of Personality and Social Psychology* 52, 1987, S. 163–176.

Baxter, L. R., u. a.: «Caudate Glucose Metabolic Rate Changes with Both Drug and Behavior Therapy for Obsessive-Compulsive Disorder.» *Archives of General Psychiatry* 49, 1992, S. 681–689.

Beatty, W. W.: «Gonadal Hormones and Sex Differences in Nonreproductive Behavior in Rodents: Organizational and Activational Influences.» *Hormones and Behavior* 12, 1979, S. 112–163.

Belsky, J., Steinberg, L., und Draper, P.: «Childhood Experience, Interpersonal Development, and Reproductive Strategy: An Evolutionary Theory of Socialization.» *Child Development* 62 (4), 1991, S. 647–670.

Belsky, J.: «The Determinants of Parenting: A Process Model.» *Child Development* 55, 1984, S. 83–96.

Bjork, R. A., und Landauer, T. K.: «On Keeping Track of the Present Status of

People and Things.» In M. M. Gruneberg, P. E. Morris und R. N. Sykes (Hrsg): *Practical Aspects of Memory.* New York 1978.

Bouchard, T., und McGue, R.: «Familial Studies of Intelligence: A Review.» *Science* 212, 1981, S. 1055–1059.

Breuer, J., und Freud, S.: «Studies in Hysteria.» In J. Strachey (Hrsg.): *The Standard Edition of the Complete Psychological Works of Sigmund Freud.* London 1955 (Erstausgabe 1895).

Brown, J. R., und Dunn, J.: «Talk with Your Mother or Your Sibling? Developmental Changes in Early Family Conversations About Feelings.» *Child Development* 63 (2), 1992, S. 336–349.

Brown, D. M.: *Human Universals.* New York 1990.

Burges, I. P., Hoffman, L., und Wilson, G. V.: «The Neuropsychiatry of Posttraumatic Stress Disorder.» *British Journal of Psychiatry* 152, 1988, S. 164–173.

Buss, A. H., Plomin, R., und Willerman, L.: «The Inheritance of Temperaments.» *Journal of Personality* 41, 1973, S. 513–524.

Buss, A. H., und Plomin, R.: *Temperament: Early-Developing Personality Traits.* Hillsdale, New Jersey, 1984.

Buss, D.: «Sex Differences in Human Mate Preferences.» *Brain and Behavioral Sciences* 12 (1), 1989, S. 1–38.

Carughi, A., Carpenter, K. J., und Diamond, M. C.: «Effect of Environmental Enrichment During Nutritional Rehabilitation on Body Growth, Blood Parameters, and Cerebral Cortical Development of Rats.» *Journal of Nutrition* 119, 1989, S. 2005–2016.

Carver, C. S., und Scheier, M. F.: *Perspectives on Personality.* Boston 1988.

Cattell, R. B.: *Abilities: Their Structure, Growth, and Action.* Boston 1971.

Chrousos, G. P., und Gold, P. W.: «The Concepts of Stress and Stress Systems Disorders: Overview of Physical and Behavioral Homeostasis.» *JAMA* 267, 1992, S. 1244–1252.

Claridge, G.: *Origins of Mental Illness: Temperament, Deviance, and Disorder.* New York 1985.

Claridge, G., Pryor, R., und Watkins, G.: *Sounds from the Bell Jar,* London 1990.

Connor, J. R., und Diamond, M. C.: «A Comparison of Dendritic Spine Number and Type on Pyramidal Neuron of the Visual Cortex of Old Adult Rats from Social and Isolated Environments.» *Journal of Comparative Neurology* 210, 1982, S. 99–106.

Coren, S.: «Left-handedness and Accident-Related Injury Risk.» *American Journal of Public Health* 79 (8), 1989, S. 1040–1041.

Costa, P. T., und McCrae, R. R.: «Still Stable After All These Years: Personality as a Key to Some Issues in Adulthood and Old Age.» In P. Baltes und O. Brim (Hrsg.): *Life-span Development and Behavior.,* Bd. 3, New York 1980.

Costa, P., und McCrae, R.: *Emerging Lives, Enduring Dispositions.* New York 1984.

Craik, F.: «Age Differences in Human Memory.» In J. Birren und K. Schaie (Hrsg.): *Handbook of the Psychology of Aging.* New York 1977.

Damasio, A.: «The Frontal Lobes.» In K. M. Heilman and E. Valenstein (Hrsg.): *Clinical Neuropsychology.* New York 1979.

Darwin, C.: *Über die Entstehung der Arten.* Stuttgart 1981 (1. dt. Ausgabe 1860).
Darwin C.: *Der Ausdruck der Gemütsbewegungen bei dem Menschen und den Tieren.* Stuttgart 1872.
Davidson, R.: «Hemispheric Asymmetry and Emotion.» In K. Scherer und P. Ekman (Hrsg.): *Approaches to Emotion.* Hillsdale, New Jersey, 1984.
Davis, M. R., und Fernald, R. D.: «Social Control and Neuronal Soma Size.» *Journal of Neurobiology* 21, 1990, S. 1180–1188.
DeKay, W. T., und Buss, D. M.: «Human Nature, Individual Differences, and the Importance of Context: Perspectives from Evolutionary Psychology.» *Current Directions in Psychological Science* 1 (6), 1992, S. 184–189.
Diamond, M. C.: «Environment, Air Ions, and Brain Chemistry.» *Psychology Today,* Juni 1980, S. 38–44.
Donald, M.: *Origins of the Modern Mind: Three Stages in the Evolution of Culture and Cognition.* Cambridge, Massachusetts, 1991.
Draper, P., und Belsky, J.: «Personality Development in the Evolutionary Perspective.» *Journal of Personality* 58 (1), 1990, S. 141–161.
Dua, P. S.: «Comparison of the Effects of Behaviorally Oriented Action and Psychotherapy Reeducation on Introversion-Extroversion, Emotionality, and Internal-External Control.» *Journal of Counseling Psychology* 17, 1970, S. 567–572.
Dunn, J. F., Plomin, R., und Daniels, D.: «Consistency and Change in Mothers' Behavior Toward Young Siblings.» *Child Development* 57 (2), 1986, S. 348–356.
Dunn, J., und Kendrick, C.: «Temperamental Differences, Family Relationships, and Young Children's Response to Change Within the Family.» *Ciba Foundation Symposium* 89, 1982, S. 87-105.
Dunn, J., und Munn, P.: «Sibling Quarrels and Maternal Intervention: Individual Differences in Understanding and Aggression.» *Journal of Child Psychology and Psychiatry* 27 (5), 1986, S. 583–595.
Dunn, J., und Plomin, R.: *Separate Lives: Why Siblings Are So Different,* New York 1990.
Earls, F., und Jung, K. G.: «Temperament and Home Environment Characteristics as Causal Factors in the Early Development of Childhood Psychopathology.» *Journal of the American Academy of Child and Adolescent Psychiatry* 26, 1987, S. 491-498.
Ehrlich, P. R., und Feldman, S. S.: *The Race Bomb: Skin Color, Prejudice, and Intelligence.* New York 1977.
Eysenck, J. J.: «The Conditioning Model of Neurosis.» *Behavioral and Brain Sciences* 2, 1979, S. 155–199.
Fausto-Sterling, A.: *Gefangene des Geschlechts.* München 1985.
Fendrich, R., und Gazzaniga, M. S.: «Evidence of Foveal Splitting in a Commissurotomy Patient.» *Neuropsychologia* 27 (3), 1989, S. 273–281.
Flor-Henry, P.: «Psychiatric Aspects of Cerebral Lateralization.» *Psychiatric Annuals* 15, 1985, S. 429–434.
Fox, N. A., und Davidson, R.: «Taste-elicited Changes in Facial Signs of Emotion and the Asymmetry of Brain Electrical Activity in Human Newborns.» *Neuropsychologia* 24 (3), 1986, S. 417–422.
Freeman, D.: *Liebe ohne Aggression. Margaret Meads Legende von der Friedfertigkeit der Naturvölker.* München 1983.

Freud, S.: «Die Abwehr-Neuropsychosen.» In *Gesammelte Werke*, Bd. I. Frankfurt/M. 1952 (zuerst 1894).

Freud, S.: «Weitere Bemerkungen über die Abwehr-Neuropsychosen.» In *Gesammelte Werke*, Bd. I. Frankfurt/M. 1952 (zuerst 1896).

Freud, S.: *Die Traumdeutung*. In *Gesammelte Werke*, Bd. II. Frankfurt/M. 1952 (zuerst 1900).

Freud, S.: *Jenseits des Lustprinzips*. In *Gesammelte Werke*, Bd. XIII. Frankfurt/M. 1952 (zuerst 1920).

Friedman, M. J.: «Toward Rational Pharmacotherapy for Posttraumatic Stress Disorder: An Interim Report.» *American Journal of Psychiatry* 145, 1988, S. 281–285.

Fuster, J. M.: «The Frontal Lobes, Mediator of Cross-temporal Contingencies.» *Human Neurobiology* 4, 1985, S. 169–179.

Galin, D., Ornstein, R. E., Herron, J., und Johnstone, J.: «Sex and Handedness Differences in EEG Measures of Hemispheric Specialization.» *Brain and Language* 16 (1), 1982, S. 19–55.

Galin, D., und Ornstein, R.: «Lateral Specialization of Cognitive Mode: An EEG Study.» *Psychophysiology* 9, 1972, S. 412–418.

Galton, F.: *Genie und Vererbung*. Leipzig 1910.

Gardner, H.: *Frames of Mind*. New York 1983.

Gershon, E. S., und Rieder, R. O.: «Major Disorders of Mind and Brain.» *Scientific American* 267, 1992, S. 126–133.

Goleman, D.: «A Key to Posttraumatic Stress Disorder Lies in Brain Chemistry, Scientists Say.» *New York Times*, 12.6.1990, S. C 1.

Goleman, D.: «What Is Negative About Positive Illusions? When Benefits for the Individual Harm the Collective.» *Journal of Social and Clinical Psychology* 8, 1989, S. 190–197.

Gottesman, I. I.: «Differential Inheritance of the Psychoneuroses.» *Eugenics Quarterly* 9, 1962, S. 223–227.

Gottesman, I. I.: «Severity/Concordance and Diagnostic Refinement in the Mandsely-Bethlem Schizophrenic Twin Study.» In D. Rosenthal und S. S. Kety (Hrsg.): *The Transmission of Schizophrenia*. New York 1968.

Gottesman, I. I.: *Schizophrenia Genesis: The Origins of Madness*. New York 1991.

Gottesman, I. I., und Shields, J.: *Schizophrenia and Genetics: A Twin Study Vantage Point*. New York 1972.

Gray, J. A.: *The Neuropsychology of Anxiety*. New York 1984.

Greeno, C. G., und Maccoby, E.: «How Different Is the ‹Different› Voice?» *Signs* 11 (2), 1986, S. 310–316.

Hall, C. S., und Lindzey, G.: *Theorien der Persönlichkeit*. München 1978.

Halpern, D.: *Sex Differences in Cognitive Abilities*. Hillsdale, New Jersey, 1992.

Halpern, D. F., und Coren, S.: «Do Right-handers Live Longer?» (Brief). *Nature* 333 (6170), 1988, S. 213.

Hamilton, W. D.: «The Genetical Evolution of Social Behavior.» *Journal of Theoretical Biology* 7, 1964, S. 1–52.

Harpending, H., und Draper, P.: «Estimating Parity of Parents: Application to the History of Infertility Among the Kung of Southern Africa.» *Human Biology* 62 (2), 1990, S. 195–203.

Hartmann, E.: *Boundaries in the Mind.* New York 1991.

Hartmann, H.: *Ich-Psychologie und Anpassungsproblem.* Stuttgart 1960.

Herrmann, D. J., und Neisser, U.: «An Inventory of Everyday Memory Experiences.» In M. M. Gruneberg, P. E. Morris und R. N. Sykes (Hrsg.): *Practical Aspects of Memory.* New York 1978.

Herrnstein, R. J.: *Chancengleichheit, eine Utopie?* Stuttgart 1974.

Horwitz, B., Swedo, S. E., Grady, C. L., Pietrini, P., u. a.: «Cerebral Metabolic Pattern in Obsessive-Compulsive Disorder: Altered Intercorrelations Between Regional Rates of Glucose Utilization.» *Psychiatry Research* 40 (4), 1991, S. 221–237.

Insel, T. R.: «Toward a Neuroanatomy of Obsessive-Compulsive Disorder.» *Archives of General Psychiatry* 49, 1992, S. 739–744.

Jenkins, W. M., und Merzenich, M. M.: «Reorganization of Neocortical Representations After Brain Injury: A Neurophysiological Model of the Bases of Recovery from Stroke.» *Progress in Brain Research* 71, 1987, S. 249–266.

Jensen, A. R.: *Bias in Mental Testing.* New York 1980.

Jensen, A. R.: «How Much Can We Boost IQ and Scholastic Achievement?» *Harvard Educational Review* 39, 1969, S.1–123.

Joseph, R.: «The Neuropsychology of Development: Hemispheric Laterality, Limbic Language, and the Origin of Thought.» *Journal of Clinical Psychology* 38, 1982, S. 4–33.

Kagan, J.: *Unstable Ideas: Temperament, Cognition, and Self.* Cambridge, Massachusetts, 1989.

Kagan, J.: «Temperamental Contributions to Social Behavior.» *American Psychologist* 44, 1989, S. 668–683.

Kagan, J., Resnick, J. S., Snidman, N., Gibbons, J., und Johnson, M. C.: «Childhood Derivatives of Inhibition and Lack of Inhibition to the Unfamiliar.» *Child Development* 59 (6), 1988, S. 1580–1589.

Kagan, J., Resnick, J.S., und Gibbon, J.: «Inhibited and Uninhibited Types of Children.» *Child Development* 60 (40), 1989, S. 838–845.

Kagan, J., Snidman, N., und Arcus, D. M.: «Initial Reactions to Unfamiliarity.» *Current Directions in Psychological Science* 1 (6), 1992, S. 171–174.

Kandel, E. R., und Hawkins, R. D.: «The Biological Basis of Learning and Individuality.» *Scientific American* 267, 1992, S. 78–86.

Kendrick, C., und Dunn, J.: «The Arrival of a Sibling.» *Health Visit* 55 (4), 1982, S. 155–157.

Kimura, D.: «Sex Differences in Cerebral Organization for Speech and Praxic Functions.» *Canadian Journal of Psychology* 37 (1), 1947, S. 19–35.

Kimura, D., und D'Amico, C.: «Evidence for Subgroups of Adextrals Based on Speech Lateralization and Cognitive Patterns.» *Neuropsychologia* 27 (7), 1969, S. 977–986.

Kimura, D., und Harshman, R. A.: «Sex Differences in Brain Organization for Verbal and Nonverbal Functions.» *Progress in Brain Research* 61, 1984, S. 423–441.

Kosten, T. R., Mason, J. W., Giller, E. L., Ostroff, R. B., und Harkness, L.: «Sustained Urinary Norepinephrine and Epinephrine Elevation in Posttraumatic Stress Disorder.» *Psychoneuroendocrinology* 12, 1987, 13–20.

Kozol, J.: *Savage Inequalities.* New York 1991.

Lhermitte, F.: «Human Autonomy and the Frontal Lobes – Part II: Patient Behavior in Complex Social Situations: The ‹Environmental Dependency Syndrome›.» *Annals of Neurology* 19, 1986, S. 335–343.

Libet, B.: «Subjective Antedating of a Sensory Experience and Mind-Brain Theories: Reply to Honderich.» *Journal of Theoretical Biology* 114 (4), 1985, S. 563–570.

Libet, B.: «The Timing of a Subjective Experience: Reply to Salter.» *Behavioral and Brain Sciences* 12 (1), 1989, S. 183–185.

Loehlin, J. C., Willerman, L., und Horn, J. M.: «Human Behavior Genetics.» *Annual Review of Psychology* 39, 1988, S. 101–133.

Maccoby, E.: «Gender as a Social Category.» *Developmental Psychology* 24, 1988, S. 755–765.

Maccoby, E., und Jacklin, C. N.: *The Psychology of Sex Differences.* Stanford, Kalifornien, 1974.

MacNeil, E. B.: *The Quiet Furies.* Englewood Cliffs, New Jersey, 1967.

Malone, T. W.: «How Do People Organize Their Desks? Implications for Designing Office Automation Systems.» *ACM Transactions on Office Information Systems* 1, 1983, S. 99–112.

Markus, H.: «Self-knowledge; An Expanded View.» *Journal of Personality* 51, 1983, S. 543–565.

Maziade, M., u. a.: «Psychiatric Status of Adolescents Who Had Extreme Temperaments at Age Seven.» *American Journal of Psychiatry* 147, 1990, S. 1531–1536.

McGlone, J.: «Sex Differences in Human Brain Asymmetry: A Critical Survey.» *Behavioral and Brain Sciences* 3 (2), 1980, S. 215–263.

Mead, M.: *Kindheit und Jugend in Samoa.* München 1971.

Mednick, S. A.: «A Biosocial Theory of the Learning of Law-abiding Behavior.» In S. A. Mednick and K. O. Christiansen *(Hrsg.): Biosocial Bases of Criminal Behavior.* New York 1977.

Merzenich, M. M., u. a.: «Adaptive Mechanisms in Cortical Networks Underlying Cortical Contributions to Learning and Nondeclarative Memory.» *Cold Spring Harbor Symposia on Quantitative Biology* 55, 1990, S. 873–887.

Merzenich, M. M.: «Sources of Intraspecies and Interspecies Cortical Map Variability in Mammals.» In M. J. Cohen und F. Strumwasser (Hrsg.): *Comparative Neurobiology: Modes of Communication in the Nervous System,* 1985, S. 138–157.

Neubauer, P. und A.: *Nature's Thumbprint.* Reading, Massachusetts, 1991.

North, C.: *Welcome, Silence.* New York 1987.

Ornstein, R.: *The Psychology of Consciousness.* New York 1986 (3. Aufl.).

Ornstein, R.: *The Evolution of Consciousness.* New York 1991.

Ornstein, R.: *Multimind. Ein neues Konzept des menschlichen Geistes.* Paderborn 1992.

Ornstein, R., und Thompson, F.: *Unser Gehirn: Das lebendige Labyrinth.* Reinbek 1986.

Pilgrim, C., und Reisert, I.: «Differences Between Male and Female Brains: Developmental Mechanisms and Implications.» Abteilung Anatomie und Zellbiologie, Universität Ulm, *Metab Res* 24 (8), 1992, S. 353–358.

Pitman, R. K., van der Kolk, B. A., Orr, S. P., und Greenber, M. S.: «Naloxone-reversible Analgesic Response to Combat-Related Stimuli in Posttraumatic Stress Disorder: A Pilot Study.» *Archives of General Psychiatry* 47, 1990, S. 541–544.

Plomin, R.: «Environment and Genes: Determinants of Behavior.» *American Psychologist* 44 (2), 1989, S. 105–111.

Plomin, R., und Loehlin, J. C.: «Direct and Indirect IQ Heritability Estimates: A Puzzle.» *Behavior Genetics* 19 (3), 1989, S. 331–342.

Plomin, R., und Rowe, D. C.: «A Twin Study of Temperament in Young Children.» *Journal of Psychology* 97, 1977, S. 107–113.

Rapoport, J. L.: *Der Junge, der sich immer waschen mußte.* München 1990.

Rutter, M., und Caesar, P.: *Biological Risk Factors for Psychosocial Disorders.* Cambridge 1991.

Schaffer, C. E., Davidson, R. J., und Saron, C.: «Frontal and Parietal Electroencephalogram Asymmetry in Depressed and Nondepressed Subjects.» *Biological Psychiatry* 19, 1983, S. 753–762.

Scheier, M. F., und Carver, C. S.: «Dispositional Optimism and Physical Wellbeing: The Influence of Generalized Outcome Expectancies on Health.» *Journal of Personality* 55 (2), 1987, S. 169–210.

Seligman, M. E. P.: *Erlernte Hilflosigkeit.* München 1979.

Shapiro, D.: *Neurotic Styles.* New York 1965.

Shatz, C. J.: «The Developing Brain.» *Scientific American* 267, 1992, S. 60–67.

Sheehy, M. P., und Marsden, C. D.: «Writer's Cramp: A Focal Dystonia.» *Brain* 105, 1982, S. 461–480.

Sternberg, R. J.: *The Triarchic Mind: A New Theory of Human Intelligence.* New York 1989.

Stillwell, R., und Dunn, J.: «Continuities in Sibling Relationships: Patterns of Aggression and Friendliness.» *Journal of Child Psychology and Psychiatry* 26 (4), 1985, S. 627–637.

Swedo, S. E., u. a.: «Cerebral Glucose Metabolism in Childhood-Onset Obsessive-Compulsive Disorder: Revisualization During Pharmacotherapy.» *Archives of General Psychiatry* 49, 1992, S. 690–694.

Symons, D.: «Precis of the Evolution of Human Sexuality.» *Behavioral and Brain Sciences* 3, 1980, S. 171–214.

Tubman, J. G., Lerner, R. M., Lerner, J. V., und von Eye, A.: «Temperament and Adjustment in Young Adulthood: A Fifteen-Year Longitudinal Analysis.» *American Journal of Orthopsychiatry* 62, 1992, S. 564–574.

Tucker, D. M.: «Lateral Brain Function, Emotion, and Conceptualization.» *Psychological Bulletin* 89, 1981, S. 19–43.

Van der Kolk, B., Greenber, M., Boyd, H., und Krystal, J.: «Inescapable Shock, Neurotransmitters, and Addiction to Trauma: Toward a Psychobiology of Posttraumatic Stress.» *Biological Psychiatry* 20, 1985, S. 314–325.

Walsh, R. N.: «Effects of Environmental Complexity and Deprivation on Brain Anatomy and Histology: A Review.» *International Journal of Neuroscience* 12, 1981, S. 33–51.

Watson, N. V., und Kimura, D.: «Right-hand Superiority for Throwing But Not for Intercepting.» *Neuropsychologia* 27 (11/12), 1989, S. 1399–1414.

Willerman, L.: *The Psychology of Individual and Group Differences.* San Francisco 1979.

Wilson, J. Q., und Herrnstein, R. J.: *Crime and Human Nature.* New York 1985.

Yehuda, R., Giller, E. L., Southwick, S. M., Lowy, M. T., und Mason, J. W.: «Hypothalamic-Pituitary-Adrenal Dysfunction in Posttraumatic Stress Disorder.» *Biological Psychiatry* 30, 1991, S. 1031-1048.
Zajonc, R. B.: «The Decline and Rise of Scholastic Aptitude Scores.» *American Psychologist* 41 (8), 1986, S. 862–867.
Zajonc, R. B., Markus, H., und Markus, G. P.: «The Birth-Order Puzzle.» *Journal of Personality and Social Psychology* 37, 1979, S. 1325–1341.
Zuckerman, M.: «Sensation-seeking: A Comparative Approach to a Human Trait.» *Brain and Behavioral Sciences* 73, 1984, S. 413–433.

Personen- und Sachregister